U0942918

铁路行业工程建设标准
发展研究报告

| 2019 |

《铁路行业工程建设标准发展研究报告（2019）》编写组　编著

中国铁道出版社有限公司

2020年·北　京

图书在版编目(CIP)数据

铁路行业工程建设标准发展研究报告. 2019/《铁路行业工程建设标准发展研究报告(2019)》编写组编著. —北京：中国铁道出版社有限公司,2020. 11
ISBN 978-7-113-27385-9

Ⅰ. ①铁… Ⅱ. ①铁… Ⅲ. ①铁路工程-行业标准-研究报告-中国-2019 Ⅳ. ①U2-65

中国版本图书馆 CIP 数据核字(2020)第 213161 号

书　　名：**铁路行业工程建设标准发展研究报告**(2019)
作　　者：《铁路行业工程建设标准发展研究报告(2019)》编写组

责任编辑：王　健　　　**编辑部电话**：(010)51873065
装帧设计：崔丽芳
责任校对：孙　玫
责任印制：高春晓

出版发行：中国铁道出版社有限公司(100054,北京市西城区右安门西街 8 号)
网　　址：http://www.tdpress.com
印　　刷：北京柏力行彩印有限公司
版　　次：2020 年 11 月第 1 版　2020 年 11 月第 1 次印刷
开　　本：787 mm×1 092 mm　1/16　印张：16.75　插页：1　字数：278 千
书　　号：ISBN 978-7-113-27385-9
定　　价：98.00 元

版权所有　侵权必究

凡购买铁道版图书,如有印制质量问题,请与本社读者服务部联系调换。电话:(010)51873174
打击盗版举报电话:(010)63549461

总 编 审： 王忠刚

主　　编： 党　立　谢晓东　薛吉岗

副 主 编： 程慧林　桑翠江　朱海军　高　策　闫保营

编写人员： 马莉亚　王凯林　王　磊　文晓玲　方文珊　朱飞雄
刘传朋　刘　华　刘　喆　闫宏伟　苏　昶　李艳琴
李鸿江　杨思博　杨常所　杨彩云　吴歆彦　林传年
范正日　范振合　周勇政　赵泽宇　夏　炎　柴冠华
钱　京　黄一昕　黄建勇　梁　政　葛建坤　董素格
蒋函珂　程维洲　霍建勋　戴　颖

编审人员： 曾会欣　刘　燕　倪光斌　涂慧敏　刘　珣　杨鹏健
江新锡　江　成　李海明　李庆民　孙　炜　刘　洋
田学伟　刘清江　余　鹏　王合希　张　静　辛振省
陈怀智　原郭兵　徐浩然　张晓波

编著单位： 国家铁路局规划与标准研究院
中国铁路经济规划研究院有限公司

前言

《铁路行业工程建设标准发展研究报告（2019）》是以铁路工程建设标准化发展相关数据、事件以及研究成果为基础，反映铁路工程建设标准发展历程、现状及发展趋势的年度报告。

党的十八大以来，铁路行业在习近平新时代中国特色社会主义思想指引下，坚持新发展理念，坚持以供给侧结构性改革为主线，坚持以改革开放为动力推动高质量发展，全力发挥“先行”和“骨干”作用，在路网建设、技术装备、运输服务、科技创新、深化改革、对外合作等方面取得了重大进展，实现了由“追赶”到“领跑”的重大跨越，打造了亮丽的国家名片，谱写了新时代铁路改革发展的崭新篇章。

铁路工程建设标准化工作面向世界铁路科技前沿，面向铁路建设主战场，面向铁路高质量发展重大需求，汇聚各方力量、集聚各方资源、激发各方动能，聚焦铁路工程质量控制、安全保障、技术创新、环境保护，不断完善标准体系、增强有效供给、深化基础研究，持续推进标准国际化、规范日常管理、加强信息化建设，为深化行业改革、推进高质量发展提供基础制度保障和专业技术支撑。

报告收集铁路工程建设标准化工作基本情况数据资料，梳理标准体系构成，分析标准应用需求，总结铁路建设运营实践经验和科研成果，研究标准化重点工作，预测标准发展趋势，提出标准化工作建议。报告共分五章，包括：概述、近年来铁路工程建设重点标准编制发布情况、2019年度铁路工程建设标准编制发布情况、铁路工程建设标准基础性课题研究情况、展望等，另有5个附录。

在此，对所有支持和帮助本项研究工作的领导、专家和同仁致以诚挚谢意。

由于水平所限，书中难免有疏漏和不妥之处，敬请提出宝贵意见，以便在今后的工作中不断改进和完善。

目录

第一章 概 述

内容导读

党的十八大以来，以习近平同志为核心的党中央对铁路工作高度重视，出台一系列重大方针政策，推出一系列重大举措，作出一系列重要指示批示，为新时代铁路高质量发展指明了前进方向，提供了根本遵循，注入了强大动力。

铁路行业在习近平新时代中国特色社会主义思想指引下，紧紧围绕统筹推进“五位一体”总体布局和协调推进“四个全面”战略布局，坚持以人民为中心的发展思想，坚持稳中求进工作总基调，坚持新发展理念，坚持以供给侧结构性改革为主线，坚持以改革开放为动力推动高质量发展，砥砺奋进、攻坚克难，开拓创新、勇当先行，取得了全方位、开创性历史成就，发生了深层次、根本性历史变革，为加快建设交通强国奠定了坚实基础，为决胜全面建成小康社会提供了有力支撑。

标准是经济活动和社会发展的技术支撑，是国家治理体系和治理能力现代化的基础性制度。标准还是全球治理的重要规制手段和国际经贸往来与合作的通行证，被视为“世界通用语言”。习近平总书记在致第三十九届国际标准化组织(ISO)大会贺信中指出：“伴随着经济全球化深入发展，标准化在便利经贸往来、支撑产业发展、促进科技进步、规范社会治理中的作用日益凸显”，并面向全世界庄严宣告：“中国将积极实施标准化战略，以标准助力创新发展、协调发展、绿色发展、开放发展、共享发展。”李克强总理也指出“标准化日益成为全世界面临的重大战略问题，也越来越受到国际社会的高度重视”，并要求“要强化标准引领，提升产品和服务质量，促进中国经济迈向中高端”。

铁路工程建设标准化工作以服务交通强国建设为宗旨，坚持在党和国家工作全局中思考、谋划和推进，找准定位、主动服务、积极贡献，为推动铁路行业持续健康发展奠定坚实基础。推动实施标准化战略，初步构建形成科学合理、覆盖全面、协调配套的标准体系，为有序开展标准化工作提供坚强保障。深入贯彻落实党中央、国务院关于铁路工作的决策部署，持续增强标准在质量控制、安全保障、技术创新、环境保护等方面的有效供给，不断提升标准编制质量。认真贯彻国家创新驱动发展战略，聚焦川藏铁路、磁浮铁路等重大工程建设和重点发展方向，持之以恒加强标准基础研究。服务“一带一路”建设，助推铁路“走出去”，积极开展标准英文版翻译，结合海外工程建设情况统筹开展重点标准相应语种翻译，有效推进中国铁路标准国际化进程。

第一节　铁路工程建设标准化工作状况

一、铁路工程建设标准化作用

铁路工程建设标准是为在一定范围内获得最佳秩序，对建设管理、勘察设计、施工建造、质量验收等活动和结果需要协调统一的事项所制定的共同的、重复使用的技术依据和准则。标准以科学技术和实践经验的综合成果为基础，以保证铁路工程建设的安全、质量、环境和公众利益为核心，促进最佳社会效益、经济效益、环境效益和最佳效率等目标的实现。

铁路工程建设标准作为铁路技术标准体系的重要组成部分，是开展铁路工程勘察、设计、施工、验收等工作的根本遵循，是进行铁路工程质量安全监管的重要依据，是保障铁路建设和运营安全稳定的基础支撑，是促进铁路科技创新发展的有效载体，是提升中国铁路国际话语权和影响力的核心要素，为实现铁路高质量发展提供强有力支撑。

在工程建设领域实施标准化，是国家一项长期的技术经济政策。铁路工程建设标准化主要有以下四个方面的作用：

一是在铁路安全绿色发展方面的底线作用。铁路工程建设标准中的强制性标准，在保障人身健康和生命财产安全、国家安全和生态环境安全等方面有着不可替代的作用。标准编制水平和实施效果直接决定着铁路安全绿色发展的质量。

二是在铁路协同有序发展方面的规范作用。实施标准化能够保障各类工程建设质量和进度，维护铁路工程建设正常秩序。建立系统的铁路工程建设标准体系，能有效避免标准间的交叉重复矛盾，防止出现行业壁垒和地方保护。

三是在铁路集约高效发展方面的支撑作用。中国地域辽阔,工程建设环境复杂多变,实施标准化有利于总结不同地形地质、气候、运输需求条件下大规模铁路工程建设经验,加速技术积累、科技进步、产业升级以及经济、社会、环境的全面、协调、可持续发展。

四是在铁路技术创新发展方面的引领作用。标准“制定—实施—修订”过程就是科学技术和工程经验的“创新—普及—再创新”过程,创新与标准相结合,能更好推动相关成果与铁路工程建设相互转化,形成强有力的增长动力,真正发挥创新驱动作用。

二、铁路工程建设标准化工作成效

标准体系日益完善。伴随着铁路改革进程,铁路工程建设标准不断发展完善,高速铁路标准实现了从无到有、从探索到突破、从追赶到领跑的崛起。《高速铁路设计规范》《城际铁路设计规范》《重载铁路设计规范》《磁浮铁路技术标准(试行)》(图 1-1)等重要标准的发布实施,不断填补行业空白、扩大标准覆盖范围,构建形成具有中国特色的普速铁路标准体系和具有世界先进水平的高速铁路标准体系。

图 1-1 铁路工程建设综合标准

标准水平逐步提升。在复杂地基处理、长大桥梁工程、大断面隧道、轨道工程、牵引供电、通信信号、大型客站等方面不断取得突破,技术标准体系有力支撑以京张高铁为代表的高速铁路、以浩吉铁路为代表的重载铁路、以上海虹桥站为代表的大型客站等一批具有世界先进水平标志性工程的成功建设。

标准基础不断夯实。结合实际需求变化和技术发展趋势，深入开展磁浮铁路主要技术标准等前瞻性和市域（郊）铁路等关键基础技术研究，将先进适用的科技创新成果和工程实践经验纳入技术标准。收集国内外相关标准编制发布情况，开展标准应用动态与需求分析，明确主攻方向和突破口，释放创新潜能，不断提高标准科学适用性和技术经济性。

标准国际化稳步推进。及时进行铁路工程建设标准英文版翻译工作，针对重点标准扩充翻译语言种类，扩大标准外文版覆盖范围，对外宣传和推介中国铁路标准。深度参与 UIC 标准编制工作，培育、发展和推动中国标准成为国际标准，持续提升国际话语权和影响力。

标准管理日趋规范。健全标准管理机制，建立政府、企业、标准归口管理单位管理体制，组织完成铁路工程建设标准管理界面划分工作。编制发布《铁路工程建设标准管理办法》《铁路行业标准翻译出版管理办法》等规章，推动形成分工合理、职责明确的工作制度，加强源头管理，强化过程控制，落实质量责任，着力提升标准编制水平。

标准信息化持续加强。贯彻落实《中华人民共和国标准化法》及国务院《深化标准化工作改革方案》有关要求，建立标准信息服务平台，为社会公众提供铁路工程建设标准文本免费在线查询服务，推进标准公开，促进标准推广应用。依托信息服务平台建设，设立标准化工作管理系统，推进标准核心业务管理的在线化、协同化、平台化。

三、铁路工程建设标准管理机构

2013 年铁路实施政企分开改革后，国家铁路局充分发挥行业标准工作的组织领导与统筹协调作用，组织拟订铁路技术标准并监督实施。国家铁路局科技与法制司负责铁路工程建设标准的管理工作，包括制定行业标准管理相关规定、组织研究建立标准体系等。

国家铁路局规划与标准研究院主要承担铁路桥梁、房建等专业的工程建设标准归口管理工作。

中国铁路经济规划研究院有限公司主要承担铁路隧道、轨道等专业的工程建设标准归口管理工作。

第二节　铁路工程建设标准体系

一、标准体系内涵作用

铁路工程建设标准体系将标准项目按其内在联系组合在一起，形成科学的有机整体（附录1），满足铁路工程建设管理、勘察设计、施工建造、质量验收等需要。体系内标准系统完整、互相补充、有序衔接、协调配套，在促进技术进步、保证工程质量等方面发挥着重要作用。

建立铁路工程建设标准体系，可有效促进铁路工程建设标准化工作改革与发展，提高标准化管理水平，确保标准制修订工作有序开展，厘清标准边界范围，增加标准覆盖面，推进铁路工程建设标准化工作更加快速、灵活、高效。高质量的标准体系能有效解决铁路各专业标准之间发展不平衡、项目不匹配、内容不协调、组成不合理等问题，增强铁路工程建设标准化工作的协调性、预见性和先进性，是制定标准发展规划、年度立项计划和加强标准科学管理的基本依据。

二、标准体系制定原则

1. 需求引领、顺应发展。满足铁路建设发展需要，与国际接轨，推进铁路工程建设标准管理体制、运行机制的改革，适应中长期铁路网发展和铁路工程建设标准化工作的科学管理要求。

2. 系统布局、覆盖全面。适应客运高速化、货运重载化、管理信息化、检测现代化等发展要求，完善高速铁路、城际铁路、客货共线铁路、重载铁路、市域（市郊）铁路、磁浮铁路等铁路工程建设标准体系。

3. 创新驱动、兼容并蓄。积极吸纳新技术、新工艺、新材料、新设备，尤其是高新技术在铁路工程建设领域的推广应用，充分发挥标准化的桥梁作用，扩大覆盖面，为提高铁路工程质量安全提供技术保障。

4. 架构合理、层次分明。体现系统性和协调性，按照基础、综合、专业、管理等类别，确定体系框架、厘清标准层次，做到分类明确、协调配套，推动标准体系更加完备、科学、开放。

三、标准体系框架构成

铁路工程建设标准体系体现各种类型铁路的规划建设要求，充分考虑不同标准间系统性、协调性和简统化等要求，在总结铁路建设运营实践经验基础上，针对铁路工程勘察、设计、施工、验收、管理，安全、健康、环保，通用术语、图形符号和制图方法，试验、检验和评定方法等技术要求，制定相应的标准。

铁路工程建设标准体系由基础标准、综合标准、专业标准、管理标准等组成。截至2019年底，现行铁路工程建设标准共计122项（附录2）。

1. 基础标准，是铁路工程建设的基础性标准，具有普遍指导意义。现行基础标准有《铁路工程基本术语标准》《铁路工程制图标准》《铁路工程图形符号标准》3项标准，如图1-2所示。

图1-2 铁路工程建设基础标准

2. 综合标准，是针对铁路工程某类标准化对象制定的覆盖面较大的共性标准。在铁路工程建设技术标准体系中，综合标准包括同一类型铁路覆盖多个专业的标准。现行综合标准有《高速铁路设计规范》《城际铁路设计规范》《重载铁路设计规范》《磁浮铁路技术标准（试行）》《铁路专用线设计规范（试行）》《Ⅲ、Ⅳ级铁路设计规范》6项标准。

3. 专业标准，是针对某一具体标准化对象或作为综合标准的补充、延伸制定的专项标准。主要分勘察、设计、施工、验收等四个方面，每方面标准又由不同专业组成，主要包括勘察、测量、线路、路基、桥涵、隧道、轨道、站场、通信、信号、信息、电力、电力牵引供电、机务车辆、房屋建筑、给排水环保、安全防护和通用等标准。现行专业标准共 107 项，见表 1-1。

表 1-1　专业标准分类表

标准分类	所属专业、领域	标准数量
勘察（20 项）	勘察	15
	测量	5
设计（50 项）	线路	1
	路基	4
	桥涵	5
	隧道	5
	轨道	2
	站场	2
	通信	1
	信号	2
	信息	2
	电力	2
	电力牵引供电	2
	机务车辆	4
	房屋建筑	4
	给排水环保	3
	安全防护	1
	通用	10
施工（7 项）	路基	1
	桥涵	1
	隧道	1
	轨道	1
	通信、信号、电力、电力牵引供电	1
	通用	2
验收（30 项）	路基	2
	桥涵	2
	隧道	3
	轨道	2
	站场	1
	通信	4

续上表

标准分类	所属专业、领域	标准数量
验收（30 项）	信号	2
	信息	1
	电力	2
	电力牵引供电	2
	给排水环保	2
	通用	7
专业标准总计		107

4. 管理标准，是针对某项铁路建设管理工作的内容、职责范围、程序和方法做出的统一规定。现行管理标准有《铁路建设项目预可行性研究、可行性研究和设计文件编制办法》《铁路建设工程监理规范》《铁路工程地质勘察监理规程》《铁路建设项目资料管理规程》《油气输送管道与铁路交汇工程技术及管理规定》《新建铁路工程项目建设用地指标》6 项标准（图 1-3）。

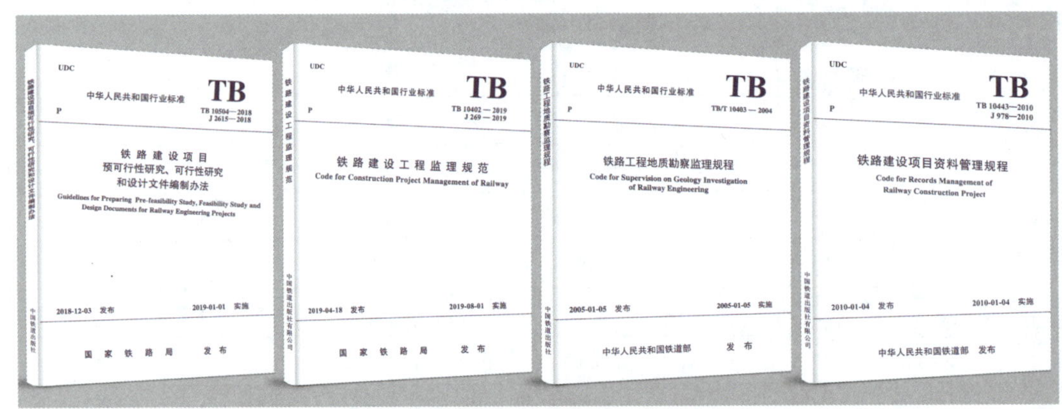

图 1-3 铁路工程建设部分管理标准

第三节 铁路工程建设标准国际化

一、标准外文版翻译

世界需要标准协同发展，标准促进世界互联互通。在习近平总书记等中央领导同志亲自推介推动下，铁路成为中国对外交流合作新名片和共建“一带一路”

的重要领域，铁路对外合作重心由“引进来”向“走出去”转变。为推进铁路工程建设标准国际化进程，自 2014 年起国家铁路局全面组织开展铁路工程建设标准外文版翻译工作，并制定《铁路行业标准翻译出版管理办法》。

标准翻译工作坚持通用性、系统性、兼容性、互联互通、不涉及国外专利和知识产权等原则，克服标准专业性强、翻译难度大、精度要求高等难点，不断优化工作机制、改进管理流程、培育翻译人才队伍，积极推进英文版翻译。同时，深入开展境外铁路项目语言需求分析，优先推动《高速铁路设计规范》多语种翻译工作，为服务“一带一路”建设、推介和宣传中国高铁提供标准支撑，如图 1-4 所示。

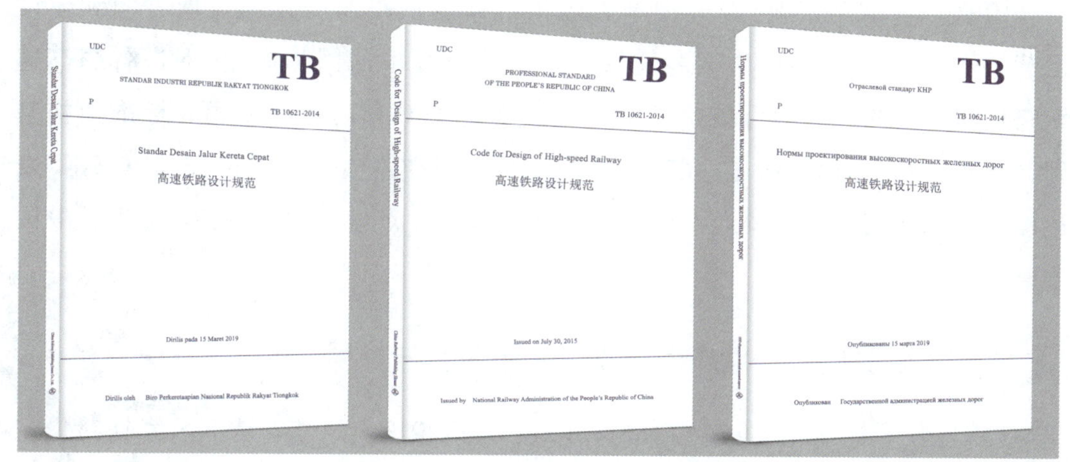

图 1-4 《高速铁路设计规范》印尼语、英语、俄语版

截至 2019 年底，现行铁路工程建设标准外文版共计 91 项(附录 3)。其中英文版 88 项，涵盖基础、综合、专业、管理等各类标准。其他语种 2 项，为《高速铁路设计规范》俄语版、印尼语版。另有《铁路工程建设标准英文版翻译词典》1 项，供铁路工程建设标准英文版翻译和审校工作使用。

二、国际标准编制

铁路工程建设标准在质量控制、安全保障、技术创新、环境保护等方面不断取得突破，具有良好适应性和较强竞争力，参与国际标准化工作的广度与深度持续提升。一是机构人员方面，在国际组织中的职位及任职的人员数量大幅提高。二是规则适应方面，能够通过充分解读并灵活应用国际组织既有规则提升话语权。三是标准制定方面，主持或参与标准编制数量显著增多。四是标准化活动方面，承办、参与的国际交流活动数量及规格稳步提升。深度参与国际铁路联盟(UIC)、国际标准化组织(ISO)、国际电工委员会(IEC)等国际组织活动。铁路工程建设标准方面,参与UIC标准化活动最为活跃。

积极参与UIC国际标准化活动,全面了解其标准化工作方向、标准制修订项目计划及进展情况,推进中国铁路技术纳入UIC标准。主导制定了UIC《高速铁路实施》系列标准,包括《高速铁路实施——定义和特征》IRS 60670、《高速铁路实施——项目提出阶段》IRS 60671、《高速铁路实施——可行性阶段》IRS 60672、《高速铁路实施——设计阶段》IRS 60673、《高速铁路实施——施工阶段》IRS 60674、《高速铁路实施——运营阶段》IRS 60675 6项标准。

UIC《高速铁路实施》系列标准着眼世界高速铁路前沿技术发展方向和建设运营实际需求,着力推广中国高速铁路优势特色技术的国际应用,促进各国高速铁路技术标准的互通融合借鉴。标准编制奠定了UIC高速铁路国际标准架构基础,促进了世界高速铁路进一步发展,推动了中国铁路标准国际化进程,打破了发达国家长期主导核心国际标准制定的垄断格局,为世界铁路发展贡献了中国方案。

三、《铁道技术标准（中英文）》期刊发行

《铁道技术标准(中英文)》(图1-5)创刊于2019年1月,是由国家铁路局主管、国家铁路局规划与标准研究院主办,面向国内外公开发行的铁道技术标准方面的中英文科技期刊。办刊宗旨是刊载铁道科技创新成果和技术标准领域研究新成果、新技术,促进国内外学术交流,推动标准成果的国内外应用,服务中国铁路事业发展。

期刊秉承专业性、权威性、前沿性、国际性办刊理念,瞄准国家重大战略,聚焦"一带一路"建设,突出对标准学科的探索与研究,促进国际间标准领域的学术交流。设置"标准交流、学术研究、铁路动态"3个主要栏目:

1. 标准交流。主要刊载中国铁道行业技术标准英文版全文和世界铁路各类标准发布公告、内容简介、标准解读。

2. 学术研究。主要刊载铁路工程建设、装备制造、运营管理等领域国际相关技术研究和标准化成果。

3. 铁路动态。主要刊载国际铁路重点工程建设动态、重大科技创新成果、政府间交流合作等信息。

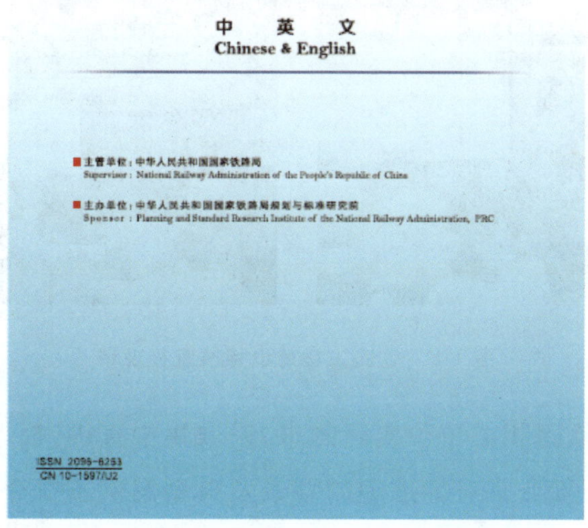

图 1-5　《铁道技术标准(中英文)》期刊创刊号

截至 2019 年底已出版 12 期，累计发行 18 000 余册。2019 年共刊载英文版标准 33 项，标准动态 15 条，铁路专业技术论文 24 篇，较好发挥了科技交流的桥梁纽带作用，社会反映良好。

第四节　铁路工程建设标准宣贯

铁路工程建设标准宣贯是标准化工作全过程中的重要环节。标准的编制目的在于实施，标准的生命力在于实施，标准的权威性在于实施。标准宣贯为标准的正确顺利实施打下基础，使参建各方及时全面准确掌握标准的有关内容及新旧版标准的差异，促进标准使用者严格按照规定开展建设管理、勘察设计、施工建造、质量验收等工作。

国家铁路局高度重视标准宣贯工作。全面贯彻落实习近平总书记关于铁路安全生产工作的重要指示批示和党中央、国务院决策部署，2019 年组织开展安全生产、质量控制等25项标准宣贯工作，包括《公路与市政工程下穿高速铁路技术规程》《铁路工程爆破振动安全技术规程》以及铁路工程施工质量验收系列标准和基础性设计标准，参加人员2 000余人次，宣贯现场如图1-6所示。

图1-6 铁路工程建设标准宣贯现场

宣贯工作结合铁路相关单位实际需求，采取集中宣讲、授课培训、交流研讨等形式。宣贯过程中，重点是对标准编制背景及典型案例进行介绍，对编制过程、技术特点、各章节内容、注意事项等进行解读。为畅通标准实施路径、推动标准落实落地、提高标准安全生产和质量控制保障水平奠定坚实基础。

第二章 近年来铁路工程建设重点标准编制发布情况

内容导读

党的十八大以来，坚决贯彻中央全面依法治国的决策部署，实施国家标准化战略，坚持推动铁路高质量发展，坚持以供给侧结构性改革为主线，坚持以质量控制、安全保障、技术创新、环境保护为重点，系统规划开展近百项铁路工程建设标准制修订工作，编制发布 82 项铁道行业标准，有效支撑铁路工程建设。2013～2019 年铁路行业工程建设标准发布数量情况如图 2-1 所示。

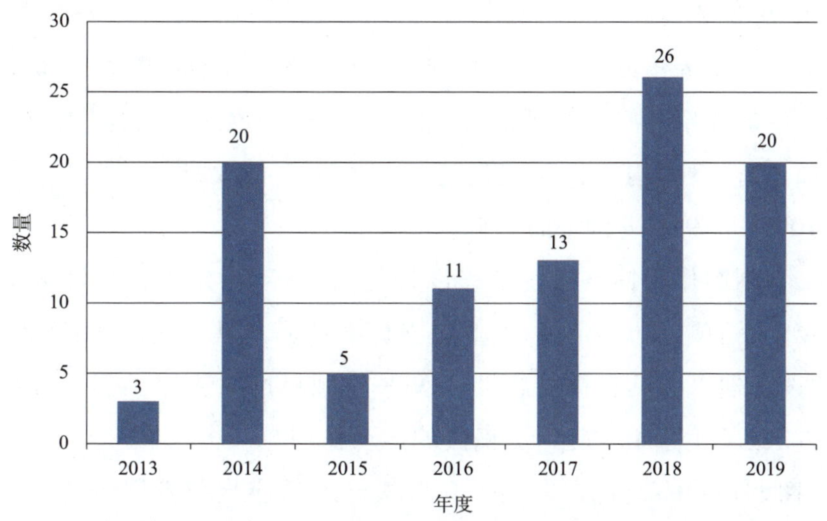

图 2-1　2013～2019 年铁路行业工程建设标准发布数量情况

基础标准保障有力。着眼铁路工程技术发展，满足规划、勘察、设计、施工各阶段工程制图和绘图符号要求，加快工程建设技术语言国际化进程，促进中国铁路“走出去”，编制发布工程制图和图形符号标准，有效提高工程制图编制质量和识图效率。

综合标准技术领先。服务国家重大战略实施，推动中国高铁发展及“走出去”，推进新型城镇化建设和满足城际铁路多元化投资需求，填补重载运输领域工程建设标准空白，开展高速、城际、重载等铁路工程建设标准制修订工作，全面提升中国铁路标准国际影响力。

专业标准配套协调。奋力推进铁路高质量发展，充分体现标准规范的技术先进、经济合理、安全适用特点，系统开展各专业基础性勘察设计规范及系列验收标准的制修订工作，促进铁路工程勘察设计、施工验收各阶段标准衔接配套及标准间协调一致。

管理标准翔实高效。贯彻创新、协调、绿色、开放、共享的新发展理念，着力加强铁路建设安全质量管理，高度重视能源资源节约和生态环境保护，编制发布《项目预可行性研究、可行性研究和设计文件编制办法》，有效提升设计文件编制质量水平和规范铁路工程建设管理。

第一节　基础标准

一、《铁路工程制图标准》TB/T 10058—2015

（一）编制背景

为夯实铁路工程建设标准体系基础，推进铁路工程建设制图标准化，规范铁路技术文件中的通用及专业技术语言，准确表达设计意图，畅通信息传递和交流，避免重复和矛盾，根据构建铁路工程建设标准体系的要求，对《铁路工程制图标准》TB/T 10058—1998 进行全面修订。

铁路工程制图作为铁路建设工程设计的重要环节，是表达设计方案、技术交流的重要媒介，是项目功能定位、专业技术标准的形象具体化，对铁路工程依图施工、提升建设管理水平具有重要意义。1998 年版标准对铁路工程设计统一图线、图样表达方法、尺寸标注等起到了积极的推动作用。

1998 年版标准中部分方法、内容和形式已不适应当前发展需要，为归纳铁路建设实践经验和技术发展新成果，促进工程标准国际化，有必要对《铁路工程制图标准》中涉及轨道、信息、电力专业和工程彩色等专业制图要求进行修订。

（二）编制目的

1. 加快铁路工程建设技术语言国际化步伐，接轨国际惯例。适应铁路建设项目制图实际需要，准确表达工程项目设计意图，提高制图质量和识图效率。

2. 系统总结铁路工程制图实践经验，吸纳高速、城际、重载等铁路的实践经验和技术发展新成果，满足铁路工程技术语言科学化、形象化和简统化发展需要。

3. 优化铁路各专业工程图纸编排、图样画法、图线字体等规定，促进工程制图国际化，全面梳理标准与当前铁路工程建设发展不匹配不适应的内容。

（三）编制原则

1. 目标导向、需求牵引。贯彻新发展理念，紧跟铁路建设发展趋势，满足铁路工程建设项目制图标准化发展要求，提高铁路工程建设技术交流效率，促进铁路高质量发展。

2. 覆盖全面、突出重点。全面覆盖铁路工程规划、勘察设计、施工等阶段各类工程的制图要求，着力加强轨道、信息、电力专业和工程彩色等专业工程制图要求。

3. 技术先进、规范统一。纳入计算机辅助设计（CAD）对铁路工程制图的要求，以“图面协调、布局美观、标注清晰”为原则，促进与相关国家标准、行业标准的协调统一。

4. 统筹兼顾、特色鲜明。妥善处理本标准与相关标准之间关系，避免重复或矛盾，突出铁路工程建设应用特点，注重与各专业标准有效衔接。

（四）编制过程

《铁路工程制图标准》编制过程总体上分为五个阶段。

前期准备阶段。开展铁路工程制图标准基础研究，调研国内外工程项目制图标准，全面总结铁路工程制图实践经验。

工作大纲阶段。确定标准编制原则、适用范围、内容框架、进度计划、工作分工等。组织勘察设计专家完成技术审查。提出深入研究有关 CAD 制图的内容，考虑将其纳入本标准的可能性。

征求意见稿阶段。编制完成征求意见稿条文，向铁路勘察设计、科研院所等单位广泛征求意见。组织相关专家完成技术审查。

送审稿阶段。编制完成送审稿条文，组织相关专家完成技术审查。

报批稿阶段。编制完成报批稿条文，经审核通过，于 2015 年 9 月 1 日发布，自 2015 年 12 月 1 日起实施。

（五）主要内容

《铁路工程制图标准》是铁路工程建设领域基础性技术标准，是借鉴国外相关工程制图标准有关要求，结合铁路工程建设发展实际，在系统总结铁路工程制图实践经验基础上修订而成。

标准基本构架：

本标准共分 20 章，包括总则，基本规定，经济与运量、运输组织制图，工程地质水文地质制图，线路制图，轨道制图，路基制图，桥涵制图，隧道制图，站场制图，机务、车辆、综合检测与维修及动车组设备制图，给水排水制图，通信制图，信号制图，信息制图，防灾安全监控制图，电气化制图，电力制图，环境保护制图，工程彩色制图等。分为三大板块：

第一板块：总则。明确标准编制目的、适用范围，提出执行国家和行业有关的保密规定，做好保密工作等要求。

第二板块：基本规定。规定通用制图标准，包括图纸组成与编排、图纸幅面、图框与图标、线宽、字体、比例、引用符号、标注等。

第三板块：专业制图要求。提出地质、线路、路基、站场、桥涵、隧道、电气化、通信、信号、机务、车辆、给水排水等专业图样画法与名称编号要求。

主要修订内容：

1. 增加轨道、信息、电力专业线形、线宽、单位、标注、比例及画法等规定，补充工程彩色制图有关规定。

2. 补充高速列车列流线线型画法、高速（城际）铁路车站客流量表及站点上下客流表等适应高速铁路的有关制图规定。

3. 规定防灾安全监控制图的主要内容、各种线型的线宽和用途、制图比例，以及灾害监测系统总图图样画法等有关规定。

4. 补充因勘测方法和手段的更新而增加的勘测图标、水文地质图选用的地质图形符号规格、编号和代号等制图内容和要求。

5. 补充平面图中新增的起重设备（吊车）轮廓线及新建建筑物、构筑物、设备的可见轮廓线的内容和要求。

6. 提出地质、线路、路基、站场、桥涵、隧道等专业图幅及图框格式、图线线形宽度、高程画法、尺寸标注和单位等制图要求。

二、《铁路工程图形符号标准》TB/T 10059—2015

（一）编制背景

为完善铁路建设工程图形符号结构体系，增强铁路工程图形符号信息管理水平，统一铁路工程建设项目图纸中的图形符号，准确表达项目设计意图，提升工程制图编制质量和识图效率，加快技术信息的传递和交流，根据构建铁路工程建设标准体系的要求，对《铁路工程制图图形符号标准》TB/T 10059—1998 进行全面修订，并将规范名称改为《铁路工程图形符号标准》。

铁路工程图形符号是以图形、图像与文字协同指示、象征、表达铁路工程设计施工安装要求，材料结构组成，设备设施配置，功能原理作用及仪表元件位置等内容的信息交流工具。铁路工程图形符号标准作为最基本的导则性标准，有效传递和指导铁路工程领域设计、施工和标准制修订的信息工作。1998 年版标准自发布以来，对铁路工程设计统一图线、图形符号、代号，提高制图水平起到了积极的推动作用。

随着铁路工程科技进步、国际交流日益增加，铁路工程设计普遍采用计算机辅助设计（CAD）技术，图形符号标准化已成为提升设计效率、保证图样质量的重要途径，建立完善的铁路工程图形符号体系已势在必行。针对上述现状，有必要对 1998 年版标准中有关线路、站场、轨道、桥梁、隧道、房屋建筑、电力、环境保护、施工组织等图形符号进行全面修订。

（二）编制目的

1. 加快与国际惯例的接轨和中国工程技术语言国际化的步伐，加强与各国间的技术交流，立足铁路项目生产实际，准确表达工程项目的设计意图，提高专业制图质量和识图效率。

2. 系统总结铁路工程制图实践经验，吸纳原标准发布以来特别是高速、城际、重载铁路的实践经验和技术发展新成果，满足铁路工程图形符号科学化、形象化和精炼化发展的需要。

3. 明确地质、路基、桥涵、隧道、站场、通信、信息、信号、防灾安全监控、电力、房屋建筑、环境保护等专业及施工组织、施工现场图形符号要求，促进铁路工程制图质量提升。

（三）编制原则

1. 目标导向、需求牵引。贯彻新发展理念，紧跟铁路建设发展趋势，适应铁路工程建设项目图形符号标准化发展要求，保障铁路工程技术交流和建设需求，促进铁路高质量发展。

2. 覆盖全面、突出重点。涵盖铁路建设项目的规划、勘察设计、施工现场等各阶段图形符号制作，着力加强轨道、信息、房屋建筑和工程彩色等方向工程制图要求。

3. 技术先进、规范统一。纳入计算机辅助设计（CAD）的要求，以“图面协调、布局美观、标注清晰”为原则，促进与相关国家标准、行业标准的协调统一。

4. 统筹兼顾、特色鲜明。妥善处理本标准与相关标准之间关系，避免重复或矛盾，突出中国铁路工程建设应用特点，注重与各专业标准的衔接。

（四）编制过程

《铁路工程图形符号标准》编制过程总体上分为五个阶段。

前期准备阶段。开展铁路工程图形符号标准基础研究，调研国内外工程项目图形符号标准,全面总结铁路工程制图实践经验。

工作大纲阶段。确定标准编制原则、适用范围、内容框架、进度计划、工作分工等。组织勘察设计、施工建造等单位专家完成技术审查。提出深入研究有关CAD 制图的内容,考虑将其纳入本标准的可能性。

征求意见稿阶段。编制完成征求意见稿条文。向勘察设计、施工建造、运营管理等单位广泛征求意见。组织相关专家完成技术审查。

送审稿阶段。编制完成送审稿条文,组织相关专家完成技术审查。

报批稿阶段。编制完成报批稿条文。经审核通过,于 2015 年 9 月 1 日发布,自 2015 年 12 月 1 日起实施。

（五）主要内容

《铁路工程图形符号标准》是铁路工程建设领域基础性技术标准,是根据相关国家及行业工程图形符号标准有关要求,结合铁路工程建设发展实际,在系统总结铁路工程图形符号实践经验基础上修订而成。

标准基本构架：

本标准共分 18 章,包括总则,经济运量与运输组织图形符号,线路图形符号,轨道图形符号,地质图形符号,路基、桥涵、隧道图形符号,站场图形符号,机务、车辆、综合检测与维修及动车组设备图形符号,通信、信息图形符号,信号图形符号,防灾安全监控图形符号,电力图形符号,电气化图形符号,给水排水图形符号,房屋建筑图形符号,环境保护图形符号,施工组织图形符号,施工现场标志等,另有 10 个附录。主要分为三大板块:

第一板块:总则。明确标准编制目的、适用范围,提出执行国家和行业有关规定等要求。

第二板块:设计符号要求。提出设计专业制图要求,包括运输、线路、轨道、地质、路基、桥涵、隧道、站场、机务、车辆、综合检测与维修及动车组设备、通信、信息、信号、防灾安全监控、电力、电气化、给水排水、房屋建筑、环境保护等。

第三板块:施工符号要求。规定施工组织图形符号与施工现场标志等要求。

主要修订内容：

1. 增加纵断面竖曲线图形符号,CPⅠ、CPⅡ控制网测量图形符号,简化复杂的图形符号,并增加标注信息。

2. 补充车站、动车设备有关图形图例符号,增加轨道专业 11 个无缝线路设计图形符号。

3. 明确防护网、防护栅栏、安全保护区、地界符号要求,补充高速铁路桥涵制图符号、普通钢筋和预应力钢筋等图形符号。

4. 增加隧道设备洞室的图形符号、射流风机平面示意图符号、新建隧道和既有隧道符号、隧道纵断面表示图形符号。

5. 补充斜角交叉、到发线以及站台编号、挡车器、无站台柱雨棚、快速装车系统、蒸发池、指北针等图形符号。

6. 明确动车组交路、综合检测与维修的图形符号，车辆“5T”及车号系统的有关图形符号要求。

7. 增加信息专业的图形符号，补充数字通信、光通信和软交换、数据网、票务及旅客服务系统、办公及公安信息系统、铁路通信电源、防雷接地及附属设备的图形符号。

8. 增加矮型六灯位信号机、矮型七灯位信号机、横向与纵向防雷保安器、区间信号标志牌图形符号，修改无绝缘轨道电路电气绝缘符号、应答器等符号。

9. 补充7个自然灾害及异物侵限监测系统图形符号和27个火灾自动报警系统图形符号。

10. 增加变压器、调压器、互感器、配电保护开关等主接线图形符号，发电厂、变电所、配电所平面图形符号，电力线路及室外照明图形符号，动力、照明图形符号，机电设备监控及电力远动、铁路电力防雷接地图形符号等103个图形符号。

11. 补充牵引变压器、自耦变压器、所用变压器、高电压等级的断路器、隔离开关、组合电器及隔离开关的图形符号。

12. 增加保温管道、雨水工程、综合管沟内管、防护套管、卸污冲洗管、卸污单元、厌氧滤池及污水处理站等图形符号。

13. 明确房屋建筑总平面图形符号28个、常用建筑材料符号25个，共53个图形符号要求。

14. 补充绿化工程平面图和剖面图、声屏障设计图、垃圾集运设计图等共51个图形符号。

15. 增加焊轨场、箱梁制(存)梁场、混凝土搅拌站、改良土拌和站、级配碎石拌和站、道砟临时存放场、污水处理站、临时给水站图形符号。

16. 补充轨道板预制场、轨枕预制场、混凝土拌和站、架设箱梁、站后综合配套、联调联试及试运行等图形符号。

17. 增加施工现场禁止标志18个，警示标志18个，指令标志14个，提示标志2个，明示标志30个。

18. 明确标志制作材料、标志牌形状、标志组成、标志设置位置、悬挂方式和标志保养更换等要求。

第二节 综合标准

三、《高速铁路设计规范》TB 10621—2014

（一）编制背景

贯彻落实《国家中长期铁路网发展规划》等要求，加强现代综合交通运输体系建设，支撑国家重大战略实施，持续增强铁路行业的综合实力和国际影响力，根据构建铁路工程建设标准体系的要求，组织开展《高速铁路设计规范（试行）》TB 10621—2009 全面修订工作。

高速铁路设计是随着高速铁路的建设发展不断完善的。相关标准研究与制定是高铁建设的重大科技攻关项目，凝结了广大铁路工程技术人员的智慧和心血，记录了中国高速铁路从无到有、从追赶到超越、从探索到成熟的历史进程。通过高速铁路建设运营实践，能提高规范的科学性、系统性、经济性和适用性，可为中国铁路"走出去"提供强有力的技术支撑。

2009 年版规范发布以来，相继建成京广、京沪、郑西、哈大等一批适应各类建造和运营环境、具备不同技术特点的高速铁路（图 2-2），铁路建设水平不断发展进步。铁路部门对高速铁路成套技术中的关键技术和薄弱环节集中开展科研攻关，积累了丰富的实践经验和科研成果，为完善《高速铁路设计规范》奠定了重要基础。

兰州—乌鲁木齐高铁穿越戈壁滩

哈尔滨—大连高铁建于高寒地区

郑州—西安高铁建于湿陷性黄土地区

北京—广州高铁纵贯中国南北

海南环岛高铁建于湿热热带地区

图 2-2 各类型环境条件下的高速铁路

（二）编制目的

1. 加强现代综合交通运输体系建设，支撑国家重大战略实施，满足中国铁路“走出去”的需要，提高中国高速铁路标准的国际化程度和国际铁路市场的竞争力。

2. 强化高速铁路设计安全保障功能，优化各专业设计参数，统一不同环境类型、不同技术特点高速铁路设计要求，进一步提高高速铁路的安全可靠性、提升标准的经济适用性。

3. 满足国家可持续发展战略要求，适应绿色建设理念和便民利民的公众利益实际需求，充分体现出标准的系统性、先进性、成熟性和经济合理性要求。

4. 全面总结高速铁路建设、运营实践经验以及相关科研成果，强化总体设计和接口设计的有关要求，适应铁路政企分开改革要求，发挥行业标准基础性、规范性和指导性作用。

（三）编制原则

1. 适应发展需要，增强国际影响。贯彻国民经济及社会发展规划要求，建设现代综合交通运输体系，支撑国家重大战略实施，适应运输服务需求，促进高速铁路发展进步，为高速铁路“走出去”提供系统规范的成套建设标准，持续增强铁路行业的综合实力和国际影响力。

2. 坚持自主创新，体现中国特色。充分吸取中国已建和在建的客运专线和高速铁路建设成果，编制科学、系统、经济和适用的中国特色标准。根据中国具体的国情、路情，开展针对性的科研攻关和试验，总结、提炼和发展高速铁路技术，强化重大科研、试验成果对关键技术的理论支撑与验证，体现自主创新。

3. 坚持安全优先，强调可持续发展。强化安全保障的功能设计，将安全设计、防灾减灾的设计理念贯穿到编制全过程，进一步提升高速铁路的安全可靠性。突出“以人为本、方便、快捷、舒适”等提高服务品质的设计要求，体现节能、节地、节水、节材和环境保护等绿色建设理念，适应国家可持续发展战略的要求。

4. 强化系统设计，细化专业接口。结合国情、经济社会发展水平、运输需求和环境条件等因素，合理优化速度匹配、设备配套和各专业主要设计参数，优化复杂路网条件下的高速铁路运营调度系统设计、高密度大客流的客运服务系统设计，使技术标准更符合系统性、先进性、成熟性及经济合理性要求。

(四)编制过程

《高速铁路设计规范》编制过程总体上分为三个阶段。

前期编制阶段。全面梳理高速铁路建设发展情况,系统总结工程实践经验和科研成果,落实安全优先要求,强化技术标准的经济性,增强工程设计选择的灵活性,在《高速铁路设计规范(试行)》基础上,编制形成规范初稿。

送审稿阶段。国家铁路局组织开展规范初稿全面复核,梳理规范编制以来相关研究成果纳规和历次审查会意见执行情况,经向有关单位征求意见,立足铁路行业发展,提出规范进一步优化意见。经修订完善,形成《高速铁路设计规范》送审稿,并组织专家完成技术审查,如图 2-3 所示。

图 2-3 《高速铁路设计规范》技术审查

报批稿阶段。编制完成规范报批稿条文和条文说明。经审核通过,于 2014 年 12 月 1 日发布,自 2015 年 2 月 1 日起实施。

(五)主要内容

《高速铁路设计规范》是正式发布的中国第一部高速铁路设计行业标准,是在《高速铁路设计规范(试行)》TB 10621—2009 基础上,系统总结 250 km/h ~ 350 km/h 高速铁路建设运营实践经验基础上编制而成的,可为中国高速铁路发展以及高速铁路“走出去”提供系统规范的成套建设标准支撑。

规范基本构架:

本规范共分 22 章,包括总则、术语和符号、总体设计、运输组织、线路、路基、桥涵、隧道、轨道、站场、电力牵引供电、电力、通信、信号、信息、灾害监测、动车组设备、维修设施、给水排水、房屋建筑、综合接地、环境保护等,另有 4 个附录。主要分为四大板块:

第一板块：总则。明确标准编制目的、适用范围、基本原则、设计速度分级、建筑限界、列车设计活载等内容，提出安全、灾害风险防范、结构物的抗震设计等要求。

第二板块：术语和符号。规定与高速铁路设计密切相关的术语和符号，如综合客运交通枢纽、无线闭塞中心、列车运行控制中心等，给出列车超速防护等缩略语。

第三板块：总体设计。规定高速铁路设计基本程序、总体设计方案确定、主要技术标准、综合选线等要求。提出总体系统及接口设计原则。

第四板块：专业技术要求。提出列车运行模式、列车开行方案原则、列车运行图编制等技术要求，规定线路平纵断面设计要求，提出路基、桥涵、隧道、轨道等主体工程结构设计接口，明确车站平面布置、牵引供电系统、供配电系统、通信信号信息、灾害监测、动车组设备、环境保护等具体设计要求。

主要修订内容：

1. 明确规范适用于新建设计速度为 250 km/h ~ 350 km/h、运行动车组列车的标准轨距客运专线铁路，补充“四新”技术应用及风险防范的原则性要求。

2. 修改完善高速铁路相关术语和符号。

3. 提出路段设计速度的理念，完善综合选线的有关内容，细化系统及接口设计要求。

4. 明确根据国情路情采用不同速度等级列车共线运行的模式或单一速度等级列车运行的模式，给出基本的运行图编制参数，修改立即折返动车组折返时间。

5. 取消曲线半径推荐值，增加限速地段及动车组走行线的平纵断面技术标准，优化最小坡段长度标准，增加长大坡道的技术要求。

6. 明确路基上覆荷载由均布荷载取代传统的换算土柱法，补充季节性冻土地区路基的有关内容，明确路堤填筑完成的放置期。

7. 优化涵洞动力系数和曲线桥梁离心力折减计算公式，增加公（道）路上跨高速铁路立交桥设计与安全防护标准，完善涵洞选型、涵洞顶填土高、梁端转角限值、墩台沉降限值标准及列车脱轨载荷的有关规定。

8. 完善单、双线隧道方案比较的规定，取消隧道衬砌内轮廓图，补充隧道洞口选址及设置明洞等相关措施的规定，优化拱部初期支护径向锚杆设置的要求。

9. 明确无砟轨道铺设条件，修订有砟轨道轨距容许偏差标准，取消各类无砟轨道外形尺寸，增加结构设计原则及方法等相关规定，补充 CRTSⅢ型板式无砟轨道的设计内容。

10. 增加到发线有效长度范围内不应设置道岔的规定，补充旅客站台临靠正线设置条件的规定，取消车站命名的有关规定，完善线路接轨及安全线设置的有关技术要求。

11. 提高牵引供电系统在防雷措施、防灾避害、故障监测等方面的可靠性和安全性，增加运营方式的灵活性。补充接触网有关防风、防雷、防冰、防污闪、防鸟等防护措施和供电安全检测监测系统的内容。

12. 优化电力无功补偿设置方法，对变配电所电气设备标准按速度进行了分类，并差异化配置高压开关设备标准。进一步明确电力线路敷设原则，提出电缆防护、物理隔离措施以及电力远动、机电设备的监控范围。

13. 明确重要传送业务的接入要求，补充无线场强覆盖设计应综合考虑电波传播特性和服务质量要求，合理布设基站，以及漏缆监测系统、通信铁塔安全设置要求，细化隧道应急通信的设计规定。

14. 强化信号系统故障导向安全的基本原则，补充完善地面固定信号有关条款，调整出站信号机设置位置相关规定。补充完善道岔外锁闭装置、密贴检查器、信号集中监测等内容。

15. 增加运营调度系统相关规定，根据实名制及网络售票方案，调整票务系统设置方案。

16. 梳理高速铁路自然灾害及异物侵限监测系统总体技术方案的系统组成和设置原则。

17. 补充完善部分运营整备设备、辅助设施设置原则和标准，明确动车段（所）检查库线与存车场布置的有关规定。

18. 调整维修有关设施，细化专业维修需求的内容，明确应急热备救援机车存放设施的规定。

19. 明确动车段（所）、大型枢纽站及始发站应根据运输组织需要设置旅客列车给水和卸污设施，调整高速铁路水源设计相关规定，增加隧道洞口排水设施相关规定。

20. 增加综合交通枢纽、绿色客站等内容，明确体型复杂、重要的站房及跨线设施结构安全标准，重视结构安全健康监测体系的建立。

21. 明确综合接地系统的构成，确定综合接地系统接入范围和接地电阻值的规定，提出利用建筑物内钢筋作为自然接地体的设计原则，规定了接地端子、接地连接及贯通地线敷设方式等内容。

22. 明确环保选线、生态保护和水土保持、噪声和振动污染治理、污水和废气治理、固体废物处置、电磁干扰防护等设计内容的基本原则，规定高速铁路声屏障、垃圾转运设施建设等设计内容。

四、《城际铁路设计规范》TB 10623—2014

（一）编制背景

落实国家推进城际快速交通网络建设要求，满足城际铁路建设和发展需要，统一城际铁路设计标准，根据《国家铁路局 2014 年铁路工程建设标准编制计划》（国铁科法函〔2014〕175 号）要求，组织开展《城际铁路设计规范》制定工作。

城际铁路作为专门服务于相邻城市间或城市群的客运专线铁路，以其运能大、占地少、污染小、安全舒适、准时等优势，成为城际居民出行的主要交通方式，开展城际铁路建设标准的编制工作意义重大。《国务院关于改革铁路投融资体制加快推进铁路建设的意见》（国发〔2013〕33 号）颁布实施，明确按照“统筹规划、多元投资、市场运作、政策配套”的基本思路，鼓励地方政府和社会资本投资建设城际铁路，制定一部有较强适用性和经济性的城际铁路建设标准十分必要。

城际铁路在勘察设计及施工建造等方面积累了系统、成熟、经济、适用的技术和经验，与高速铁路设计标准一起，形成具有中国自主知识产权的客运专线铁路技术体系。为更好满足城际铁路建设需求，规范和引导行业技术发展，编制一部全面反映城际铁路功能需求和技术特点、突出体现经济性的综合性技术标准，将为地方政府和社会资本投资建设城际铁路提供重要的技术支撑。

（二）编制目的

1. 充分发挥各种交通运输方式的整体优势和组合效率，积极推进以轨道交通为骨干的城际快速交通网络建设。

2. 充分借鉴地铁等相关行业经验，明确城际铁路功能定位，深化研究建筑限界、设计荷载、编组方式等主要技术标准。

3. 适应铁路投融资体制改革需要，制定适应于区域性城际铁路，有别于干线铁路并具有较强经济性的技术标准。

4. 满足城际铁路建设发展，体现城际铁路的功能需求和技术特点，编制“方便、快捷、公交化、独立运营”模式的城际铁路设计标准。

（三）编制原则

1. 需求引领、协调发展。贯彻国家城镇化发展战略，落实铁路投融资体制改革要求，推进以轨道交通为骨干的城际快速交通协调发展。

2. 安全优先、经济适用。把握城际铁路的功能需要，强化城际铁路有关安全保障功能，注重节地、节能、节水、节材和环境保护方面的设计要求，突出标准的安全可靠和经济适用。

3. 系统先进、定位准确。总结城际铁路建设运营实践经验以及相关科研成果，借鉴城市轨道交通等工程经验，把握城际铁路的功能定位，突出标准的系统性和先进性。

4. 规范统一、特色鲜明。符合综合交通设计要求，反映城际铁路功能需求和技术特点，具有典型的"高密度、小编组、公交化"运输组织模式特色，编制适应区域性城际铁路建设发展的统一标准。

（四）编制过程

《城际铁路设计规范》编制过程总体上分为五个阶段。

前期准备阶段。调研国内外城际铁路技术特点，开展城际铁路线间距、常用跨度简支梁、隧道净空面积等多项技术专题研究（图 2-4），满足城际铁路运输特点和需求的技术要求，科学确定标准编制方案。

图 2-4 《城际铁路设计规范》专题研讨

工作大纲阶段。编制完成工作大纲，确定规范编制指导思想、总体原则、适用范围、内容框架、进度计划、工作分工等，组织铁路权威专家开展规范工作大纲技术审查。

征求意见稿阶段。编制完成征求意见稿条文和条文说明，向勘察设计、施工建造、科研院所、运营维护、建设管理及地方投资等单位征求意见，共收到 14 单位反馈意见231条,并组织专家完成规范技术审查。

送审稿阶段。编制完成送审稿条文和条文说明,向勘察设计、施工建造、科研院所、运营维护、建设管理、政府部门等单位征求意见,共收到65单位反馈意见750条,并组织专家完成规范技术审查。

报批稿阶段。编制完成报批稿条文和条文说明,经审核通过,于2014年12月29日发布,自2015年3月1日起实施。

(五)主要内容

《城际铁路设计规范》是国内第一部城际铁路建设的行业标准,是铁路工程建设标准体系的重要组成部分,将为吸引地方政府和社会资本投资建设城际铁路,加快推进新型城镇化建设,提供重要的技术支撑。

规范基本构架:

本规范共分24章,包括总则、术语和符号、总体设计、运输组织、线路、路基、桥涵、隧道、地下车站结构、轨道、站场、电力牵引供电、电力、通信、信号、信息、灾害监测、动车组设备、维修设施、给水排水、房屋建筑、采暖通风与空调、综合接地、环境保护等,另有1个附录。主要分为四大板块:

第一板块:总则。明确标准编制目的、适用范围、基本原则、设计速度分级、建筑限界、列车设计活载等内容,提出安全、灾害风险防范、结构物的抗震设计等要求。

第二板块:术语和符号。规定与城际铁路设计密切相关的术语和符号,如综合客运交通枢纽、无线闭塞中心、列车运行控制中心等,给出列车超速防护等缩略语。

第三板块:总体设计要求。规定城际铁路设计基本程序、总体设计方案确定、主要技术标准、综合选线等要求。提出总体系统及接口设计原则。

第四板块:专业技术要求。提出列车运行模式、列车开行方案原则、列车运行图编制等技术要求,规定线路平纵断面设计要求,提出路基、桥涵、隧道、轨道等主体工程结构设计接口,明确车站平面布置、牵引供电系统、供配电系统、通信信号信息、灾害监测、动车组设备、环境保护等具体设计规定。

主要技术内容:

1. 规定适用范围、设计年度、建筑限界、设计活载等内容,明确适用于新建设计速度为200 km/h及以下、仅运行动车组列车的标准轨距客运专线铁路。

2. 明确城际铁路专门服务于相邻城市间或城市群,旅客列车设计速度

200 km/h 及以下的快速、便捷、高密度客运专线铁路。

3. 明确主要技术标准、综合选线、系统设计、综合开发、安全设计、施工组织设计等方面的原则性要求。

4. 明确旅客列车开行原则、列车运行图编制方法、线路通过能力与输送能力等运输组织要求，提出城际铁路可采用独立运营的运输组织模式。

5. 规定线路平面曲线半径、缓和曲线长度、线路纵断面最大坡度、坡段长度、竖曲线半径等主要设计标准。

6. 规定路基基床结构、填料及压实标准、稳定及沉降控制标准，明确过渡段结构形式、路基排水、边坡防护及支挡结构等技术要求。

7. 规定桥梁设计荷载和结构变形、变位、梁端转角和基频、墩台刚度、墩台沉降的限值标准，提出桥涵结构计算、构造及结构形式选择的原则性要求。

8. 规定隧道轨面以上净空横断面面积，明确荷载、隧道衬砌、洞内附属构筑物、洞门结构、防排水、防灾救援等技术要求。

9. 规定地下车站荷载、结构形式及衬砌、结构设计、构造要求、构造防水等技术要求。

10. 规定轨道静态铺设精度标准，明确轨道结构选型原则、正线轨道、站线轨道、钢轨及扣件系统、轨道结构过渡段、护轨和线路标志设置等技术要求。

11. 规定车站到发线及有关站线的平纵断面设计标准，明确车站到发线数量、安全线设置、车站布置、客运设备、站场路基及排水等技术要求。

12. 明确牵引负荷等级、外部电源、供电方式、牵引变电所分布、牵引变压器、电分相设置、电能质量等设计要求，提出接触网悬挂方案及设计选型原则。

13. 规定电力供配电系统、变配电所、电力线路、电力远动、机电设备监控系统、火灾自动报警系统、供电可靠性等设计标准，明确电力供电系统构成、供电方案等技术要求。

14. 明确传输网、数据通信网、有线调度通信、移动通信、综合视频监控等通信系统的设计原则、构成、功能和设备配置标准。

15. 明确信号系统选型原则，规定地面信号机、调度集中、列控、联锁、集中监测、道岔融雪、信号网络、电源、防雷与接地等信号设备配置标准。

16. 规定运营调度管理、客票、旅客服务、动车组管理等信息系统的设计原则、构成、功能和设置配置标准。

17. 明确灾害监测系统构成和设置原则，规定风、雨、雪、地震及异物侵限监测设备配置标准。

18. 明确动车组运用检修设施设置、选址和总平面布置原则，规定动车组运用检修设施规模、功能、主要设施和设备配置等标准。

19. 明确维修设施设置、布点选址和总平面布置原则，规定维修基地、维修车间和维修工区的规模和主要设备配置标准。

20. 明确旅客列车给水站和卸污站（点）设置原则，规定车站水源、给水及卸污设施、给水排水管道防护等技术要求。

21. 明确站房及站场客运设施、建筑设备的设计原则和标准，提出综合交通、绿色客站、综合开发等设计要求，规定站房及跨线设施的结构安全标准和结构安全健康监测等技术要求。

22. 规定地面、高架及地下车站采暖通风与空调系统设置标准。

23. 明确综合接地系统的构成，规定综合接地系统接入范围、接地电阻、接地端子、接地连接及贯通地线敷设方式等标准。

24. 明确环保选线、生态保护和水土保持、噪声和振动控制、污水和废气治理、固体废物处置的设计原则和保护要求。

五、《重载铁路设计规范》TB 10625—2017

（一）编制背景

为推进重载铁路建设，满足重载铁路发展需要，统一重载铁路设计标准，根据构建铁路工程建设标准体系的要求，组织开展《重载铁路设计规范》编制工作。

中国幅员辽阔、资源分布不均衡，发展重载铁路运输对于快速提升运输能力、缓解运能瓶颈制约、提高运输综合经济效益具有广阔的市场空间和重要的战略意义。重载铁路具有轴重大、牵引质量大、运量大的特点，大多采用单元、组合等列车编组形式。与普速客货共线铁路相比，重载铁路在功能定位需求、内在技术特点和运输组织模式等方面存在显著差异。

针对重载铁路的功能定位、适用范围、运输组织模式等进行深入研究，在保证安全可靠的前提下，注重提高运输效率，针对重载铁路的特点，科学系统规定主要技术标准及各专业设备配置要求，明确 ZH 荷载图式等主要设计内容，提出轻重车流分方向确定技术标准的原则，充分体现规范的经济适用性和创新性。

（二）编制目的

1. 落实《铁路标准化“十三五”发展规划》要求，为满足铁路改革发展和技术进步需要、构建现代综合交通运输体系、服务国家发展战略提供有力支撑。

2. 根据货物运输需求和机车车辆技术装备的发展研究情况制定规范，满足重载铁路建设和发展需要，统一重载铁路设计技术标准，丰富和完善铁路工程建设标准体系。

3. 遵循系统优化的建设理念，满足安全可靠、先进成熟、经济适用的要求，指导重载铁路健康发展，提高铁路建设的社会经济效益。

（三）编制原则

1. 安全优先，经济环保。将安全设计的理念贯穿规范编制工作的全过程，提高主体结构、信号设施、行车设备安全可靠性，体现安全优先原则，明确耐久性和“四新”设计要求，强调节能、节地、节水、节材和环境保护等绿色建设理念，适应国家可持续发展战略的要求。

2. 自主创新，接轨国际。重载铁路定义采用国际重载协会标准，与国际标准接轨。总结吸纳中国重载铁路工程建设及运营实践经验和有关研究成果，系统提炼和自主发展重载铁路技术，强化重大科研、试验成果对关键技术的理论支撑与验证，体现中国重载铁路特色。

3. 系统设计，细化参数。结合国情、经济社会发展水平、运输需求和环境条件等因素，合理优化设备配套和各专业主要设计参数，符合系统性、先进性、成熟性及经济合理性要求。

4. 突出特点，经济适用。针对重载铁路运量大、轴重大、牵引质量大的三大技术特点，注重牵引质量、行车密度、运行速度合理匹配，提高运输效率，关注全生命周期成本，更好地体现适用性和经济性。

（四）编制过程

《重载铁路设计规范》编制过程总体上分为五个阶段。

前期准备阶段。调研重载铁路建设和管理情况，总结专项科研成果和工程实践经验，根据货物运输需求和机车车辆技术装备的发展研究确定具体范围参数。

工作大纲阶段。确定标准的编制目的、编制原则、主要修订内容和进度安排等，组织权威专家完成工作大纲技术审查。

征求意见稿阶段。编制完成征求意见稿条文和条文说明，广泛征求铁路勘察设计、施工建造、运营管理、科研高校等单位的意见，组织权威专家完成技术审查。

送审稿阶段。编制完成送审稿条文和条文说明，广泛征求铁路勘察设计、施工建造、运营管理、科研高校等单位的意见，组织各领域权威专家完成送审稿技术审查。

报批稿阶段。多次召开编制工作专题会议，邀请路内外相关领域的权威专家进行论证和审查，不断对规范进行梳理、补充和完善，编制完成报批稿条文和条文说明，经审核通过（图 2-5），2017 年 1 月 2 日发布，自 2017 年 5 月 1 日起实施。

图 2-5　《重载铁路设计规范》技术审查

（五）主要内容

《重载铁路设计规范》是铁路工程建设综合性技术标准，为重载铁路建设提供重要的技术支撑，丰富和完善铁路工程建设标准体系，在吸纳瓦日、大秦、朔黄、北同蒲、大准、准朔等重载铁路建设与运营实践经验、重载综合试验以及有关科研成果的基础上编制而成。

规范基本构架：

本规范共分 20 章，包括总则、术语和符号、总体设计、运输组织、线路、路基、桥涵、隧道、轨道、站场、电力牵引供电、电力、通信、信号、信息、机务设备、车辆设备、给水排水、维修设施、环境保护等。主要分为四大板块：

第一板块：总则。明确适用范围，提出注重提高运输效率及节省全生命周期成本的原则性要求，规定重载铁路设计荷载，提出采用电力牵引和按全封闭、全立交设计等要求。

第二板块：术语和符号。与国家标准《铁路工程基本术语标准》相协调，统一重载铁路、重载单元列车、重载组合列车等术语。

第三板块：总体设计要求。明确重载铁路应统一规划、系统设计，规定选线设计原则、维修方式、主要技术标准及接口等设计要求。

第四板块：专业技术要求。提出列车编组形式及开行方式，车站分布及牵引、通过能力计算原则。明确线路、路基、桥涵、隧道、轨道、站场、通信、信号、信息、电力、电力牵引供电、机务设备、车辆设备、给水排水、维修设施、环境保护等各专业要求。

主要技术内容：

1. 规定设计年度、设计荷载、限界、牵引种类等内容。

2. 明确综合选线、检测与维修、主要技术标准等总体设计要求。

3. 明确列车编组与开行方式、车站分布、通过能力计算等原则性要求。

4. 规定线路平纵断面设计标准及重载铁路与其他铁路、公（道）路交叉的设置原则。

5. 规定不同轴重等级的路基面宽度、基床结构、填料及压实、工后沉降、过渡段设置等设计标准。

6. 规定桥梁设计荷载、离心力、横向摇摆力、制动力，以及结构变形、变位和自振频率限值等设计标准。

7. 明确隧道限界、衬砌、附属构筑物、防排水、通风等技术要求。

8. 规定不同轴重和运量等级的有砟轨道、无砟轨道设计标准。

9. 明确各类车站图型选择、股道布置及车站路基排水等技术要求。

10. 明确外部电源、供电方式、牵引变电所分布、接触网设计等要求。

11. 规定电力供配电系统构成、负荷等级、电力远动系统、火灾自动报警及机电设备监控系统等主要设计标准。

12. 规定通信网构成、通信线路、各通信系统、机车同步操控系统及可控列尾信息传送等主要设计标准。

13. 明确地面固定信号、运输调度指挥、闭塞、联锁、集中监测、电源、防雷及接地等技术要求。

14. 明确货物运输管理、货运营销及运力配置、货运服务、货运安全检测监控与管理等信息系统技术要求。

15. 明确机务段（所）布置、机车交路、整备与检修设施、救援设备等技术要求。

16. 明确车辆段、列检作业场及站修作业场技术要求。

17. 明确货场消防给水、降尘用水及降尘废水、初期雨水处理等技术要求。

18. 明确工务、通信、信号、信息、供电等维修设施的设置要求。

19. 明确生态保护与水土保持、噪声治理、振动控制、粉尘治理与固体废物储运等技术要求。

第三节　专业标准

（Ⅰ）勘　察　类

六、《铁路工程地质原位测试规程》TB 10018—2018

（一）编制背景

落实交通强国建设要求，扎实推进铁路高质量发展。为统一铁路工程地质原位测试技术要求，保障原位测试质量，提高勘察效率和勘察技术水平，根据《国家铁路局2015年铁路工程建设标准编制计划》（国铁科法函〔2015〕62号）要求，组织开展《铁路工程地质原位测试规程》TB 10018—2003全面修订工作。

《铁路工程地质原位测试规程》是铁路工程建设勘察类重要行业标准，为保证铁路工程地质勘察质量提供重要的技术支撑。原位测试技术对提高勘察精度，获取科学、准确的岩土物理力学参数起到重要作用。随着原位测试技术在武广、郑西、沪杭等高速铁路和宜万、向蒲等山区铁路以及昆明轨道交通工程和深基坑中大量应用，积累了丰富的工程实践经验。2003年版规程在使用中存在以下几个方面问题：无砟轨道的广泛应用对基础受力、变形等提出更高要求，设计对原位测试技术下地基基本参数也提出新的要求；与现有国家标准、相关行业标准存在不一致的地方；存在无法适应勘察形势发展的落后技术。

依托原位测试新方法和工程实践经验，增加深层平板载荷试验、自钻式旁压试验、有效应力铲试验、旋转触探试验等原位测试方法，明确旁压试验确定水平基床系数、有效应力铲试验确定静止侧压力系数（图2-6）、扁板侧胀试验确定水平固结系数等内容，解决深层触探、静止侧压力系数快速测定等技术难题，注重与其他行业标准之间的统一协调，有必要对2003年版规程进行全面修订。

（二）编制目的

1. 适应铁路工程建设发展新需要，加快研究成果转化为技术标准，体现原位测试技术的应用现状和发展趋势，提高铁路工程勘察效率和勘察技术水平。

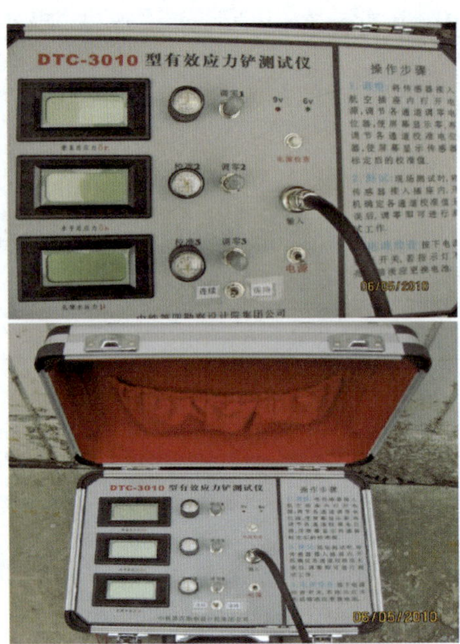

图 2-6 地质原位测试仪器设备

2. 解决铁路工程地质原位测试发展突出问题，促进原位测试新技术的推广应用，获取更加科学准确技术参数，摒弃不能适应勘察发展需要的落后技术。

3. 满足铁路工程地质勘察对原位测试技术的需求，依托成熟工程实践经验和科研成果，编制覆盖全面、技术先进、规范协调的铁路工程地质原位测试技术标准。

4. 扎实推进铁路高质量发展，全面总结原位测试技术在铁路工程地质勘察应用的实践经验，切实提高勘察效率，为保证铁路工程地质勘察质量提供重要标准支撑。

（三）编制原则

1. 适应发展、问题导向。适应铁路工程建设发展趋势，解决深层测试、快速测试及扩大试验应用范围等原位测试技术难题。

2. 创新驱动、推动发展。依托原位测试新仪器、新方法的创新开发，促进原位测试新技术的推广应用，推动原位测试技术全面发展。

3. 全面总结、规范统一。全面总结铁路工程地质原位测试实践经验，吸纳国内外相关研究成果，统一铁路工程地质原位测试技术要求。

4. 技术先进、协调配套。运用大量科研成果作支撑，着力提升原位测试技术水平，做到和国家标准、相关行业标准协调统一。

（四）编制过程

《铁路工程地质原位测试规程》编制过程总体上分为五个阶段。

前期准备阶段。调研原位测试技术在客运专线、山区铁路、轨道交通应用现状，分析原位测试技术发展趋势，全面总结原位测试技术的研究成果，借鉴国内外原位测试技术应用经验。

工作大纲阶段。确定标准编制原则、适用范围、内容框架、进度计划、工作分工等，组织铁路建设管理、勘察设计、科研高校等单位专家完成技术审查。

征求意见稿阶段。编制完成征求意见稿条文和条文说明。向铁路勘察设计、科研高校等单位广泛征求意见，共收到 18 家单位反馈意见 102 条。组织相关专家完成技术审查。

送审稿阶段。编制完成送审稿条文和条文说明，向铁路建设管理、勘察设计、科研高校等单位广泛征求意见，共收到 17 家单位反馈意见 36 条。组织相关专家完成技术审查，如图 2-7 所示。

图 2-7 《铁路工程地质原位测试规程》技术审查

报批稿阶段。编制完成报批稿条文和条文说明。经审核通过，于 2018 年 6 月 5 日发布，自 2018 年 8 月 1 日起实施。

（五）主要内容

《铁路工程地质原位测试规程》是铁路工程建设勘察类技术标准，是在系统总结原位测试实践经验和技术科研成果基础上修订而成的。

规程基本构架：

本规程共分 12 章，包括总则、术语和符号、平板载荷试验、螺旋板载荷试验、十字板剪切试验、旁压试验、标准贯入试验、动力触探试验、静力触探试验、应力铲试验、扁板侧胀试验、旋转触探试验等，另有3个附录。主要分为三大板块：

第一板块：总则。明确标准编制目的，适用范围，原位测试使用原则，孔位布置原则；满足环保、水保原则及仪器设备校验和维护等内容。

第二板块：术语和符号。规定与原位测试技术密切相关的术语和符号，如原位测试、标准贯入试验、旋转触探试验等内容。

第三板块：原位测试技术要求。提出平板载荷试验、螺旋板载荷试验、十字板载荷试验等原位测试技术在设备、试验要点、资料整理与计算等方面的要求。

主要修订内容：

1. 增加深层平板载荷试验、自钻式旁压试验、有效应力铲试验、旋转触探试验等原位测试技术方法。

2. 增加旁压试验确定水平基床系数、有效应力铲试验确定静止侧压力系数、扁板侧胀试验确定水平固结系数等方面的内容。

3. 修订孔压消散试验确定水平固结系数、扁板侧胀试验确定水平基床系数等方面的内容。

4. 删除岩体直剪试验、机械式十字板试验等内容。

七、《铁路工程地质遥感技术规程》TB 10041—2018

（一）编制背景

为提高复杂地形地质环境下铁路工程地质勘察的质量与工作效率，促进工程地质遥感新技术新方法在铁路工程勘察的推广与运用。根据《国家铁路局2015年铁路工程建设标准编制计划》（国铁科法函〔2015〕62号）等文件要求，组织开展《铁路工程地质遥感技术规程》TB 10041—2003全面修订工作。

《铁路工程地质遥感技术规程》是铁路工程建设标准体系中勘察类重要行业标准。该标准修订可有效推动遥感新技术应用，提高铁路工程地质勘察效率、提升勘察质量、节省勘察成本，体现标准的先进性、协调性与可操作性。

2003年版规程自发布以来，对铁路工程地质遥感工作规范化与标准化起到了积极推动作用。一方面，随着国内西部铁路和“一带一路”建设全面推进，在复杂地形地质环境中修建的铁路数量越来越多，对铁路勘察、设计、施工和运营各阶段的工程地质遥感工作提出了更高要求；另一方面，遥感技术领域的发展日新月异，多光谱遥感、互联网地图、InSAR技术、无人机遥感、近景摄影测量已经在铁路工程地质遥感中得到了运用，并取得了丰富的工程实践经验。遥感技术工程应用如图2-8所示。

图 2-8　遥感技术工程应用

总结铁路工程地质遥感工作实践经验及相关科研成果，借鉴公路、国土、地矿、测绘等其他行业的先进经验，完善多平台、多波段、多时相遥感数据的获取，纳入应用成熟的多光谱遥感、雷达遥感以及基础地理信息技术等遥感解译新技术和新方法，明确铁路工程设计、施工各阶段工程地质遥感工作内容和要求，注重与其他铁路工程建设标准之间的统一协调，有必要对 2003 年版规程进行全面修订。

（二）编制目的

1. 贯彻新发展理念，跟踪国内外遥感技术发展动态，及时将技术成果转化为技术标准，推动遥感新技术在铁路工程地质勘察领域的应用。

2. 满足铁路工程地质勘察对遥感技术的需求，依托成熟工程实践经验和科研成果，编制覆盖全面、技术先进、协调规范的铁路工程地质遥感技术标准，推广遥感技术在铁路工程地质勘察领域的应用。

3. 解决原版规程技术落后及标准间不协调问题。全面梳理标准与当前地质遥感工程建设和技术要求不匹配不适应内容，充分体现标准的先进性及协调性。

4. 适应铁路工程建设和发展需要，统一铁路工程地质遥感技术规则，提高铁路工程地质勘察水平，保障勘察质量。

（三）编制原则

1. 创新引领、服务需求。引领铁路工程地质遥感技术发展，提高铁路工程地质勘察水平、保障勘察质量，推进研究成果转化为技术标准，确保标准技术先进。

2. 系统总结、全面优化。着力解决铁路工程地质遥感技术规程技术陈旧无法满足地质勘察需求的问题，修改完善标准技术内容。

3. 依托成果、突出重点。吸纳国内外铁路工程地质遥感技术运用经验，利用试验、重点专项研究成果，将遥感新技术新方法纳入标准，优化完善标准内容。

4. 技术先进、协调配套。依托铁路工程地质遥感科研成果与成熟工程经验，致力标准先进性，并做到与国家标准、相关行业标准协调统一。

（四）编制过程

《铁路工程地质遥感技术规程》编制过程总体上分为五个阶段。

前期准备阶段。开展遥感技术基础研究，调研国内外遥感技术特点，分析铁路工程地质遥感技术发展趋势，全面总结遥感技术在铁路工程地质勘察中的运用成果，充分借鉴国内外铁路工程地质遥感技术研究成果。

工作大纲阶段。确定标准编制原则、适用范围、内容框架、进度计划、工作分工等，组织铁路建设管理、勘察设计、工程监理、施工建造、运营管理、科研院所等单位多位权威专家完成技术审查。

征求意见稿阶段。编制完成征求意见稿条文和条文说明，向铁路建设管理、勘察设计、工程监理、施工建造、运营管理、科研院所等单位广泛征求意见，共收到9家单位反馈意见36条，组织相关单位多位权威专家完成技术审查。

送审稿阶段。编制完成送审稿条文和条文说明，向铁路建设管理、勘察设计、工程监理、施工建造、运营管理、科研院所、政府部门等单位广泛征求意见，共收到12家单位反馈意见16条，组织相关单位多位权威专家完成技术审查。

报批稿阶段。编制完成报批稿条文和条文说明，经审核通过，于2018年6月5日发布，自2018年8月1日起实施。

（五）主要内容

《铁路工程地质遥感技术规程》是铁路工程建设勘察类技术标准，是在系统总结铁路工程地质遥感实践经验和科研成果基础上编制而成的。原规程条文共99条，新修订的规程条文共106条，其中原规程保留6条、修改60条、增加40条、删除33条，规程条文修订情况统计如图2-9所示。

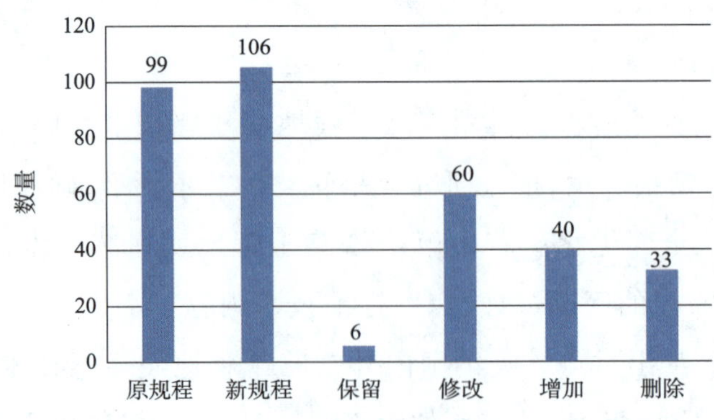

图2-9 规程条文修订情况统计

规程基本构架：

本规程共分7章，包括总则、术语、基本规定、遥感数据的选择和处理、工程地质遥感工作的内容和方法、设计阶段工程地质遥感工作、施工阶段工程地质遥感工作等，另有7个附录。分为四大板块：

第一板块：总则。明确规程适用范围，增加遥感技术在铁路工程地质勘察工作中动态作用要求，强调遥感技术与其他勘察手段相互印证互为补充要求。

第二板块：术语。规定与铁路工程地质遥感技术密切相关的术语，增加地面遥感、空间分辨率、多光谱遥感、高光谱遥感、雷达遥感、多时相技术等术语。

第三板块：基本规定。拓宽工程地质遥感解译数据源，明确遥感解译仅作为初步评估的依据，规范人工解译、计算机辅助解译、立体解译选取，增加解译标志。

第四板块：技术要求。提出遥感数据选择与处理原则，明确工程地质遥感工作与资料编制内容及要求，规范设计阶段（踏勘、初测、定测）与施工阶段遥感工作的内容及要求。

主要修订内容：

1. 拓宽工程地质遥感解译数据源，涵盖现有主要遥感数据类型。
2. 增加工程地质遥感解译对遥感数据的精度、质量和处理方法等要求。
3. 提出基于多源遥感数据、针对不同解译内容的遥感解译工作方案。
4. 明确工程地质遥感解译的成果编制及工程地质遥感专题数据的格式及质量要求。
5. 调整踏勘、初测和定测阶段的工程地质遥感工作内容。
6. 完善施工阶段的工程地质遥感工作内容。
7. 细化工程地质遥感解译标志。

（Ⅱ）设　计　类

八、《铁路路基设计规范》TB 10001—2016

（一）编制背景

为满足铁路建设和发展需要，统一铁路路基设计技术标准，使铁路路基设计符合安全可靠、技术先进、经济适用等要求，根据构建铁路工程建设标准体系的要求，组织开展《铁路路基设计规范》TB 10001—2005 全面修订工作。

铁路路基是经开挖或填筑而形成的直接支承轨道结构的土工结构物（图2-10），

与桥、隧连接组成完整贯通的铁路线路。路基主体工程一旦破坏，存在维修难度高、对运营影响大等问题，因此确保路基质量是保证列车安全、运行舒适的关键。2005年版规范发布以来，对保障铁路路基建设质量与安全、提高技术经济性发挥了重要作用。随着高速铁路、城际铁路的大力发展，无砟轨道等新型轨道形式的出现，对路基基床设计、地基沉降控制、与桥隧平稳过渡等路基设计提出更高要求。

图2-10 高速铁路挖方地段路基

在充分吸纳《高速铁路设计规范》《城际铁路设计规范》等标准基础上，从路基工程结构荷载、设计参数、基床表层填料、过渡段形式、路基防护形式等方面不断地对路基工程设计进行优化、完善。

（二）编制目的

1. 适应铁路建设和发展需要，统一铁路路基设计标准，提高铁路路基设计水平，保障铁路路基安全与质量，着力提高技术经济性，保护生态环境。

2. 满足质量安全、节约资源、保护环境以及防灾减灾等技术要求，合理确定不同运输性质类型、不同速度等级铁路路基的主要设计标准。

3. 全面梳理标准与当前铁路工程建设和技术发展不匹配不适应的内容，调整已无法适应设计形势发展、落后的技术，规范路基工程技术要求。

4. 结合已有工程实践经验和科研成果，明确设计荷载、基床、过渡段、边坡防护、地基处理、支挡结构等路基设计要求，提升规范的科学性和技术经济合理性。

（三）编制原则

1. 需求引领、确保安全。贯彻新发展理念，适应高速、城际、重载、客货共线铁路发展需要，优化铁路路基设计，提倡绿色边坡防护，满足舒适安全的出行需求。

2. 技术推动、提升品质。吸纳与路基工程设计相关的最新运用成果，积极开展课题试验、研究，注意环境保护、水土保持、文物保护，推动路基工程技术快速发展。

3. 系统分析、统一标准。系统总结铁路工程建设、运营实践经验，借鉴国内外先进路基设计经验，积极纳入"四新"技术，统一铁路工程路基工程技术要求。

4. 科学合理、覆盖全面。全面解决基床、地基处理、支挡结构、路基防护等路基工程问题，注重与桥隧过渡段设计和其他接口设计，确保铁路路基工程质量。

(四)编制过程

《铁路路基设计规范》编制过程总体上分为五个阶段。

前期准备阶段。梳理分析《高速铁路设计规范》《城际铁路设计规范》《重载铁路设计规范》等相关内容，总结铁路工程建设运营实践经验及最新科研成果。

工作大纲阶段。确定标准编制原则、适用范围、内容框架、进度计划、工作分工等。组织铁路建设管理、勘察设计、施工建造、运营管理、科研高校等单位权威专家开展规范技术审查。

征求意见稿阶段。编制完成征求意见稿条文和条文说明。向铁路建设管理、勘察设计、施工建造、运营管理、科研高校等单位广泛征求意见，共收到 29 家单位反馈意见 487 条。组织铁路建设管理、勘察设计、施工建造、运营管理、科研高校等领域权威专家开展技术审查。

送审稿阶段。编制完成送审稿条文和条文说明，向铁路建设管理、勘察设计、施工建造、运营管理、科研高校等单位广泛征求意见，共收到 16 家单位反馈意见 121 条。组织相关专家完成技术审查。

报批稿阶段。编制完成报批稿条文和条文说明。经审核通过，于 2016 年 12 月 20 日发布，自 2017 年 4 月 1 日起实施。

(五)主要内容

《铁路路基设计规范》是铁路工程建设行业标准中重要的设计规范，充分总结铁路路基建设运营实践经验和科研成果，在《铁路路基设计规范》TB 10001—2005 的基础上全面修订而成。

规范基本构架：

本规范共分 16 章，包括总则、术语和符号、基本规定、设计荷载、工程材料、基床、路堤、路堑、过渡段、地基处理、支挡结构、路基防护、路基防排水、改建既有线与增建第二线铁路路基、取(弃)土场及土石方调配、路基接口设计等,另有6个附录。主要分为六大板块:

第一板块:总则。明确标准编制目的、适用范围、必要资料收集、设计方案选取等内容,对路基工程所涉及的工程材料、过渡段设置、地基处理、支挡结构等做原则性规定。

第二板块:术语和符号。规定与铁路路基工程设计密切相关的术语和符号,如路基、路堤、路堑、散体材料桩、复合地基等内容。

第三板块:基本规定。规定路肩高程、路基面形状和宽度、路基稳定和沉降控制标准、变形观测与评估、设计使用年限等要求。

第四板块:设计荷载规定。规定路基工程设计涉及的荷载类型、不同组合方式及应用条件,包括主力、附加力、特殊力等的要求。

第五板块:工程材料选取要求。规定填料、石料、混凝土、砂浆、钢材、土工合成材料等选取设计内容。

第六板块:路基工程设计技术要求。提出基床、路堤、路堑、过渡段、地基处理、支挡结构、路基防护、防排水、改建与增建路基、取(弃)土场、接口等技术要求。

主要修订内容:

1. 明确适用于高速铁路、城际铁路、客货共线Ⅰ级和Ⅱ级铁路、重载铁路的标准轨距路基设计,规定铁路列车活载确定原则和采用荷载图式的要求,补充地基处理和支挡结构设计原则,完善工程材料的选择、过渡段的设置以及路基排水等方面要求。

2. 补充路基稳定及沉降控制标准、变形观测与评估、设计使用年限等内容,完善路基面形状和宽度的相关规定。

3. 规定荷载分类、荷载组合、轨道荷载、列车荷载、结构重力、土压力、附加力、特殊力等。

4. 修改完善填料的分类和要求,补充石料、混凝土、水泥砂浆、钢材、土工合成材料等规定。

5. 补充基床结构计算公式,修改完善路基基床填料的种类和粒径要求,调整压实控制指标的种类,修改基床底层范围的天然地基承载力标准。

6. 规定路堤边坡控制高度、浸水路基填料使用、寒冷地区填料采用,调整压实控制指标的种类。

7. 补充按路堤式路堑结构形式设计的要求。

8. 补充倒梯形过渡段形式，修改完善过渡段设置的要求。

9. 补充地基处理的主要技术要求和常用措施的使用条件。

10. 规定支挡结构的主要技术要求和常用措施及适用范围。

11. 完善植物防护、骨架护坡、实体护坡（墙）、孔窗式护坡（墙）、锚杆框架梁护坡、喷射混凝土（砂浆）护坡、防护网、土工合成材料防护、风沙及雪害地区路基平面防护、路基保温防护等设计要求。

12. 完善地面水和地下水的防排水要求。

13. 完善改建既有线与增建第二线路基设计原则，明确改建既有线路基采取措施，调整帮宽顶部宽度为不宜于 1.0 m。

14. 明确取（弃）土场的设置要求和土石方调配干扰类型，规定土石方调配要求。

15. 完善安全防护设施、电缆槽、养路机械作业平台、接触网支柱基础、综合接地系统等方面要求。

九、《铁路桥涵设计规范》TB 10002—2017

（一）编制背景

为统一不同运输类型、不同速度目标值铁路桥涵设计要求及技术标准，进一步提高铁路桥涵设计水平，保障铁路桥涵质量与安全，根据构建铁路工程建设标准体系的要求，对《铁路桥涵设计基本规范》TB 10002.1—2005 进行全面修订，并将规范名称改为《铁路桥涵设计规范》TB 10002。

桥梁作为铁路工程的重要组成部分，结构复杂，一旦损坏，修复加固困难。结构设计要求在制造、运送、安装和运营过程中，应具有规定的强度、刚度、稳定性和耐久性，以保证建设运营安全。

中国铁路尤其高速铁路建设已经取得举世瞩目的伟大成就，经过不断探索和创新实践，中国铁路桥梁设计建造技术实现重大跨越，已跻身世界先进行列。南京大胜关长江大桥、武汉天兴洲长江大桥等一批深水、大跨、特殊地质条件、复杂结构形式桥梁的成功建设（图 2-11、图 2-12），自主研发的大吨位简支箱梁制运架成套技术的广泛应用，为进一步完善铁路桥梁技术标准积累了丰富经验，奠定了坚实基础。

图 2-11　南京大胜关长江大桥

图 2-12　武汉天兴洲长江大桥

吸纳中国铁路桥梁工程建设运营实践经验和科研成果，综合考虑铁路行业的发展和变化，统一铁路桥涵设计标准，充分体现安全可靠、先进成熟、经济适用、保护环境的设计理念，全面修订《铁路桥涵设计基本规范》，进一步提高铁路桥涵设计水平。

（二）编制目的

1. 统一不同运输类型、不同速度目标值铁路桥涵设计要求及技术标准，进一步提高铁路桥涵设计水平，保障铁路桥涵工程质量与安全。

2. 完善铁路工程建设标准体系，总结铁路工程桥涵建设研究成果和实践经验，积极应用“四新”技术，满足铁路桥涵设计要求。

3. 强化质量安全、资源节约、风险防范、防灾减灾等技术要求，合理确定铁路桥梁的主要设计标准，进一步提升规范的科学性和技术经济性。

（三）编制原则

1. 目标导向、需求牵引。贯彻国家有关法律法规及铁路主要技术政策，保障铁路桥涵建设质量与安全。

2. 全面覆盖,统一规范。统一铁路桥涵设计标准,对现行高速铁路、城际铁路、客货共线Ⅰ级和Ⅱ级铁路、重载铁路等规范中的核心内容进行全面梳理整合,提炼列出桥涵设计中最为基本、通用的条文规定。

3. 技术先进、安全可靠。总结铁路桥涵建设和运营实践经验,积极应用“四新”技术,充分吸纳取得应用经验的铁路桥梁相关科研成果,提升标准的安全性。

4. 统筹协调、服务应用。与有关技术标准相协调,避免矛盾和重复,章节编排体现系统性和方便设计人员使用的原则。

(四)编制过程

《铁路桥涵设计规范》编制过程总体上分为五个阶段。

前期准备阶段。调查和分析高速、城际、客货共线以及重载铁路桥涵建设和运营管理方面积累的新经验、新技术和科研成果,收集分析有关国外成功经验和先进技术标准。

工作大纲阶段。确定标准编制原则、适用范围、内容框架、进度计划、工作分工等。组织相关单位专家完成技术审查。

征求意见稿阶段。编制完成征求意见稿条文和条文说明。向铁路建设管理、勘察设计、施工建造、运营管理、科研院所等单位广泛征求意见,共收到9家单位反馈意见71条。组织相关单位专家完成技术审查。

送审稿阶段。编制完成送审稿条文和条文说明,向铁路建设管理、勘察设计、工程监理、施工建造、运营管理、科研院所、政府部门等单位广泛征求意见,共收到10家单位反馈意见117条。组织相关单位专家完成技术审查。

报批稿阶段。编制完成报批稿条文和条文说明。经国家铁路局技术委员会2016年11月第4次会议审查通过,于2017年1月2日发布,自2017年5月1日起实施。

(五)主要内容

《铁路桥涵设计规范》是铁路工程建设标准体系中重要的设计类标准,全面总结中国铁路桥梁工程建设运营实践经验和科研成果,在《铁路桥涵设计基本规范》基础上全面修订而成。原规范条文178条,新修订的规范条文共198条,其中原规范保留98条、修改41条、增加59条、删除39条,如图2-13所示。

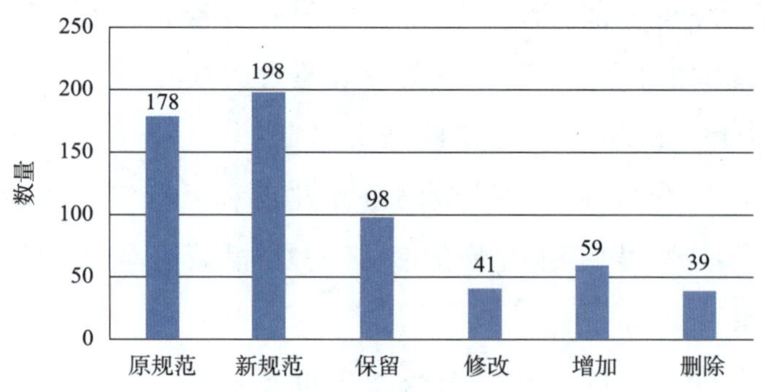

图 2-13 规范条文修订情况统计

规范基本构架：

本规范共分 5 章，包括总则、术语和符号、桥涵布置、设计荷载、桥涵设计，另有 5 个附录。主要分为四大板块：

第一板块：总则。明确标准编制目的、适用范围，桥涵运营检查、维护和应急抢修的总体要求，设计使用年限，设计方案，结构形式，材料选择，建筑限界等内容。

第二板块：术语和符号。规定与铁路桥涵密切相关的术语和符号，包括高速铁路、城际铁路、铁路桥梁、断轨力、土压力系数等。

第三板块：布置要求。规定桥涵布置的基本原则、桥涵孔径设计和桥下净空高、桥涵构造、桥头引线及桥上线路、桥面布置及附属设施、维修养护设施、铁路线路交叉跨越桥梁结构设计与安全防护、高架车站桥梁结构的布置要求和系统接口设计要求。

第四板块：设计要求。包括桥涵设计荷载和桥涵设计两章。桥涵设计荷载规定桥涵设计荷载分类和组合，各类恒载、活载、附加力和施工临时荷载、船只或排筏的撞击力等特殊荷载的计算。桥涵设计规定梁桥、拱桥、墩台、涵洞、顶进桥涵等设计要求。

主要修订内容：

1. 修订规范适用范围，适用于高速铁路、城际铁路、客货共线Ⅰ级和Ⅱ级铁路、重载铁路桥涵结构设计。

2. 增加桥梁结构设计的角度要求和相邻桥涵间路堤长度的原则规定。

3. 删除了铁路桥和公路桥分、合建规定及温度跨度大于 100 m 的钢梁设置温度调节器的相关规定。

4. 增加桥梁同侧支座横向位移约束条件的相关规定。

5. 增加桥面外侧梁缝较大时梁端桥面板设置悬臂端等措施的要求。

6. 删除了铁路桥上设置反向曲线的规定。

7. 整合细化桥面布置、桥上护轮轨铺设、人行道及栏杆、避车台设置的相关规定。

8.“桥涵布置”一章新增“铁路线路交叉跨越桥梁结构设计与安全防护”“高架车站桥梁结构”“系统接口设计”三节,明确上跨或下穿公路、铁路的设计及安全防护要求,规定高架车站桥梁结构设计的主要原则,提出桥梁设计的接口工作要求。

9. 修订长钢轨纵向水平力(伸缩力和挠曲力),将其由主力活载调整为特殊力。

10. 修订桥涵结构设计采用的列车荷载图式,删除铁路标准荷载换算均布活载的相关内容,加载规定整合至第4章“设计荷载”中。

11. 补充高速铁路、城际铁路、重载铁路横向摇摆力的计算取值,增加气动力、支座摩阻力、波浪力、地震力计算的原则规定。

12. 修订客货共线Ⅰ级和Ⅱ级铁路、重载铁路钢筋混凝土桥跨结构动力系数计算所采用的相关参数 α 取值。

13.“桥涵设计”一章中新增“一般规定”一节,规定适用范围及高速铁路、城际铁路、客货共线Ⅰ级和Ⅱ级铁路车桥耦合动力响应指标及耐久性要求,修订桥梁适用跨度,增加桥梁适用高度。

14. 整合修订高速铁路、城际铁路、客货共线Ⅰ级和Ⅱ级、重载铁路梁式桥的竖向变形限值、墩台基础沉降限值、墩台顶纵向水平线刚度限值取值。

15. 明确涵洞基础工后沉降限值按是否在过渡段范围内作不同要求的规定。

16. 明确顶进桥涵的适用范围,即无砟轨道区段以及高速铁路有砟轨道区段有可能破坏地基加固效果的路基地段、各种过渡段路基不应顶进桥涵。

十、《铁路隧道设计规范》TB 10003—2016

(一)编制背景

为全面贯彻以人为本、强化质量安全、保护生态环境、节约资源能源的理念,满足铁路隧道建设发展需要,统一铁路隧道设计标准,提高铁路隧道设计水平,保障铁路隧道设计质量。根据构建铁路工程建设标准体系的要求,组织开展《铁路隧道设计规范》TB 10003—2005 全面修订工作。

《铁路隧道设计规范》是铁路工程建设标准体系中设计类重要行业标准。原规范自发布以来，有效规范引导铁路隧道工程的勘察设计、施工及运营安全。随着铁路大规模建设、各速度目标值设计技术标准的实施，铁路隧道设计、施工（图 2-14），取得多项科研成果，积累大量成熟工程实践经验，为开展标准的修订工作奠定了坚实基础。全面总结中国铁路隧道建设中的设计施工科研成果及工程实践经验，认真分析 2005 年版规范执行过程中的反馈意见，科学统筹新发布的相关标准，合理确定满足不同运输性质类型、不同速度等级铁路隧道设计标准。

图 2-14　TBM 施工铁路隧道

依托高速、城际、客货共线和重载铁路隧道勘察设计、施工、运营的工程实践经验和科研成果，开展铁路隧道设计规范的全面修订。有效吸纳铁路隧道建设运营成功经验及科研成果，全面贯彻以人为本、强化质量安全、节能环保理念，科学确定铁路隧道设计标准，提升标准的科学性、可操作性及技术经济性。

（二）编制目的

1. 贯彻新发展理念。跟踪国内外铁路隧道技术发展动态，充分借鉴其他行业隧道领域先进成熟经验，将技术成果转化为技术标准，推动隧道新技术在铁路工程中的应用。

2. 满足隧道设计中对四新技术等的需求，依托成熟工程实践经验和科研成果，编制覆盖全面、技术先进、协调规范的铁路隧道技术规范。

3. 解决铁路隧道设计规范中不适应新形势的技术和工艺及标准间不协调问题。将铁路隧道新技术新方法、环保新要求纳入标准，理顺标准架构，体现标准的先进性、协调性。

4. 适应铁路隧道建设和发展需要，统一铁路隧道技术要求，提高铁路隧道设计水平，保障铁路隧道安全与质量。

(三)编制原则

1. 创新引领、服务需求。引领铁路隧道技术发展，提高铁路隧道勘察、设计、施工、环保、防灾减灾水平，推进研究成果转化为技术标准，确保标准技术先进协调规范。

2. 全面优化、突出重点。着力解决铁路隧道设计规范理念、架构、条款无法满足新时代铁路隧道建设发展需要的问题，修改完善标准技术内容。

3. 依托成果、科学编制。系统总结国内外铁路隧道技术运用经验，利用成功经验特别是重点专项研究成果，将隧道领域新技术新方法纳入标准，合理编制标准内容。

4. 技术先进、协调配套。依托铁路工程隧道科研成果与成熟工程经验致力标准先进性，并做到与国家标准、相关行业标准协调统一。

(四)编制过程

《铁路隧道设计规范》编制过程总体上分为五个阶段。

前期准备阶段。开展铁路隧道技术基础研究，调研国内外铁路隧道技术特点，分析中国铁路工程隧道技术发展趋势，全面总结隧道技术在铁路工程中的运用成果，借鉴国内外相关行业研究成果。

工作大纲阶段。确定标准编制原则、适用范围、内容框架、进度计划、工作分工等，组织铁路建设管理、勘察设计、工程监理、施工建造、运营管理等单位多位权威专家完成技术审查。

征求意见稿阶段。编制完成征求意见稿条文和条文说明，向铁路建设管理、勘察设计、工程监理、施工建造、运营管理、科研院所等单位广泛征求意见，共收到9家单位反馈意见232条。组织相关单位多位权威专家完成技术审查。

送审稿阶段。编制完成送审稿条文和条文说明，向铁路建设管理、勘察设计、工程监理、施工建造、运营管理、科研院所、政府部门等单位广泛征求意见，共收到12家单位反馈意见123条，组织相关单位多位权威专家完成技术审查。

报批稿阶段。编制完成报批稿条文和条文说明，经审核通过，于2016年10月24日发布，自2017年1月25日起实施。

(五)主要内容

《铁路隧道设计规范》是铁路工程建设设计类重要的行业标准，是在系统总结铁路隧道勘察设计、施工建造、运营管理的实践经验和科研成果的基础上修订而成。原规范条文共309条，新修订的规范条文共463条，其中原规范保留72条、修改140条、增加251条、删除97条，规范条文修订情况统计如图2-15所示。

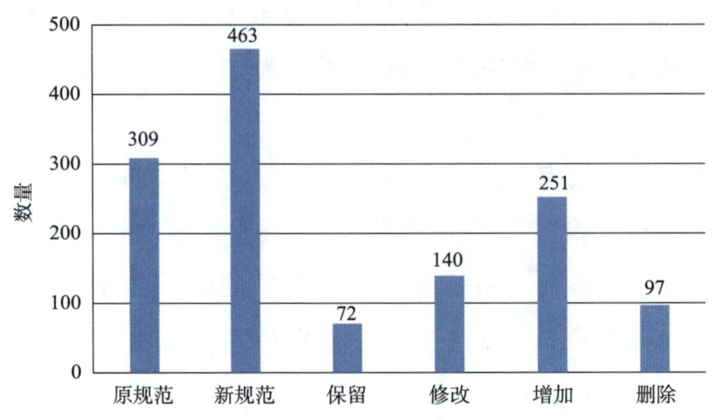

图2-15　规范条文修订情况统计

规范基本构架：

本规范共分16章，包括总则、术语和符号、总体设计、隧道勘察、设计荷载、建筑材料、隧道洞口、隧道衬砌、洞内附属构筑物及轨道、防水与排水、通风与照明、特殊岩土和不良地质隧道、辅助坑道、施工方法及主要措施、隧道改建、环境保护等，另有10个附录。主要分为四大板块：

第一板块：总则。明确本规范适用范围，提出隧道设计理念，强调洞口位置选择原则，规定隧道结构可采用破损阶段法和容许应力法设计等内容。

第二板块：术语和符号。规定与铁路隧道密切相关的术语和符号，如破损阶段设计法、容许应力设计法、围岩、埋深、隧道仰拱、荷载—结构法、荷载、内外力和应力、材料指标、几何特征与计算系数等内容。

第三板块：隧道总体设计要求。规范隧道位置选择、线路平面及纵断面、隧道内轮廓、风险管理、防灾疏散救援工程设计、接口设计等内容。

第四板块：隧道具体技术规定。明确隧道勘察、设计荷载、建筑材料、隧道洞口、隧道衬砌、洞内附属构筑物及轨道、防水与排水、通风与照明、特殊岩土和不良地质隧道、辅助坑道、施工方法及主要措施、隧道改建、环境保护等的技术要求。

主要修订内容：

1. 适用范围涵盖高速、城际、客货共线和重载铁路隧道设计。

2. 新增“总体设计”一章，明确隧道位置选择、线路平面及纵断面、隧道内轮廓、风险管理、防灾疏散救援工程设计、接口设计等技术要求。

3. 增加隧道工程地质勘探、试验相关规定，引入围岩基本质量指标 BQ。修订铁路隧道围岩分级方法，增加施工阶段围岩亚分级。

4. 修订设计荷载分类，增加预埋件附加荷载、盾构隧道荷载、高速列车气动荷载、风荷载、雪荷载、落石冲击荷载、人防荷载及水压力、冻胀力等荷载计算规定。

5. 调整建筑材料，根据国家产业政策调整要求，修订隧道建筑材料的强度等级及性能指标。

6. 明确洞门墙检算要求，增加斜切式洞门、桥隧相连洞口、洞口上方公路防护、洞口危岩落石防护等设计规定，补充洞口缓冲结构设计要求。

7. 增加掘进机法及盾构法隧道衬砌基本设计要求；补充高烈度地震区隧道防震、减震设计要求；明确二次衬砌按承载结构设计的条件；修订隧道及明洞衬砌受力钢筋最小配筋率及构造要求。

8. 整合隧道内大、小避车洞及专用洞室设置；提出位于高地应力软岩、强膨胀岩（土）等特殊地层隧道慎重选择轨道结构形式；增加无砟轨道隧道基底变形观测要求。

9. 规定铁路隧道防水等级分类标准及适用范围；增加防排水措施、隧底排水设置要求，补充无自流排水条件隧道设置机械排水的规定。

10. 修订隧道运营通风及照明设置规定，增加防灾通风设计原则。

11. 新增"特殊岩土和不良地质"一章，规定特殊岩土和不良地质地区隧道设计要求，修改瓦斯隧道分类标准，增加岩爆及软岩大变形分级标准。

12. 明确辅助坑道类型、运输方式等的设计原则，增加辅助坑道开挖、支护和衬砌相关设计要求。细化辅助坑道断面尺寸、支护结构、错车道间距、运营通风风道设计要求。

13. 新增"施工方法及主要措施"一章，提出预防隧道塌方、突水突泥、岩爆及瓦斯隧道揭煤防突等施工安全措施规定。明确矿山法、掘进机法、盾构法、明挖法和超前地质预报、监控量测、超前支护及围岩加固等施工方法及措施要求。

14. 修订电气化改造隧道拱部防水标准。

15. 新增"环境保护"一章，规定水源保护、自然环境及周边建（构）筑物保护、隧道弃渣等的设计要求。

16. 增加附录 A"铁路隧道建筑限界"、附录 C"铁路隧道围岩亚分级"、附录 D

"深埋隧道荷载计算方法"、附录J"盾构隧道荷载计算方法"、附录K"常用型钢特性参数表"。

十一、《铁路机务设备设计规范》TB 10004—2018

（一）编制背景

随着国民经济持续快速发展，铁路运输能力不断提高，和谐型大功率机车大量投入运营，铁路机车新技术、新设备广泛推广应用，为进一步规范铁路机务设备设计，根据构建铁路工程建设标准体系的要求，组织开展《铁路机务设备设计规范》TB 10004—2008全面修订工作。

铁路机务设备是保证机车技术状态良好的重要保障，为提高铁路机务设备设计水平，适应机车运用及检修管理的需要，适应机车新技术发展及大量机务新设备广泛应用，进一步统一铁路机务设备设计技术标准，提高铁路机务设备设计的安全可靠、先进成熟、经济适用要求，全面修订十分必要。

总结铁路机务设备建设运营经验，吸纳机务生产力布局调整成果，优化机务设备工作范围、机务管理信息系统等要求，增加交流机车检修工作量计算方法和高速铁路应急救援热备机车存车设施要求等内容，进一步提升规范的技术先进性和经济适用性，为机务设备设计提供重要的标准保障。

（二）编制目的

1. 落实以人为本和谐发展理念，提高铁路机务设备设计水平，提升铁路总体运输能力。

2. 全面分析生产力布局调整对铁路机务带来的影响，解决机务设备工作范围等不适应发展的突出问题。

3. 适应机车运用及检修管理的需要，进一步完善铁路机务设备设计标准。

4. 总结铁路机务设备建设运营实践经验和科研成果，提升规范的技术先进性和经济适用性。

（三）编制原则

1. 需求引领、协调一致。贯彻机务生产力布局总体要求，适应新型机车运用及检修管理的需要，做好与相关标准协调一致。

2. 全面总结、规范统一。总结铁路机务设备建设运营实践经验和科研成果，统一铁路机务设备设计技术标准。

3. 统筹优化，提高效率。统筹机车运用检修四新技术及信息化建设发展，促进提高机车运用及检修管理效率。

4. 覆盖全面、安全可靠。适应铁路建设发展，覆盖高速铁路应急救援热备机车相关内容，提升标准的技术安全性和适用性。

（四）编制过程

《铁路机务设备设计规范》编制过程总体上分为五个阶段。

前期准备阶段。开展铁路机车新技术、新设备应用研究，全面调研国内外机车设备的技术特点，系统分析规范编制工作中需要解决的重要问题，研究满足铁路机务设备设计需求的标准修订方案。

工作大纲阶段。编制完成工作大纲，确定标准编制原则、适用范围、内容框架、进度计划、工作分工等。组织铁路勘察设计、设备制造及运营等单位权威专家完成技术审查。

征求意见稿阶段。编制完成征求意见稿条文和条文说明，向勘察设计、施工建造、运营维护、建设管理等多家单位征求意见，共收到 14 家单位反馈意见 163 条，组织建设管理、勘察设计、机车运用管理等领域权威专家完成技术审查。

送审稿阶段。编制完成送审稿条文和条文说明，向勘察设计、施工建造、运营维护、建设管理等近 30 家单位征求意见，共收到 20 家单位反馈意见 52 条，组织建设管理、勘察设计、机车运用管理等领域权威专家完成技术审查。

报批稿阶段。编制完成报批稿条文和条文说明。经审核通过，于 2018 年 11 月 12 日发布，自 2019 年 2 月 1 日起实施。

（五）主要内容

《铁路机务设备设计规范》是指导铁路机务设备设计的重要行业标准，为机务段（所）设计提供基础性标准支撑。

规范基本构架：

本规范共分 13 章，包括总则、术语、机车交路及乘务制度、段址选择、总平面布置、机车运用设备、机车整备设备、机车检修设备、救援设备、动力设备、设备维修间、材料库中心备品库和辅助房屋、铁路机务管理信息系统等。主要分为四大板块：

第一板块：总则。明确标准编制目的、适用范围、设计原则等内容，提出安全、劳动卫生、节能环保等要求。

第二板块：术语。规定与铁路机务设备设计密切相关的术语和符号，如机车交路、机车运转制、检修周期等。

第三板块：总体设计要求。规定机车交路及乘务制度等相关要求，提出机务段（所）段址选择的基本规定。

第四板块：具体设计规定。给出机务段（所）总平面布置相关要求，确定机车运用、整备、检修、救援设备及机务管理信息系统等设计规定。

主要修订内容：

1. 修订机务设备工作范围。

2. 修订机务设备、检修台位、进车不平衡系数等术语。

3. 删除机车交路长度的量化规定。

4. 明确主要生产房屋的火灾危险性分类等内容，增加机务段（所）内咽喉区线路纵断面坡度和救援列车停留线与相邻线线距的规定。

5. 修订机车运用设备中机车乘务员培训设施设置要求。

6. 调整机车整备设备章结构。

7. 增加机车检修设备清洗间及镟轮设备的设置要求。

8. 增加动车组司机间休、应急救援热备机车存放设施等要求。

9. 修订机务管理信息系统构成与功能要求。

十二、《铁路通信设计规范》TB 10006—2016

（一）编制背景

随着铁路通信新技术、新设备大量应用及高速铁路、城际铁路、重载铁路以及客货共线铁路等各等级铁路大量建设，为确保铁路通信设计标准的先进性、时效性，根据构建铁路工程建设标准体系的要求，组织开展《铁路运输通信设计规范》TB 10006—2005 全面修订工作。

《铁路通信设计规范》规定铁路通信设计的共性要求，属于专业主体设计规范。2005 年版规范仅适用于时速 160 km 及以下铁路通信工程的设计，已不能满足铁路通信工程设计需要，有必要对其进行修订。在新的建设、运营、管理模式下，铁路通信工程涌现一批创新成果，取得大量实践经验，为修编标准奠定良好基础。

为保障运输安全、提高运营效率、提升服务质量，对铁路通信线路、传输及接入网、数据通信网、有线调度通信、移动通信、会议电视、综合视频监控、专用应急通信、综合布线等设计内容进行全面修订。

（二）编制目的

1. 立足铁路通信网络布局顶层设计，做好新建、既有通信网的衔接，保障行车安全、提高运输效率。

2. 总结铁路通信工程设计和运行管理经验，依靠先进标准引领铁路通信工程质量水平提升，满足铁路运输对通信系统安全性、可靠性的需求。

3. 解决原标准涵盖内容不全、适用范围不够，修订、补充新技术及子系统内容，使规范覆盖全面，适用于各类型铁路。

4. 统一铁路通信工程设计标准，为通信专业专用标准和施工验收标准编制或修订提供依据。

（三）编制原则

1. 规划引导、需求牵引。遵循全程全网、互联互通，紧跟通信发展需要，满足数字化、宽带化、智能化、综合化要求。

2. 科技支撑、全面覆盖。汲取国内外的先进科技成果，涵盖通信设计的全部内容，适应不同速度、不同等级、不同运输性质、不同运营管理模式要求。

3. 突出重点、系统集成。充分吸纳建设工程项目在“四电系统集成”方面重要的技术成果，认真总结最新工程建设、运用管理以及设备维护经验。

4. 条理清晰、防止交叉。梳理基础标准、通用标准、专业标准及施工、验收标准等行业标准之间的关系，避免矛盾，减少重复。

（四）编制过程

《铁路通信设计规范》编制过程总体上分为五个阶段。

前期准备阶段。开展铁路通信技术基础研究，调查铁路既有网络结构、设备配置运用、维修机构设置、维修仪器仪表、房屋、定员等现状，分析铁路通信技术发展趋势，收集高速铁路、城际铁路通信工程设计的成功经验。

工作大纲阶段。确定标准编制原则、适用范围、内容框架、进度计划、工作分工等。组织铁路建设管理、勘察设计、施工建造、运营管理等单位专家完成技术审查。

征求意见稿阶段。编制完成征求意见稿条文和条文说明。向铁路建设管理、勘察设计、施工建造、运营管理等单位广泛征求意见，共收到 17 家单位反馈意见 445 条。组织相关专家完成技术审查。

送审稿阶段。编制完成送审稿条文和条文说明。向铁路建设管理、勘察设计、施工建造、运营管理等单位广泛征求意见，共收到 12 家单位反馈意见 266 条。组织相关专家完成技术审查。

报批稿阶段。编制完成报批稿条文和条文说明。经审核通过，于 2016 年 11

月17日发布，自2017年3月1日起实施。

（五）主要内容

《铁路通信设计规范》是铁路通信设计领域的基础性行业标准，与《铁路数字移动通信系统（GSM-R）设计规范》TB 10088—2015共同构成铁路通信专业设计规范。该规范在系统总结铁路通信技术研究成果和建设运营实践经验基础上修编而成。

规范基本构架：

本规范共分21章，包括总则、术语和缩略语、通信线路、传输、接入网、电话交换、数据通信网、有线调度通信、移动通信、会议电视、电报、综合视频监控、专用应急通信、时钟同步、时间同步、综合布线、电源设备、电源及设备房屋环境监控、综合网络管理、设备防雷及接地、运行环境等。主要分为四大板块：

第一板块：总则。明确标准编制目的、适用范围，提出通信设计应符合铁路通信网规划，遵循全程全网、互联互通、布局合理、经济适用等设计原则和总体要求。

第二板块：术语和缩略语。规定与通信技术密切相关的术语和缩略语，如AON——有源光网络、EPON——以太网无源光网络、OTN——光传送网等内容。

第三板块：系统设计要求。规定通信线路，传输与接入网，电话交换，数据通信网，移动通信、有线调度通信，会议电视，电报，综合视频监控，专用应急通信，时钟、时间同步，综合布线等设计内容。

第四板块：管理及环境外部要求。明确电源设备、电源及设备房屋环境监控、综合网络管理、设备防雷及接地、运行环境等技术要求。

主要修订内容：

1. 增加长途光缆纤芯预留、重要节点双径路引入，以及光电缆雷电防护、光缆监测等内容。

2. 增加SDH中继距离计算、以太网业务组网、网管及OTN系统设计等内容。

3. 增加无源光网络（PON），修改接入网提供的业务类型及接口。

4. 补充基于IP技术的电话交换网内容。

5. 增加与GSM-R系统联网以及调度交换机容灾备份内容，修改调度交换机、调度分机的设置要求。

6. 补充GSM-R系统设计原则，具体内容引用《铁路数字移动通信系统GSM-R设计规范》TB 10088。

7. 补充按骨干网络和区域网络分层组网的内容，规定路由协议及路由策略、自治域号及IP地址分配、网络管理、网络安全、服务质量等要求。

8. 规定 IP 制式电报系统的设计要求。

9. 增加 MCU 容灾备份、会场设备设置等内容。

10. 规定应急通信现场设备的分类配置要求，增加隧道应急电话等内容。

11. 提出重要节点电源设备冗余设置的要求，补充不间断电源（UPS）设计内容，增加电源设备容量计算方法、导线规格选择原则以及二次下电等要求。

12. 增加信号传输线浪涌保护器（SPD）设置、等电位连接以及通信设备接入综合接地系统等内容。

13. 规定监控对象、监控内容以及传感器设置等要求。

14. 增加外供电源、通信设备房屋技术要求等内容，并提出通信设备房屋的分类原则。

十三、《铁路信号设计规范》TB 10007—2017

（一）编制背景

随着铁路信号技术的快速发展及高速铁路、城际铁路、重载铁路以及客货共线等各等级铁路大量建设，联锁、闭塞、列车运行控制、调度指挥以及信号集中监测等技术在铁路建设中广泛运用。总结铁路信号工程建设实践经验，确保设计标准的科学性、时效性，正确指导铁路信号工程设计，根据构建铁路工程建设标准体系的要求，组织开展《铁路信号设计规范》TB 10007—2006 全面修订工作。

2006 年版规范仅适用于时速 160 km 及以下铁路信号工程的设计，有必要对其进行修订。高速铁路建设取得了举世瞩目的成就，信号工程设计取得一系列科研成果、积累了大量实践经验，为修编工作提供了技术支撑。

《铁路信号设计规范》是铁路工程建设标准体系的重要组成部分。统一高速铁路、城际铁路、重载铁路、客货共线铁路等不同速度等级、不同运输性质铁路的信号设计要求，吸纳相关科研成果和国内外技术标准，补充已有明确结论及普遍意义的内容，更好地适应铁路建设形势，满足铁路发展需要。

（二）编制目的

1. 贯彻新发展理念，强化铁路信号工程安全设计要求，提升整体安全性能，统一设计标准、保证设计质量。

2. 总结最新信号工程建设、运营实践经验，为信号专业专用标准和施工验收标准的编制或修订提供依据，保证规范的时效性、完整性，满足设计需要。

3. 调整不适应信号工程设计的内容，满足高速铁路、城际铁路、重载铁路、客货共线铁路等不同速度等级、不同运输性质铁路设计需要。

4. 把握先进性与成熟性的关系，将成熟且广泛应用的信号技术以及新设备、新材料等内容纳入规范。

（三）编制原则

1. 安全可靠、经济适用。贯彻信号“故障—安全”原则，准确把握先进性与成熟性的关系，将成熟且广泛应用的信号技术纳入编制内容。

2. 技术先进、全面覆盖。借鉴国际相关标准，补充新设备、新材料等内容，涵盖信号设计全部内容，适用于不同设计速度、不同等级、不同运输性质、不同运营管理模式。

3. 完善体系、系统集成。补充轨道电路、计算机联锁、列车运行控制、信号集中监测、无线调车信号和监控等设计内容，充分吸纳建设工程项目在“四电系统集成”方面成熟的技术成果。

4. 界面清晰、减少重复。处理好与相关标准之间的关系，纳入产品标准中工程设计有关内容，其他工程建设标准中已有的内容不再重复描述，仅作指向处理。

（四）编制过程

《铁路信号设计规范》编制过程总体上分为五个阶段。

前期准备阶段。开展铁路信号技术基础研究，调研国内外铁路信号技术特点，分析中国铁路信号技术发展趋势，全面总结铁路信号工程建设运营实践，充分借鉴国内外信号技术研究成果。

工作大纲阶段。确定标准编制原则、适用范围、内容框架、进度计划、工作分工等。组织铁路建设管理、勘察设计、运营管理等单位专家完成技术审查。

征求意见稿阶段。编制完成征求意见稿条文和条文说明。向铁路建设管理、勘察设计、运营管理等单位广泛征求意见，共收到 13 家单位反馈意见 342 条。组织相关专家完成技术审查。

送审稿阶段。编制完成送审稿条文和条文说明。向铁路建设管理、勘察设计、运营管理等单位广泛征求意见，共收到 15 家单位反馈意见 57 条。组织相关专家完成技术审查。

报批稿阶段。编制完成报批稿条文和条文说明。经审核通过，于 2017 年 1 月 19 日发布，自 2017 年 5 月 1 日起实施。

（五）主要内容

《铁路信号设计规范》是铁路工程建设标准体系中的信号工程设计基础性标

准,与《铁路信号故障-安全原则》TB/T 2615—2018 共同构成现阶段铁路信号专业主体设计规范,在系统总结最新铁路信号技术研究成果和建设运营实践经验基础上修编而成。

规范基本构架:

本规范共分 19 章,包括总则、术语和符号、地面固定信号、轨道占用检查装置、道岔转辙装置、联锁、闭塞、列车运行控制、电码化、列车调度指挥及调度集中、信号集中监测、驼峰信号及编组站自动化、道口信号、无线调车机车信号和监控、道岔融雪装置、电源设备、光电缆线路、运行环境、接口设计等,另有 4 个附录。主要分为四大板块:

第一板块:总则。明确标准编制目的、适用范围,提出涉及行车安全的铁路信号系统及电路设计,必须符合铁路信号"故障—安全"原则和总体要求等内容。

第二板块:术语和符号。规定与信号技术密切相关的术语、代号和缩略语,如轨道区段单元、预先锁闭、接近锁闭、JC 码、ATO—列车自动运行系统等。

第三板块:系统设计要求。规定地面固定信号、轨道占用检查装置、道岔转辙装置、联锁、闭塞、列车运行控制、电码化、列车调度指挥及调度集中、信号集中监测、驼峰信号及编组站综合自动化、道口信号、无线调车机车信号和监控、道岔融雪装置等设计内容。

第四板块:外部环境及设计接口要求。明确电源设备、光电缆线路、运行环境、设计接口等技术要求。

主要修订内容:

1. 新增"术语和符号"章节,规定本规范使用的术语、代号和缩略语。

2. 修改信号机构及灯光配置等内容,补充信号标志。

3. 增加轨道区段长度要求,补充 ZPW-2000 系列轨道电路、不对称高压脉冲轨道电路的内容,修改计轴轨道占用检查装置的内容。

4. 补充计算机联锁设计要求,修改闭塞设计的相关内容。

5. 规定 CTCS-2 级、CTCS-3 级的工程设计要求,补充 CTCS-2 级、CTCS-3 级的发码设计要求。

6. 补充了信号集中监测的内容。

7. 补充站内道口信号的设计内容,规定道口信号的设计原则以及铁路方向、道路方向的信号设计要求。

8. 规定无线调车机车信号和监控系统的设计内容。

9. 规定道岔融雪装置的设计内容。

10. 规定信号系统电源设备的设计原则，提出信号电源屏、UPS、蓄电池、断路器等方面的设计要求。

11. 规定信号系统设备光电缆线路的基本设计原则，提出光缆的选型、敷设、防护、引入、成端以及芯线设计等方面的要求。

12. 规定外部电源，信号生产房屋，干扰防护、雷电防护及接地等相关内容。

13. 规定信号专业与其他相关专业接口设计要求。

14. 规定各种信号机、表示器以及闭塞分区信号标志牌的命名规则。

15. 规定轨道区段和轨道区段单元的命名规则，规定应答器的命名及编号规则。

十四、《铁路电力设计规范》TB 10008—2015

（一）编制背景

为满足铁路建设和发展需要，统一铁路电力工程设计标准，完善铁路工程建设技术标准体系，根据构建铁路工程建设标准体系的要求，组织开展《铁路电力设计规范》TB 10008—2006 全面修订工作。

2006 年版规范发布以来，对提升铁路电力工程建设质量、保障安全、提高技术性和经济性起到重要作用，为铁路建设和电力工程设计规范化与标准化提供了强有力的技术保障和支持。

随着铁路工程建设的高速发展，电力系统担负着更加重大的任务，结合铁路电力工程建设、运营的实践经验和科研成果，针对标准轨距铁路的客运专线、货运专线及客货共线铁路 110 kV 及以下的电力工程设计内容进行全面修订。

（二）编制目的

1. 贯彻执行国家能源政策，跟踪铁路电力工程及技术发展动态，及时将研究成果转化为设计标准，并适应铁路工程电力供电领域的发展方向。

2. 总结铁路电力工程建设、电力设施运行维护管理经验，充分借鉴相关科研成果和国内外相关标准，对铁路电力工程主要采用的设计标准及文件进行全面梳理，结合工程实践及调研情况，进一步优化完善，提高标准的适用性和操作性。

3. 充分体现铁路电力用户需求和技术要求，统一铁路电力工程设计标准，本着安全适用、供电可靠、技术先进、经济合理、使用维护方便原则，规范电力工程建设技术标准。

（三）编制原则

1. 政策引导、目标明确。贯彻执行《铁路主要技术政策》，明确新形势下铁路技术发展的方向、目标和重点，加快扩充运输能力、提高技术水平。

2. 需求牵引、覆盖全面。紧跟铁路建设发展趋势，适用于高速、城际、重载、客货共线等不同类型铁路的电力设备和电力线路，更好地服务于铁路工程设计。

3. 开放创新、应用驱动。积极借鉴国内外先进标准，充分吸收科研成果和实践经验作为相关规定的修编依据。

4. 整体推进、统筹优化。保障铁路电力工程建设的安全可靠、技术先进、经济合理、维护方便。进一步提高标准的可操作性，实现最佳社会、经济和环境效益。

（四）编制过程

《铁路电力设计规范》编制过程总体上分为五个阶段。

前期准备阶段。开展铁路电力设计规范修订调研工作，调研国内外铁路电力供电特点，分析铁路建设发展趋势，充分借鉴国际和国外相关标准，全面总结科研成果和工程实践经验。

工作大纲阶段。确定标准编制原则、适用范围、内容框架、进度计划、工作分工等。组织铁路建设管理、勘察设计、运营管理等单位专家完成技术审查。

征求意见稿阶段。编制完成征求意见稿条文和条文说明。向铁路建设管理、勘察设计、施工建造、运营管理、科研高校等单位广泛征求意见，共收到 4 家单位反馈意见 67 条。组织相关专家完成技术审查。

送审稿阶段。编制完成送审稿条文和条文说明，向铁路建设管理、勘察设计、工程监理、施工建造、运营管理、科研高校等单位广泛征求意见，共收到 12 家单位反馈意见 149 条。组织相关专家完成技术审查。

报批稿阶段。编制完成报批稿条文和条文说明。经审核通过，于 2015 年 12 月 23 日发布，自 2016 年 4 月 1 日起实施。

（五）主要内容

《铁路电力设计规范》是铁路电力工程设计基础性标准，是根据国家能源政策相关规定，结合铁路电力工程建设运营的实际，在系统总结工程实践经验和科研成果基础上修订而成的。

规范基本构架：

本规范共分 15 章，包括总则、术语、基本规定、供配电系统、变配电所、电力远动系统、架空电力线路、电缆线路、低压配电、电气照明、铁路专用设施及特殊场所供电、机电设备监控系统、电力装置防雷及接地、电气节能与环保、接口设计等，另有5个附录。主要分为四大板块：

第一板块：总则。明确标准编制目的、适用范围，统一铁路电力工程设计标准，满足环保、集约的相关规定，满足国家及行业相关标准要求等内容。

第二板块：术语。规定与铁路电力工程设计技术密切相关的术语，如公共电网、外部电源、后备电源、低压配电系统、综合负荷电力贯通线路、一级负荷电力贯通线路、变配电所等术语定义。

第三板块：基本规定。规定供电方式、铁路电力设计年度分类、供电系统配属管理原则、铁路变电所组成、电力运营管理机构设置、与其他各专业之间协调和接口衔接等要求。

第四板块：具体分部设计。提出供配电系统设计要求、变电所设计要求、电力远动系统设计规定、架空线路设计规定、电缆线路设计规定、低压配电设计规定、电气照明、铁路专用设施及特殊场所供电、机电设备监控系统、电力装置防雷及接地、电气节能与环保、接口等具体技术要求。

主要修订内容：

1. 调整和补充适用本规范的相关术语。

2. 增加20 kV电压等级的相关内容；取消各种铁路电力负荷划分内容。

3. 增加柴油机发电、光伏、风力发电等自备电源的原则性要求；增加“后备电源”有关内容，提出分布式能源系统应用原则。

4. 增加铁路高压电力系统中性点接地、气体绝缘设备等内容。

5. 提出电力远动系统、机电设备监控系统的系统设计、功能组成，以及两个系统间的相互处理原则。完善电能计量内容，增加机电设备监控系统配置能源管理功能的要求。

6. 修订架空电力线与铁路交叉、接近的要求，增加绝缘导线的有关设计要求。

7. 完善长电缆线路接地和补偿的规定。紧密跟踪铝合金电缆国家标准和技术发展，增加铝合金电缆相关内容。

8. 细化对通信信号等与行车相关的重要负荷低压配电的要求，强化计量方面的要求。

9. 协调与《铁路照明设计规范》关系，提出铁路照明宏观性、原则性规定，删除照明方式和种类、照明标准值、光源、灯具、供电和控制等具体内容。

10. 修订桥梁、隧道等的供电要求，增加动车地面电源、集中式 UPS 系统设计的原则性规定。

11. 协调与《铁路防雷及接地工程技术规范》关系，删除建筑物、电子信息系统防雷及接地的内容。

12. 增加“电气节能与环保”“接口设计”内容。

十五、《铁路电力牵引供电设计规范》TB 10009—2016

（一）编制背景

为满足铁路建设发展需要，统一铁路电力牵引供电工程设计标准，完善铁路工程建设技术标准体系，根据构建铁路工程建设标准体系的要求，开展《铁路电力牵引供电设计规范》TB 10009—2005 全面修订工作。

2005 年版规范是统一电力牵引供电工程设计基础理论、数学模型和评价指标的基础性标准，对提升铁路电力牵引供电工程建设质量，保障安全，提高技术经济性起到重要作用。

随着铁路工程建设快速发展，牵引供电系统作为铁路的重要基础设施（图 2-16），担负着更加重要的任务，结合铁路牵引供电工程运营管理实践经验，吸收一系列科研成果，对其中不合理和不完善的内容进行全面修订。

图 2-16　铁路牵引供电系统—接触网

（二）编制目的

1. 贯彻执行国家技术经济政策，跟踪铁路电力牵引供电工程及技术发展动态，及时将研究成果转化为设计标准，并适应铁路工程电力牵引供电领域的发展方向。

2. 服务铁路国际化战略，在总结相关科研项目可纳规成果的基础上，借鉴国际标准化组织的相关标准，深化开展与国外有关标准差异性分析研究，以适应铁路工程建设标准与国际标准接轨。

3. 满足铁路电力牵引供电工程设计需求，结合铁路电力牵引供电工程建设、运营管理实践经验和科研成果，规范电力牵引供电工程建设技术标准。

（三）编制原则

1. 政策引领、适应发展。贯彻国家法律法规和规范性文件，使现行规范与当前政策法规相协调。

2. 整体推进、合理优化。保障铁路工程建设的安全、质量、环境保护。进一步提高标准的可操作性，实现最佳社会、经济和环境效益。

3. 开放创新、应用驱动。积极借鉴国内外先进标准，充分吸收科研成果和运行管理经验作为相关规定的修编依据。

4. 统筹协调、技术先进。协调与相关铁路行业标准之间的关系，避免相互矛盾和重复。合理利用资源，推广科学技术成果，并将“四新”技术纳规。

（四）编制过程

《铁路电力牵引供电设计规范》编制过程总体上分为五个阶段。

前期准备阶段。开展铁路电力牵引供电设计规范修订调研工作，调研国内外铁路电力牵引供电特点，分析铁路建设发展趋势，充分借鉴国际和国外相关标准，全面总结科研成果和工程实践经验。

工作大纲阶段。确定标准编制原则、适用范围、内容框架、进度计划、工作分工等。组织铁路建设管理、勘察设计、施工建造等单位专家完成技术审查。

征求意见稿阶段。编制完成征求意见稿条文和条文说明。向铁路建设管理、勘察设计、施工建造、运营管理、科研高校等单位广泛征求意见，共收到 4 家单位反馈意见 199 条。组织相关专家完成技术审查。

送审稿阶段。编制完成送审稿条文和条文说明，向铁路建设管理、勘察设计、施工建造、运营管理、科研高校等单位广泛征求意见，共收到 11 家单位反馈意见 422 条。组织相关专家完成技术审查。

报批稿阶段。编制完成报批稿条文和条文说明，经审核通过，于 2016 年 5 月 26 日发布，自 2016 年 9 月 1 日起实施。

（五）主要内容

《铁路电力牵引供电设计规范》是根据国家的技术经济政策，统一铁路电力牵引供电设计的技术要求,在满足安全适用、技术先进、节约能源、经济合理和维修方便的基础上全面修订而成。

规范基本构架:

本规范共分 7 章,包括总则、术语、牵引供电、牵引变电所、接触网、牵引供电调度和远动系统、供电检修等,另有 2 个附录。主要分为三大板块:

第一板块:总则。明确标准编制目的、适用范围,铁路电力牵引供电系统的设计年度、负载等级、设计要求及原则,满足建筑限界要求等内容。

第二板块:术语。规定与铁路电力牵引供电设计技术密切相关的术语,如分束供电、独立的供电线、接轨连线、闪络保护地线等术语定义。

第三板块:具体设计要求。提出牵引设计、牵引变电所设计、接触网设计、牵引供电调度及远动系统设计规定、供电检修设施等具体技术要求。

主要修订内容:

1. 将《供配电系统设计规范》GB 50052、《35 kV ~ 110 kV 变电站设计规范》GB 50059、《35 ~ 110 kV 高压配电装置设计规范》GB 50060、《交流电气装置的接地设计规范》GB/T 50065 等现行国家及电力行业相关标准共性内容纳入本规范中。

2. 增加寒温和寒冷地区、节能和环境保护的设计要求等。

3. 增加枢纽供电和供电臂分段供电有关规定,删除 BT 供电方式、并联电容补偿装置及其有关内容。

4. 修订吸上线、接轨连线的设计规定。

5. 增加 220 kV、330 kV 配电装置形式选择,GIS 装置,变电二次系统防雷及过电压措施,供电电缆接地的有关规定。

6. 增加分区所、自耦变压器所主接线的有关内容,完善所用交流电源的有关设计规定。

7. 完善牵引供电系统辅助保护的有关内容,修订继电保护和自动装置以及测量仪表装置的有关设计要求,增加 220 kV 及以上变压器双重化保护配置设计规定。

8. 补充双层集装箱区段、车站无柱雨棚区域、中性段(无电区)和隧道内等接触网设计以接触网刚性悬挂设计内容。

10. 增加接触网—受电弓间相互作用的动态性能指标、正线接触线最小张力的有关规定。

11. 完善接触线的最大坡度及坡度变化、接触网最短吊弦长度、受电弓动态包络摆动量及抬升量以及支柱、基础和腕臂支持装置的选型原则等有关规定。

12. 完善牵引供电远动系统的功能配置等要求和安全监控系统的有关规定。

十六、《铁路轨道设计规范》TB 10082—2017

（一）编制背景

为满足铁路工程建设需要，统一铁路轨道设计技术标准，保证铁路轨道设计符合安全可靠、先进成熟、经济适用等要求，根据构建铁路工程建设标准体系的要求，组织开展《铁路轨道设计规范》TB 10082—2005 全面修订工作。

轨道是铁路运输的主要技术设备之一（图 2-17），其结构稳定性直接关系到铁路列车运行安全性和旅客乘坐舒适性，是列车安全平稳行驶的基础。随着国内高速铁路、城际铁路、重载铁路的大规模建设，轨道技术标准也得到了重大发展。原规范适用范围不能覆盖现有铁路类型，轨道类型选用、结构设计原则等内容与铁路工程建设和技术发展要求存在一定的差距。因此，对规范进行全面修订势在必行。特别是高速、城际、客货共线、重载铁路轨道在设计、施工、运营等方面积累的实践经验和科研成果，都为规范的全面修订提供了有利条件。

图 2-17　CRTS Ⅲ型板式无砟轨道

通过系统分析原规范适应性，结合当前铁路工程建设和技术发展要求，合理确定铁路轨道设计的基本原则和技术标准，优化规范适用范围、轨道类型选择、结构设计原则等内容，进一步提升规范的科学性和技术经济性。

（二）编制目的

1. 服务铁路工程建设，落实保护自然生态环境、节约土地和能源等政策法规要求，协调处理工程设计与国情、路情发展变化之间的关系。

2. 全面梳理原有标准与当前铁路工程建设和技术发展不匹配、不适应的内容，规范不同类型铁路轨道设计主要标准，合理确定规范适用范围。

3. 合理确定铁路轨道设计原则，优化选型标准、结构设计等重要指标，统筹考虑轨道设计、施工、运营等不同阶段相应技术要求，提升轨道综合性能。

4. 推广应用铁路工程建设和运营实践经验及相关科研成果，优化完善钢轨及配件、有砟轨道、无砟轨道等重要内容，规范引导轨道设计工作科学化、合理化。

（三）编制原则

1. 创新引领、适应发展。贯彻国家创新、协调、绿色、开放、共享的发展理念，重视环境保护、节能减排，及时推广应用成熟“四新”技术，不断满足各类铁路工程建设要求。

2. 安全优先、协调配套。强化安全优先原则，突出铁路轨道设计安全性，提升列车运行平稳性、旅客乘坐舒适性，保障线上线下基础工程相协调。

3. 系统整合、统筹优化。充分吸纳最新科技进步和技术发展成果，优化整合高速、城际、客货共线和重载铁路轨道技术要求，合理确定设计标准及主要参数。

4. 先进可靠、经济合理。进一步提升规范先进性、适用性、经济性，规范引导铁路轨道设计工作，推动轨道设计选型科学、结构稳定、匹配合理、耐久少修。

（四）编制过程

《铁路轨道设计规范》编制过程总体上分为五个阶段。

前期准备阶段。收集整理铁路轨道设计相关标准使用资料，调研铁路工程设计、施工建造、运营管理等相关企业，了解原有规范现场应用情况，提出调整标准适用范围、明确结构设计原则等重要修订思路。

工作大纲阶段。确定标准编制原则、适用范围、内容框架、进度计划、工作分工等。组织建设管理、施工建造、运营维护、科研高校等单位专家开展技术审查。

征求意见稿阶段。编制完成征求意见稿条文和条文说明。向建设管理、勘察设计、工程监理、施工建造、运营维护、科研高校等单位广泛征求意见，共收到35家单位反馈意见185条。组织相关专家开展技术审查。

送审稿阶段。开展轨道部件及类型选择研究、轨道平顺度分析等标准编制所需要的6项专题研究，编制完成送审稿条文和条文说明。组织建设管理、勘察设计、施工建造、运营维护、科研高校等相关专家开展技术审查。

报批稿阶段。编制完成报批稿条文和条文说明。经审核通过，于2017年9月29日发布，自2017年12月20日起实施。

（五）主要内容

《铁路轨道设计规范》是铁路工程建设标准体系的重要组成部分，是在《铁路轨道设计规范》TB 10082—2005基础上全面修订而成的，在统一轨道设计技术标准、协调线上线下基础工程、提升轨道全寿命使用效能等方面发挥着重要作用。原规范条文共214条，新修订的规范条文共155条，其中原规范保留4条、修改84条、增加67条、删除126条，规范条文修订情况统计如图2-18所示。

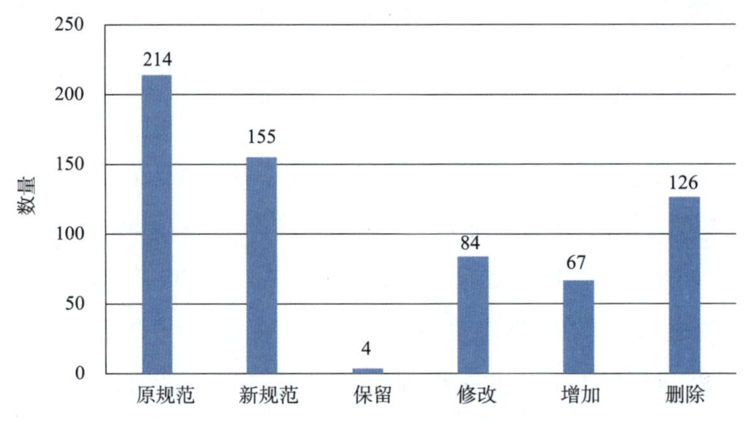

图2-18　规范条文修订情况统计

规范基本构架：

本规范共分10章，包括总则、术语、基本规定、钢轨及配件、正线有砟轨道、无砟轨道、站线轨道、无缝线路、有缝线路、轨道附属设施及常备材料等。主要分为四大板块：

第一板块：总则。明确标准编制目的、适用范围、设计标准选用影响因素、结构设计和部件选用原则等内容。

第二板块：术语。规定与铁路轨道技术密切相关的术语，如轨距加宽、轨底坡、设计锁定轨温等。

第三板块：总体设计要求。规定曲线超高和轨距加宽、轨道静态铺设精度、接口设计等技术要求。

第四板块：具体设计规定。提出钢轨及配件、正线有砟轨道、无砟轨道、站线轨道、无缝线路、有缝线路等设计要求。

主要修订内容：

1. 修订本规范适用范围。增加高速铁路、城际铁路、重载铁路的轨道设计，客货共线铁路最高旅客列车设计速度由160 km/h修订为200 km/h。

2. 增加有砟轨道、无砟轨道、轨距加宽等术语。

3. 增加曲线超高设置原则，修订曲线超高设计标准、轨距加宽值，修订轨道铺设精度和曲线圆顺度标准。

4. 修订钢轨选用标准，增加钢轨采用60 N、75 N的技术要求，补充不同铁路等级对钢轨材质的技术要求等。

5. 修订正线有砟轨道的设计标准及扣件、轨枕、道床等技术要求。

6. 增加无砟轨道设计原则、选型规定及设计参数，修订CRTSⅠ型板式无砟轨道、CRTSⅡ型板式无砟轨道、CRTSⅢ型板式无砟轨道、CRTS双块式无砟轨道、长枕埋入式无砟轨道、弹性支承块式无砟轨道、道岔区无砟轨道等设计内容。

7. 修订站线有砟轨道设计标准及扣件、轨枕、道床等技术要求。删减道岔号数选择、道岔间插入钢轨长度等内容。

8. 修订无缝线路设计的基本规定，删减钢轨伸缩调节器、无缝道岔等设计内容。

9. 修订护轨设置规定，增加无砟轨道常备材料的要求等。

十七、《铁路线路设计规范》TB 10098—2017

（一）编制背景

为适应经济社会及铁路发展需要，贯彻国家创新、协调、绿色、开放、共享发展理念，落实现代综合交通运输发展、保护自然生态环境、节约集约利用资源等要求，根据构建铁路工程建设标准体系要求，组织开展《铁路线路设计规范》GB 50090—2006全面修订工作，并改为铁道行业标准《铁路线路设计规范》TB 10098。

铁路线路设计在铁路工程设计中起着主导和统筹各专业设计的总体作用，是铁路设计的核心内容。随着高速、城际、客货共线和重载铁路的快速发展，原有规范已不能完全满足新形势下铁路建设需求，在贯彻新发展理念、协调综合交通发展、统筹铁路工程设计等方面有所欠缺，因此修订工作十分必要。铁路大规模建设遇到了很多新情况、新问题,同时也积累了大量的工程建设和运营实践经验。铁路相关科技进步、技术创新、装备发展等最新成果都为规范编制奠定了坚实基础。

通过分析国内铁路运输需求和环境条件变化,结合经济社会发展实际情况,优化完善规范适用范围,充分体现铁路综合选线设计技术特点,合理确定线路主要技术标准和设计参数,确保规范科学可靠、经济适用。

(二)编制目的

1. 服务经济社会发展,统筹铁路线路设计对沿线自然生态和环境保护、土地和资源利用、城镇发展和产业布局的影响,保证国家战略在铁路建设中的贯彻落实。

2. 落实综合交通运输发展要求,助力提升综合运输的系统性、协调性,规范不同类型铁路线路设计主要标准,合理确定规范适用范围。

3. 综合考虑铁路工程建设各方面、各阶段相互作用,系统兼顾各专业设计之间衔接接口,充分体现综合选线技术要求,满足运输需求。

4. 总结铁路工程建设和运营实践经验及相关科研成果,优化完善主要技术标准、综合选线、线路平面、线路纵断面、车站分布等重要内容,提升规范的科学技术性、经济合理性。

(三)编制原则

1. 需求牵引、协调发展。贯彻国家创新、协调、绿色、开放、共享发展理念,落实综合交通运输发展、保护自然生态环境、节约集约利用资源等技术要求,体现规范的整体协调性。

2. 安全优先、综合选线。强化安全优先原则,结合国情、路情,充分体现线路设计在铁路工程各专业设计中的总体地位和主导作用,突出不同类别铁路选线设计的总体原则和基本要求。

3. 统筹优化、衔接配套。整合高速、城际、客货共线和重载铁路线路设计标准,合理确定线路主要技术标准和设计参数,注重接口设计,沟通相关各专业之间的相互衔接。

4. 先进科学、经济适用。明确线路设计主要工作内容,提升科学性和技术经济性,规范引导铁路选线设计,准确反映项目功能定位,充分满足运输需求。

(四)编制过程

《铁路线路设计规范》编制过程总体上分为五个阶段。

前期准备阶段。收集整理《铁路线路设计规范》GB 50090—2006 及相关标准使用资料，调研铁路工程设计、运营管理、装备制造等相关企业，了解原有规范现场应用情况，开展原有规范重点内容科学性、适用性、经济性分析，为规范编制夯实基础支撑。

工作大纲阶段。确定规范编制原则、适用范围、内容框架、进度计划、工作分工等。组织铁路建设管理、勘察设计、运营管理等单位专家完成技术审查。

征求意见稿阶段。编制完成征求意见稿条文和条文说明。向铁路建设管理、勘察设计、运营维护等单位广泛征求意见，共收到 8 家单位反馈意见 73 条。组织相关专家开展技术审查。

送审稿阶段。编制完成送审稿条文和条文说明。向铁路建设管理、勘察设计、运营维护等单位广泛征求意见，共收到 9 家单位反馈意见 53 条。组织相关专家开展技术审查。

报批稿阶段。编制完成报批稿条文和条文说明。经审核通过（图 2-19），于 2017 年 9 月 18 日发布，自 2017 年 12 月 1 日起实施。

图 2-19　《铁路线路设计规范》技术审查

（五）主要内容

《铁路线路设计规范》是铁路建设工程设计最基础、最重要的技术标准之一，是在《铁路线路设计规范》GB 50090—2006 基础上全面修订而成，进一步完善铁路工程建设标准体系，有效指导铁路工程建设。原规范条文共 94 条，新修订的规范条文共 147 条，其中原规范保留 13 条、修改 54 条、增加 78 条、删除 25 条，规范条文修订情况统计如图 2-20 所示。

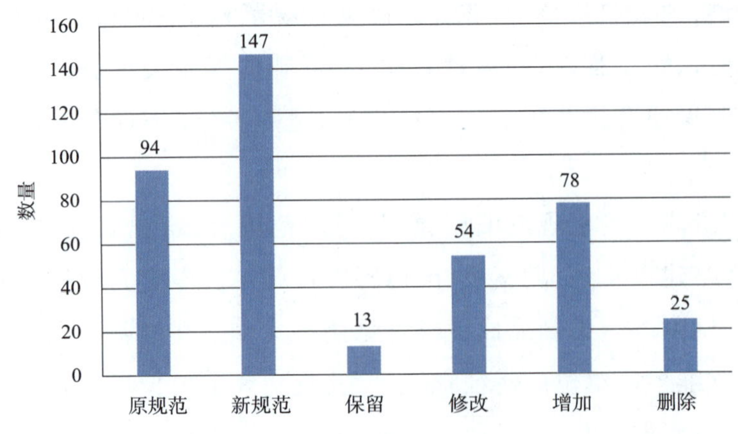

图 2-20 规范条文修订情况统计

规范基本构架：

本规范共分 8 章，包括总则，术语和符号，主要技术标准，综合选线，线路平面，线路纵断面，车站分布，铁路交叉、附属设施及其他，另有 2 个附录。主要分为四大板块：

第一板块：总则。明确标准编制目的、适用范围、铁路线路设计年度和重点影响因素等内容。

第二板块：术语和符号。规定与铁路线路密切相关的术语和符号，如高速铁路、城际铁路等。

第三板块：总体设计要求。明确线路设计主要工作内容、主要技术标准、综合选线原则和基本要求等内容。

第四板块：具体设计要求。规定各种类型铁路线路平面、纵断面相关技术要求，明确车站分布、铁路交叉设置等原则。

主要修订内容：

1. 修订规范适用范围，增加高速铁路、城际铁路、重载铁路的线路设计相关内容，客货共线铁路旅客列车设计速度由 160 km/h 改为 200 km/h。删除 140 km/h 客货共线铁路的线路设计标准。

2. 明确线路设计主要工作内容：充分研究项目需求、铁路网规划和综合交通规划，准确把握项目功能定位，科学论证建设方案，合理选定主要技术标准和线路走向，系统优化线路平、纵断面设计等。

3. 增加“主要技术标准”章，明确各类铁路主要技术标准内容组成。

4. 增加“综合选线”章，明确综合选线的原则和线路设计基本要求。

5. 原规范第4章“线路的平面和纵断面”分为“线路平面”和“线路纵断面”两章。

6. 修订客货共线铁路缓和曲线长度，删除曲线半径和缓和曲线长度优先值，修改桥梁设在曲线上的有关标准。

7. 修订客货共线铁路隧道内线路最大坡度折减标准。

8. 修订综合维修“天窗”标准。删除改建既有线或增建第二线时关闭作业量较小车站的规定。

9. 明确铁路交叉的设置原则。删减道口有关内容。

10. 增加“附属设施及其他”节，明确铁路附属设施及其他设施的设置原则。

十八、《铁路旅客车站设计规范》TB 10100—2018

（一）编制背景

铁路客站是铁路网的重要组成部分，是综合交通体系中的重要节点，是区域经济发展的重要引擎。为全面提升铁路客运服务需求，打造现代综合交通枢纽，优化铁路客站功能布局，提高旅客出行质量及效率，使铁路旅客车站设计符合安全可靠、先进成熟、便捷舒适、节能环保、经济适用等要求，对《铁路旅客车站建筑设计规范》GB 50226—2007 进行全面修订，并改为铁道行业标准《铁路旅客车站设计规范》TB 10100。

铁路客站作为城市对外的窗口、城市交通的枢纽，与老百姓生活出行息息相关。贯彻国家“创新、协调、绿色、开放、共享”的发展理念，按照“五位一体”总体布局要求，在完善客站主体建筑设计内容的基础上纳入了车站总体设计、绿色建筑设计、结构设计、无障碍设施设计及各专业设备设施设计等规定，内容更加系统全面，提升规范的科学性和技术经济合理性，为运输服务提质升级，为构建中国综合交通体系建设提供技术支撑。

遵循《“十三五”现代综合交通运输体系发展规划》，全面协调可持续发展，统筹兼顾铁路运输、综合交通体系构建和城市发展等需求，总结吸纳国内铁路旅客车站建设、运营实践经验和科研成果，落实打造现代综合交通枢纽，充分体现“零距离”换乘，提高旅客出行质量及效率。铁路旅客车站客流密集、流线复杂，安全性问题尤为重要，坚持安全优先为原则，增强规范的完整性和系统性，提高规范的实用性和可操作性，落实国家现代化综合交通枢纽发展理念，更好地指导铁路旅客车站建设工作。

（二）编制目的

1. 贯彻国家“创新、协调、绿色、开发、共享”发展和现代综合交通枢纽建设理念，优化铁路客站功能布局，提高旅客出行质量及效率。

2. 强化铁路客站安全设计要求，坚持安全优先为原则，增加安全技术要求，为旅客生命财产安全提供保障，进一步提升规范的科学性和技术经济合理性。

3. 统筹兼顾铁路运输、综合交通体系构建和城市发展等需求，提升铁路客运服务质量，打造现代综合交通枢纽，落实“零距离”换乘等要求。

4. 体现铁路客站设计的先进思想和理念，优化技术参数，增强规范的完整性和系统性，为铁路旅客车站建设发展积累丰富的实践经验。

（三）编制原则

1. 目标导向、适应发展。贯彻落实现代综合交通枢纽发展要求，适应国家对铁路发展新要求，优化铁路旅客车站建设，推动铁路向新时期发展新目标不断迈进。

2. 完善体系、提升品质。优化技术参数，提升规范的科学性和技术经济合理性，全面总结铁路旅客车站建设运营实践经验，吸纳相关科研成果，提升铁路旅客车站建设运营服务质量。

3. 定位准确、全面优化。强化涉及旅客人身安全、运营安全的相关标准，为旅客生命财产安全提供保障，进一步优化旅客进出站流线和换乘距离，改善旅客出行质量和效率。

4. 科学合理、绿色生态。打造现代综合交通枢纽，强化铁路客站安全设计要求，完善运营管理和旅客服务设施要求，为运输服务提质升级，贯彻生态文明建设理念，打造绿色铁路客站。

（四）编制过程

《铁路旅客车站设计规范》编制过程总体上分为五个阶段。

前期准备阶段。对北京、上海、广州、哈尔滨等 12 个铁路集团公司、相关设计院和 40 余座铁路客站运营单位进行现场调研和问卷调查，收集问卷 40 余份，收集意见与建议共 200 余条。

工作大纲阶段。确定规范编制原则、适用范围、内容框架、进度计划、工作分工等。组织开展修订阶段成果汇报，确定规范名称由《铁路旅客车站建筑设计规范》改为《铁路旅客车站设计规范》。组织铁路建设管理、勘察设计、施工建造、运营管理等专家完成技术审查。

征求意见稿阶段。就铁路客站客运组织、公共信息导向系统以及客站建设新技术等内容开展调研,组织召开客运服务需求专题研讨会,编制完成征求意见稿条文和条文说明。向铁路建设管理、勘察设计、施工建造、运营管理等单位广泛征求意见,共收到 11 家单位反馈意见 83 条。组织相关专家完成技术审查。

送审稿阶段。编制完成送审稿条文和条文说明。向铁路建设管理、勘察设计、施工建造、运营管理等单位广泛征求意见,共收到 9 家单位反馈意见 148 条。组织相关专家完成技术审查。

报批稿阶段。编制完成报批稿条文和条文说明。经审核通过(图 2-21),于 2018 年 6 月 11 日发布,自 2018 年 9 月 1 日起实施。

图 2-21　《铁路旅客车站设计规范》技术审查

(五)主要内容

《铁路旅客车站设计规范》是根据《铁路旅客车站建筑设计规范》,整合《铁路旅客车站无障碍设计规范》主要内容,在全面总结吸纳铁路客站建设运营实践经验和科研成果基础上全面修订而成。

规范基本构架:

本规范共分 12 章,包括总则,术语,总体设计,总平面,站房建筑,客运服务设施,结构,供暖、通风与空气调节,给水排水,电气与照明,客运服务信息系统,无障碍设施等。主要分为四大板块:

第一板块:总则和术语。明确规范编制目的、适用范围等,提出铁路旅客车站设计在安全可靠、先进成熟、便捷舒适、节能环保、经济适用等方面要求,规定铁路旅客车站等基本术语。

第二板块：总体设计要求。规定旅客车站设计总体要求，提出旅客车站建筑规模、接口设计、城市配套设施等方面要求。

第三板块：站房建筑设计要求。提出旅客车站建筑功能分区用房划分，规定旅客车站配套设施、节能环保、客运服务设施等方面要求。

第四板块：相关专业设计要求。提出结构，供暖、通风与空气调节，给水排水，电气与照明，客运服务信息系统，无障碍设计等方面要求。

主要修订内容：

1. 贯彻打造现代综合交通枢纽的设计理念，明确“零距离”换乘的枢纽布局要求。

2. 增加“总体设计”章，加强铁路客站系统性设计要求。

3. 增加铁路旅客车站绿色建筑设计要求。

4. “选址和总平面布置”与“车站广场”两章合并为“总平面”章，完善城市交通配套设施要求。

5. 增加安检、实名制验票等作业区域要求以及中转换乘旅客流线组织要求。

6. 修订集散厅、候车区（厅、室）的规模控制指标，增加站内商业设施规模要求和站房总建筑面积的控制指标。

7. 增加铁路旅客车站检修维护设施的设计要求。

8. 增加地下车站、空间环境、装修与构造、建筑幕墙与金属屋面、建筑节能、电梯自动扶梯和公共信息导向系统等内容。

9. 增加“结构”章，明确“桥—建”合一、大跨屋盖等铁路旅客车站特殊结构设计要求。

10. 将“建筑设备”章分为“供暖、通风与空气调节”“给水排水”“电气与照明”“客运服务信息系统”四章，并修订相关内容。

（Ⅲ）验　收　类

十九、铁路工程施工质量系列验收标准

国家铁路局发布铁路工程施工质量系列验收标准，进一步完善了以高铁为代表的各类型铁路工程勘察、设计、施工等验收标准体系，为保障铁路工程建设质量和铁路运输安全提供重要依据。新标准于2019年2月1日正式实施。2018年11月12日国家铁路局有关负责人就发布“铁路工程施工质量系列验收标准”相关问题

回答了记者提问(附录4)。

(一)编制背景

为贯彻创新、协调、绿色、开放、共享的发展理念,落实放管服改革要求,推动铁路工程提质升级,进一步完善具有中国特色的普速铁路标准体系和具有世界先进水平的高速铁路标准体系,组织开展铁路工程施工质量系列验收标准修订工作。

验收标准是衡量铁路工程建设质量的标尺,是保障铁路运输安全的重要基础标准。既是建设各方质量控制工作中对标检查的镜子,也是政府质量监督执法工作的依据和准绳,对于推动铁路工程质量全面提升,努力打造精品工程,具有非常重要的作用,特别是在铁路建设任务十分繁重、建设条件更加复杂的情况下,具有重大的现实意义。

站在新的历史起点,科学总结铁路建设质量管理的经验,编制发布新验收标准,是加强铁路工程质量管理、推进高质量发展的重要举措。此次全面修订、发布的新验收标准共17项,见表2-1。

表2-1　17项验收标准

序　号	标准名称	标准编号
1	《铁路轨道工程施工质量验收标准》	TB 10413—2018
2	《铁路路基工程施工质量验收标准》	TB 10414—2018
3	《铁路桥涵工程施工质量验收标准》	TB 10415—2018
4	《铁路隧道工程施工质量验收标准》	TB 10417—2018
5	《铁路通信工程施工质量验收标准》	TB 10418—2018
6	《铁路信号工程施工质量验收标准》	TB 10419—2018
7	《铁路电力工程施工质量验收标准》	TB 10420—2018
8	《铁路电力牵引供电工程施工质量验收标准》	TB 10421—2018
9	《铁路混凝土工程施工质量验收标准》	TB 10424—2018
10	《高速铁路路基工程施工质量验收标准》	TB 10751—2018
11	《高速铁路桥涵工程施工质量验收标准》	TB 10752—2018
12	《高速铁路隧道工程施工质量验收标准》	TB 10753—2018
13	《高速铁路轨道工程施工质量验收标准》	TB 10754—2018
14	《高速铁路通信工程施工质量验收标准》	TB 10755—2018
15	《高速铁路信号工程施工质量验收标准》	TB 10756—2018
16	《高速铁路电力工程施工质量验收标准》	TB 10757—2018
17	《高速铁路电力牵引供电工程施工质量验收标准》	TB 10758—2018

（二）编制目的

1. 体现新发展理念，进一步完善各类型铁路验收标准体系，为保障铁路工程建设质量和铁路运输安全提供重要依据，划出铁路工程建设的“质量红线”。

2. 落实《铁路标准化“十三五”发展规划》要求，形成先进完备的铁路工程验收标准体系，推动铁路工程质量全面提升，使铁路工程质量基础更加坚实。

3. 明确建设各方验收工作要求，提高标准针对性和可操作性，吸纳最新科技手段，提高标准的科学性。覆盖各类型铁路、主要铁路工程专业以及工程施工全过程。

（三）编制原则

1. 目标导向、适应发展。全面贯彻创新、协调、绿色、开放、共享的发展理念，适应铁路发展新要求，体现简政放权、放管结合、优化服务的理念。

2. 吸纳成果、突出重点。突出行业标准特点，吸纳最新质量检测先进技术和手段，淘汰落后工艺和验收项目，提高标准科学性。

3. 规定明确、便于操作。突出工程质量控制关键环节，调整检验单元划分原则及验收要求，优化验收程序和验收表格填写内容，进一步提高标准可操作性。

4. 成果支撑、技术先进。系统总结铁路工程施工质量验收实践经验，借鉴国内外有关标准，积极应用四新技术，提升隐蔽工程质量，体现标准先进性。

（四）编制过程

铁路工程施工质量系列验收标准编制过程总体上分为五个阶段。

前期准备阶段。对现场质量安全监督和调研发现的突出问题以及建设项目竣工验收中暴露出来的有关缺陷等进行认真梳理研究，明确标准编制中应重视的主要问题，并对部分铁路项目、水电项目、市政项目和国外同类项目进行了函询和现场调研。

工作大纲阶段。确定系列标准的编制原则、主要修订内容和进度安排等，组织勘察、设计、施工、运营各方权威专家开展工作大纲技术审查。

征求意见稿阶段。对郑西客专公司、商合杭铁路开展现场调研，在广泛听取铁路建设各方对现行验收标准的意见及修改建议的基础上，编制完成征求意见稿条文和条文说明。广泛征求铁路勘察设计、施工建造、运营管理、科研高校等单位意见，组织各领域权威专家对征求意见稿开展技术审查。

送审稿阶段。编制完成送审稿条文和条文说明，广泛征求铁路勘察设计、施工建造、运营管理、科研高校等单位意见，组织各领域权威专家开展送审稿技术审查。

报批稿阶段。编制完成报批稿条文和条文说明，经审核通过，于2018年11月12日发布，自2019年2月1日起实施。

（五）主要内容

2018年发布的铁路工程施工质量系列验收标准共17项，包括路基、桥梁、隧道、轨道、混凝土、通信、信号、电力、电力牵引供电等铁路主要工程施工质量验收内容。

1.《铁路轨道工程施工质量验收标准》TB 10413—2018

标准基本构架：

本标准共分16章，包括总则、术语、基本规定、原材料及轨道主要部件进场检验、CRTS双块式无砟道床、弹性支承块式无砟道床、长枕埋入式无砟道床、有砟轨道铺轨前铺砟、无缝线路、有缝线路、有砟道岔、钢轨伸缩调节器、轨道结构过渡段、钢轨预打磨、轨道附属设施、单位工程综合质量评定等，另有4个附录。主要分为四大板块：

第一板块：总则。明确标准编制目的、适用范围，铁路轨道工程施工应执行国家法律法规及相关技术标准，建立健全质量保证体系等内容。

第二板块：术语。规定与铁路轨道工程施工质量验收密切相关的术语，如工程施工质量、验收、进场检验、见证检验等。

第三板块：基本规定。明确轨道工程施工质量控制、轨道工程施工质量验收、工程施工质量验收单元划分、工程施工质量验收程序等内容。

第四板块：具体要求。提出原材料进场检验、无砟道床、有砟轨道、有缝线路、无缝线路、有砟道岔、钢轨预打磨等验收要求。

主要修订内容：

（1）调整单位工程划分，与运营管理单位管理单元协调一致。

（2）调整和优化验收单元数量，兼顾不同工程验收单元划分的灵活性。

（3）明确轨道主要材料和部件进场检验方法，建立工厂（场）化制品视同合格品使用的通用性原则。

（4）提出隐蔽工程、关键工序及重要工艺的验收要求。

（5）优化有砟轨道精调整理后道床状态参数检验内容。

（6）优化无缝线路应力放散及锁定作业质量控制内容。

（7）优化道岔铺设检验指标。

（8）明确单位工程综合质量评定内容。

2.《铁路路基工程施工质量验收标准》TB 10414—2018

标准基本构架：

本标准共分15章，包括总则、术语和符号、基本规定、工程材料、地基处理、基床以下路堤、基床表层以下过渡段、路堑、基床、路基支挡工程、路基防护、路基防排水、路基相关工程及设施、变形观测与评估、路基单位工程综合质量等，另有9个附录。主要分为四大板块：

第一板块：总则。明确标准编制目的、适用范围，路基工程施工应执行国家法律法规及相关技术标准，建立健全质量保证体系等内容。

第二板块：术语。规定与路基工程施工质量验收密切相关的术语，如进场检验、见证检验、物理改良土、级配碎石等。

第三板块：基本规定。明确路基工程施工质量控制、质量验收、验收单元划分、质量验收程序等内容。

第四板块：具体要求。提出原材料进场检验，地基处理、基床以下路堤、基床表层以下过渡段、路堑、基床、路基支挡工程、路基防护、路基防排水、路基相关工程及设施等验收要求。明确路基单位工程实体质量和主要功能核查、质量评定，路基工程变形观测与评估一般规定和主控项目要求。

主要修订内容：

（1）补充路基隐蔽工程的检查验收要求，规定路基工程隐蔽工程和重要工序施工影像资料的留存要求。

（2）调整施工质量验收单元划分，并规定施工前施工单位结合工程特点制定分项工程和检验批的划分方案。

（3）明确路基工程施工质量控制、验收内容和要求。

（4）新增强夯置换、钢筋混凝土灌注桩、素混凝土桩、混凝土预制桩、桩帽、托梁（承载板）、筏板结构等内容。

（5）补充岩溶及采空区注浆整治段落处理效果的验收要求。

（6）明确在填筑施工前通过填筑压实工艺性试验确定路基填筑施工控制参数的要求。

（7）完善基床表层以下过渡段质量控制验收内容和要求。

（8）明确过渡段基坑回填、过渡段填筑、混凝土填层、路堤与路堑过渡段填层等验收要求。

(9)新增槽型挡土墙、站场路基的验收要求。

(10)完善锚杆、锚杆注浆的质量检验要求。

(11)补充干砌片石、固沙工程的施工质量检验内容。

(12)补充仰斜排水孔等相关验收内容。

(13)明确路基单位工程综合质量评定、资料核查内容。

3.《铁路桥涵工程施工质量验收标准》TB 10415—2018

标准基本构架:

本标准共分19章,包括总则、术语、基本规定、明挖基础、桩基础、沉井基础、墩台、预应力混凝土简支T梁、预应力混凝土简支箱梁、预应力混凝土连续梁和连续刚构、结合梁、钢桁梁、拱桥、斜拉桥、钢筋混凝土刚构(架)和框架桥、支座、桥梁附属设施、涵洞、桥涵单位工程综合质量评定等,另有5个附录。主要分为四大板块:

第一板块:总则。明确标准编制目的、适用范围,铁路桥涵工程施工应执行国家法律法规及相关技术标准,建立健全质量保证体系等内容。

第二板块:术语。规定与铁路桥涵工程施工质量验收密切相关的术语,如工程施工质量、验收、进场检验、见证检验等。

第三板块:基本规定。明确桥涵工程施工质量控制、桥涵工程施工质量验收、工程施工质量验收单元划分、工程施工质量验收程序等内容。

第四板块:具体要求。提出桥涵基础、墩台、预应力混凝土梁、结合梁、钢桁梁、拱桥、斜拉桥、支座、桥梁附属设施、涵洞等验收要求。

主要修订内容:

(1)突出工程结构安全性、可靠性、耐久性和系统使用功能等方面的质量目标要求,保证铁路安全平稳运营。

(2)优化工程施工质量验收的单元划分、组织程序、实施方法和工作内容。

(3)调整检验项目、质量指标和检验方法,质量检测工作更趋科学、合理、先进、有效。

(4)梳理分析高速铁路桥涵工程施工中的易发质量通病,制定针对性控制措施。

(5)标准进一步突出施工质量验收要求,精简施工操作具体内容。

(6)突出工程施工质量全过程控制,明确进场检验、隐蔽工程和关键工序质量验收的原则要求。

(7)优化原材料、拌和物等质量验收程序。明确原材料(构配件)进场后、混凝土拌和物出场前、混凝土试件龄期满足要求后可统一进行验收。

(8)取消管柱基础、砌体承台、砌体墩台、钢筋混凝土简支梁、斜腿刚构、明桥面等结构的相关内容。

(9)增加单位工程验收时进行质量控制资料核查和工程实体质量和主要功能核查的内容。

(10)补充预应力钢筋混凝土简支箱梁验收内容,按照后张法预制、先张法预制、架桥机架设、支架现浇施工、移动模架现浇施工、移动支架拼装分别进行施工质量验收。

(11)增加支架法现浇混凝土连续梁施工质量验收内容,完善转体法施工混凝土连续梁的验收要求。

(12)补充钢管混凝土拱、劲性骨架拱、钢拱等施工质量验收内容。

(13)增加对柱桩和复杂地质条件下桩基地质条件进行逐桩确认的要求。统一桩身顶端处理工艺,明确混凝土超灌部分采用机械切除。

(14)优化桥梁锥体填筑质量验收要求,明确锥体填筑与路基过渡段填筑同步施工、一并验收。

(15)增加支承垫石分项工程,明确支承垫石顶面高程、中心位置及锚栓孔验收要求。

(16)完善摩阻测试结果使用的规定,明确设计单位根据施工单位提供的现场实测结果对张拉控制力进行确认和调整。

(17)完善钢桁梁验收内容,补充混凝土桥面板和钢桥面板施工质量验收要求。

(18)细化高强度螺栓连接副进场复验内容,明确扭矩系数、螺栓楔负载、螺母保证荷载、螺母硬度、垫圈硬度等项目进场复验的要求。

(19)混凝土刚构(架)分部工程中增加了预应力分项工程,明确预应力原材料、张拉、压浆和封锚等验收要求。

(20)纳入支座砂浆原材料、配合比设计、施工、养护等验收内容。

(21)增加遮板、挡砟墙(防护墙)、电缆槽竖墙、桥梁梁端防水装置、桥梁防落梁挡块、桥面排水设施、防抛网、防异物侵限设施、综合接地等桥梁附属设施验收的内容。

4.《铁路隧道工程施工质量验收标准》TB 10417—2018

标准基本构架：

本标准共分15章，包括总则，术语，基本规定，原材料、构配件和半成品，加固处理，洞口及明洞（棚洞）工程，洞身开挖，支护，衬砌，防水和排水，辅助坑道，附属设施，明挖隧道，盾构（TBM）隧道，隧道单位工程质量综合验收等，另有6个附录。主要分为四大板块：

第一板块：总则。明确标准编制目的、适用范围，铁路隧道工程施工应执行国家法律法规及相关技术标准，建立健全质量保证体系等内容。

第二板块：术语。规定与铁路隧道工程施工质量验收密切相关的术语，如工程施工质量、验收、进场检验、见证检验等。

第三板块：基本规定。明确隧道工程施工质量控制、隧道工程施工质量验收、工程施工质量验收单元划分、工程施工质量验收程序等内容。

第四板块：具体要求。提出原材料和半成品、加固处理、明洞工程、支护、衬砌、防水排水、隧道等验收要求。

主要修订内容：

（1）明确铁路隧道施工应用新技术、新工艺、新材料、新设备的验收要求，增加环保、水保工程与主体工程同时设计、同时施工和同时验收的要求。

（2）调整检验批、分项、分部、单位工程的划分原则和规模，增加明挖隧道、盾构（TBM）隧道按单位工程进行验收，原材料、构配件和半成品的检验不纳入检验批；增加隐蔽工程及重要工序检查留存影像资料要求；明确检验批中一般项目的检验合格条件。

（3）新增“原材料、构配件和半成品”章节，对原材料和构配件的进场验收统一管理，提出了验收频次要求。明确工厂化生产的半成品和构配件质量验收要求，规定信息化追踪管理相关内容。

（4）新增“加固处理”章节，包括地表注浆、隧底加固桩验收内容。

（5）强调洞口加固防护措施的验收要求，突出了对洞门结构、洞口防排水等工程实体的验收。

（6）调整洞身开挖验收内容，突出开挖成形断面的验收要求，强调对隧道洞周岩溶等不良地质情况探测的验收要求。

（7）增加水平旋喷桩验收内容，规定支护结构实体的验收要求，优化锚杆、钢筋网、钢架等的验收内容，调整喷射混凝土的检验数量和方法。

（8）调整“衬砌”章节验收单元，按衬砌部位进行划分，强调衬砌实体工程的断面、强度、耐久性、密实度的质量验收。

(9)增加检查井、保温排水沟、泄水洞、隧底排水沟等相关内容的验收要求，强调防水板搭接、焊接等环节的检验内容。

(10)强调辅助坑道口封闭和与正洞交叉口的验收，调整辅助坑道开挖验收频次。

(11)增加疏散救援设施、附属洞室、综合接地验收内容，规定综合接地体及弃渣场容量、防污染、绿化和复垦的验收内容。

(12)增加“明挖隧道”章节，包括地下连续墙、钻孔灌注桩、钢筋混凝土支撑、钢支撑、基坑开挖、桩间网喷混凝土、土钉墙、锚杆(索)、地基处理、混凝土垫层、衬砌结构、防排水和基坑回填等验收内容。

(13)增加“盾构(TBM)隧道”章节，包括始发、接收洞(井)，管片预制，管片安装，同步注浆，二次注浆，豆砾石填充及注浆，管片防水等验收内容。

(14)调整单位工程质量综合验收内容，优化核查方法和数量。

5.《铁路通信工程施工质量验收标准》TB 10418—2018

标准基本构架：

本标准共分为21章，包括总则、术语和缩略语、基本规定、室内设备、通信线路、传输、接入网、电话交换、数据通信网、有线调度通信、移动通信、会议电视、电报、综合视频监控、专用应急通信、时钟同步、时间同步、综合布线、电源设备、电源及设备房屋环境监控、综合网络管理等，另有5个附录。主要分为四大板块：

第一板块：总则。明确标准编制目的、适用范围，工程设计文件和合同文件的施工质量要求，室外设备安装位置和方式要求，验收手段、检测方法、检测数据等基本要求。

第二板块：术语和缩略语。将原标准缩略语收入《铁路工程基本术语标准》GB/T 50262，其他相关术语指向相关标准。规定与铁路通信工程施工质量验收密切相关的缩略语，如鉴权中心缩写为AuC、基站收发信机缩写为BTS、域名服务器缩写为DNS等。

第三板块：基本规定。明确通信工程开工前质量管理检查，施工所需材料，构配件和设备施工质量验收，施工质量验收单元划分，施工质量验收内容、要求、程序和组织等基本内容。

第四板块：具体要求。以单位工程进行章节划分，提出包括室内设备、通信线路、传输、接入网、电话交换、数据通信网、有线调度通信、移动通信、会议电视、电报、综合视频监控等验收要求。

主要修订内容：

(1)规定通信各子系统室内设备进场检验、安装、布线及配线、管槽安装、防雷及接地的通用要求。

(2)提出光电缆进场检测的项目及性能、敷设方式、防护间距、埋深、接地等要求,增加光缆监测系统验收要求。

(3)规定传输设备安装和配线、单机检验、系统检验和网管检验的要求。

(4)规定接入网设备安装和配线、单机检验、系统检验和网管检验的要求,增加无源光网络(PON)的验收内容。

(5)增加数字程控交换和基于 IP 的电话交换的呼叫保持率、呼叫接通率、检验数量、检验方法相关验收要求。

(6)增加路由器、交换机等数据网络设备,以及数据网系统和网管的验收要求。

(7)增加跨交换机调度业务功能、与 GSM-R 系统间互联互通功能等验收要求。

(8)规定 GSM-R 数字移动通信设备安装、无线通信杆塔、核心网、无线子系统、无线终端、系统服务质量等的验收要求。

(9)规定会议电视设备安装和配线、单机检验、系统检验和网管检验等。

(10)规定电报设备安装和配线、单机检验、系统检验有关性能、功能等检验要求。

(11)规定综合视频监控设备安装和配线、单机检验、系统检验和网管检验的要求。

(12)规定应急通信中心设备检验、应急现场接入设备检验、专用应急通信系统检验,以及隧道应急电话检验的要求。

(13)规定时钟同步设备安装和配线、单机检验、系统检验和网管检验的要求。

(14)规定时间同步设备安装和配线、单机检验、系统检验和网管检验的要求。

(15)规定综合布线设备安装、管槽安装、缆线布放,以及布线系统检验的要求。

(16)规定电源设备安装和配线、电源设备检验的主要检测内容、功能性能及检测方法等要求。

(17)规定电源及设备房屋环境监控设备安装和配线、单机检验、系统检验和网管检验的要求。

（18）规定综合网络管理设备安装和配线、单机检验和系统检验的检测内容、功能性能及检测方法等要求。

6.《铁路信号工程施工质量验收标准》TB 10419—2018

标准基本构架：

本标准共分为21章，包括总则、术语和缩略语、基本规定、室内设备、光电缆线路、地面固定信号、轨道占用检查装置、道岔转辙装置、道岔融雪装置、应答器及室外地面电子单元（LEU）、车载信号的地面检测设备、道口信号设备、无线调车机车信号和监控（STP）系统、驼峰信号、电源设备检验、计算机联锁（CBI）系统检验、列车运行控制系统（CTCS）检验、列车调度指挥系统（TDCS）/调度集中（CTC）系统检验、信号监测系统检验、动车段（所）控制集中系统检验、闭塞检验等，另有6个附录。主要分为四大板块：

第一板块：总则。明确标准编制目的、适用范围，工程设计文件和合同文件的施工质量要求，室外设备安装位置和方式要求，验收手段、检测方法、检测数据等基本要求。

第二板块：术语和缩略语。将原标准缩略语收入《铁路工程基本术语标准》GB/T 50262，其他相关术语指向相关标准。规定与铁路信号工程施工质量验收密切相关的缩略语，如计算机联锁缩写为CBI、调度集中缩写为CTC、中国列车运行控制系统缩写为CTCS等。

第三板块：基本规定。明确信号工程开工前质量管理检查，施工所需材料，构配件和设备施工质量验收，施工质量验收单元划分，施工质量验收内容、要求、程序和组织等基本内容。

第四板块：具体要求。以铁路信号工程分部工程及单位工程进行章节划分，提出光电缆线路、地面固定信号、轨道占用检查装置、道岔转辙装置、计算机联锁（CBI）系统检验等验收要求。

主要修订内容：

（1）细化室内电缆引入接地、电源防雷接地、传输通道防雷接地、安全保护接地的验收内容。

（2）增加光缆敷设及防护验收内容，细化不同地形下的箱盒安装检验、接续及引入等内容。

（3）增加发车线路表示器及进路表示器的验收内容，细化不同地形下的信号机、信号标志牌安装检验的内容。

(4)补充轨道占用检查装置的施工质量验收关于轨道电路室外设备的扼流变压器的验收标准。

(5)增加外锁闭装置、密贴检查器、道岔缺口监测装置的安装及验收相关内容。

(6)明确道岔融雪装置进场检验,道岔融雪设备安装及配线等的验收标准及道岔融雪装置单项检验内容。

(7)增加应答器及室外地面电子单元进场检验,应答器、室外地面电子单元等的验收标准及应答器单项检验内容。

(8)补充车载信号的地面测试设备进场检验,车载信号的地面测试设备箱及测试环线等的验收标准。

(9)增加道口信号设备进场检验,道口信号设备安装的验收标准及道口信号设备检验要求。

(10)明确无线调车机车信号和监控系统进场、监控系统设备安装及监控系统设备检验要求。

7.《铁路电力工程施工质量验收标准》TB 10420—2018

标准基本构架:

本标准共分 14 章,包括总则,术语,基本规定,基础、构支架及遮栏、栅栏,电气装置,电缆电线,35 kV 及以下架空电力线路,低压配电,电气照明,电力远动系统,柴油发电机组,光伏发电系统,机电设备监控系统,防雷与接地等,另有 9 个附录。主要分为四大板块:

第一板块:总则。明确标准编制目的、适用范围,统一铁路电力工程施工质量验收标准,完善电力工程施工检测手段和方法,满足国家及行业现行有关标准的要求。

第二板块:术语。规定《铁路工程基本术语标准》GB/T 50262、《建筑工程施工质量验收统一标准》GB 50300、《铁路电力设计规范》TB 10008 等标准相关术语内容适用于本标准。

第三板块:基本规定。规定铁路电力工程施工现场应具备的条件,施工和监理单位在进行施工现场质量控制的内容要求和组织流程。

第四板块:具体要求。提出电力工程施工基础、电气装置、电缆电线、35 kV 及以下架空电力线路、低压配电、电力远动系统、柴油发电机组、防雷与接地等验收要求。

主要修订内容：

（1）调整范围适用于新建和改建设计速度为200 km/h及以下铁路电力工程施工质量的验收。

（2）强化隐蔽工程质量控制，增加影像资料留存要求。

（3）调整铁路电力工程施工质量验收的单位工程、分部工程、分项工程和检验批的划分。

（4）优化验收项目，简化内业资料填写要求，调整检验批要求。

（5）增加商品混凝土验收要求内容，现场搅拌混凝土基础原材料验收由原《铁路混凝土工程施工质量验收标准》TB 10424 改为采用《混凝土结构工程施工质量验收规范》GB 50204。

（6）增加户外高压开关箱（柜）、安全监控系统、远动终端设备及通信管理机验收内容。

（7）增加电缆进场验收抽样进行20 ℃导体直流电阻试验、主绝缘耐压试验、绝缘层平均厚度试验，无卤低烟类电缆应抽样进行绝缘燃烧腐蚀性及透光率试验，阻燃类电缆应抽样进行成束燃烧试验，耐火类电缆应抽样进行电缆在火焰条件下保持线缆完整性试验的内容。

（8）增加电缆检测及电缆敷设隐蔽前拍摄影像资料要求。

（9）增加基坑开挖深度、拉线底盘、卡盘埋设拍摄影像资料及钢管杆、预绞丝金具、绝缘线、护线条相关验收内容。

（10）增加UPS不间断电源装置及EPS应急电源装置验收内容。

（11）增加灯桥验收相关内容。

（12）增加并列或并网运行联锁功能验收要求。

（13）增加光伏应急电源与常用电源之间防止并列运行的验收要求。

（14）增加接地网制作、接地体焊接、综合地线连接拍摄影像资料要求。

8.《铁路电力牵引供电工程施工质量验收标准》TB 10421—2018

标准基本构架：

本标准共分6章，包括总则、术语、基本规定、牵引变电所、接触网、供电调度及远动系统等，另有6个附录。主要分为四大板块：

第一板块：总则。明确标准编制目的、适用范围，统一铁路电力牵引供电工程施工质量验收标准，满足国家及行业现行有关标准的要求等内容。

第二板块：术语。规定《铁路工程基本术语标准》GB/T 50262、《建筑工程施工质量验收统一标准》GB 50300、《铁路电力牵引供电设计规范》TB 10009 等标准相关术语内容适用于本标准。

第三板块:基本规定。规定电力牵引供电工程施工现场应具备的条件,施工和监理单位在进行施工现场质量控制的内容要求和组织流程。

第四板块:具体要求。提出牵引变电所、接触网、供电调度及远动系统等验收要求。

主要修订内容:

(1)修订标准范围适用于设计时速 200 km 及以下铁路电力牵引供电工程施工质量的验收。

(2)强化隐蔽工程质量控制,增加影像资料留存要求。

(3)调整铁路电力牵引供电工程的单位工程、分部工程、分项工程和检验批的划分;优化验收项目,简化内业资料填写要求。

(5)调整检验批要求,增强标准科学性和可操作性。

(6)增加牵引变电所箱式分区所和箱式开闭所、信息采集系统、SF_6气体在线监测报警系统、电能质量监测系统、避雷器动作计数器的验收内容。

(7)补充化学锚栓、工厂化预配、隔离开关操作机构箱及避雷器动作计数器等验收内容。

(8)突出工程结构安全性、可靠性、系统使用功能和易发质量通病等方面的质量控制要求,制定针对性控制措施,保证铁路安全平稳运营。

(9)突出关键工序、隐蔽工程控制,增加基础制作、电缆敷设保护、电缆附件制作与安装、接地网等关键工序拍摄照片、录制影像的要求。

(10)规定接触网设备、配件及高压电力电缆进厂检验方法和抽检规定。

9.《铁路混凝土工程施工质量验收标准》TB 10424—2018

标准基本构架:

本标准共分 10 章,包括总则、术语和符号、基本规定、模板及支(拱)架分项工程、钢筋分项工程、混凝土分项工程、预应力分项工程、砌体分项工程、特殊混凝土、混凝土实体质量核查等,另有 12 个附录。主要分为四大板块:

第一板块:总则。明确标准编制目的、适用范围,混凝土工程施工应执行国家法律法规及相关技术标准,建立健全质量保证体系等内容。

第二板块:术语。规定与混凝土工程施工质量验收密切相关的术语,如胶凝材料、电通量、抗冻等级、碱活性骨料等。

第三板块：基本规定。明确混凝土工程施工质量控制验收一般规定、施工质量验收单元划分、验收内容和要求、验收程序和组织等内容。

第四板块：具体要求。提出模板及支（拱）架分项工程、钢筋分项工程、混凝土分项工程、预应力分项工程、砌体分项工程、特殊混凝土、混凝土实体质量核查等验收要求。

主要修订内容：

（1）优化工程施工质量验收的单元划分、组织程序、实施方法和工作内容。

（2）调整检验项目、质量指标和检验方法，质量检测工作更趋科学、合理、先进、有效。

（3）分析混凝土工程施工中的易发质量通病，制定针对性控制措施。

（4）突出施工质量全过程控制、质量验收要求，精简施工操作具体内容。

（5）明确进场检验、隐蔽工程和关键工序质量验收的原则要求。

（6）明确隐蔽工程验收检查应留存影像资料和完整的质量检验记录。

（7）明确抽样检验、试验数量调整的相关规定，对来源稳定的合格产品或同一抽样对象已有检验成果等情况可以减少抽样检验、试验数量。

（8）明确原材料（构配件）进场后、混凝土拌和物出场前、混凝土试件龄期满足要求后可统一进行验收。

（9）完善粉煤灰、硅灰、减水剂和引气剂的验收项目和技术要求。

（10）增加石灰石粉、降黏剂、增黏剂、膨胀剂和内养护剂的验收内容。

（11）增加小型预制构件验收的相关内容，明确小型预制构件尺寸允许偏差、外观质量等项目的检验数量和方法。

10.《高速铁路路基工程施工质量验收标准》TB 10751—2018

标准基本构架：

本标准共分 15 章，包括总则、术语和符号、基本规定、工程材料、地基处理、基床以下路堤、基床表层以下过渡段、路堑、基床、路基支挡工程、路基边坡防护、路基防排水、路基相关工程及设施、变形观测、路基单位工程质量综合验收等，另有 3 个附录。主要分为四大板块：

第一板块：总则。明确标准编制目的、适用范围，高速铁路路基施工应执行国家法律法规及相关技术标准，建立健全质量保证体系等内容。

第二板块：术语。规定与高速铁路路基工程施工质量验收密切相关的术语，如站场路基、细粒含量、化学改良土等。

第三板块:基本规定。明确高速铁路路基工程施工质量控制验收一般规定、施工质量验收单元划分、验收内容、验收程序和组织等内容和要求。

第四板块:具体要求。提出地基处理、基床以下路堤、基床表层以下过渡段、路堑、基床、路基支挡工程、路基边坡防护、路基防排水、路基相关工程及设施等验收要求。明确路基工程变形观测与评估、单位工程综合质量验收一般规定和主控项目要求。

主要修订内容:

(1)明确高速铁路路基工程施工质量的控制、检验和验收。

(2)规定路基工程隐蔽工程和重要工序施工影像资料的留存要求。

(3)补充站场路基填筑、工程材料、路堑坡体排水、防风沙设施、防雪害设施等验收单元。

(4)规定路基施工全部进场材料的质量验收要求。

(5)完善桩基施工的工艺性试验相关要求。

(6)完善真空预压、堆载预压的卸载技术条件。

(7)完善岩溶及采空区注浆整治段落处理效果的验收要求。

(8)增加按过渡段设计的短路基级配碎石填料和压实质量验收内容。

(9)完善化学改良土混合料的块料粒径控制技术条件。

(10)补充按过渡段设计的短路基、堤堑连接处、半挖半填路基的检验规定。

(11)补充槽型挡土墙的验收要求,完善锚杆、锚索注浆质量检验要求。

(12)补充空心砖内客土植生防护、喷混植生、植生袋、生态袋、植被毯的质量验收内容。

(13)补充孔窗式护墙(坡)和柔性防护网的质量验收要求。

(14)增加边坡支撑渗沟防护、路堑坡体排水的仰斜孔和引水管、排水管及防冻胀出水口保温防护等工程质量验收内容和规定。

(15)补充防风防沙设施和防雪害设施的验收要求。

(16)明确变形观测实施前应制定线下工程沉降变形观测实施方案及评估细则。

11.《高速铁路桥涵工程施工质量验收标准》TB 10752—2018

标准基本构架:

本标准共分20章,包括总则、术语、基本规定、明挖基础、桩基础、沉井基础、墩台、预应力混凝土简支箱梁、预应力混凝土简支T梁、预应力混凝土连续梁和连续刚构、结合梁、钢桁梁、拱桥、斜拉桥、钢筋混凝土刚构（架）和框架桥、支座、桥梁附属设施、涵洞、沉降变形观测、桥涵单位工程综合质量评定等，另有5个附录。主要分为四大板块：

第一板块：总则。明确标准编制目的、适用范围，高速铁路桥涵工程施工应执行国家法律法规及相关技术标准，建立健全质量保证体系等内容。

第二板块：术语。规定与高速铁路桥涵工程施工质量验收密切相关的术语，如工程施工质量、验收、进场检验、见证检验等。

第三板块：基本规定。明确高速铁路桥涵工程施工质量控制、高速铁路桥涵工程施工质量验收、工程施工质量验收单元划分、工程施工质量验收程序等内容。

第四板块：具体要求。提出高速铁路桥涵基础、墩台、预应力混凝土梁、结合梁、钢桁梁、拱桥、斜拉桥、支座、桥梁附属设施、涵洞、沉降变形监测等验收要求。

主要修订内容：

（1）突出工程结构安全性、可靠性、耐久性和系统使用功能等方面的质量目标要求，保证铁路安全平稳运营。

（2）优化工程施工质量验收的单元划分、组织程序、实施方法和工作内容。

（3）调整检验项目、质量指标和检验方法，质量检测工作更趋科学、合理、先进、有效。

（4）梳理分析高速铁路桥涵工程施工中的易发质量通病，制定针对性控制措施。

（5）进一步突出施工质量验收要求，精简施工操作具体内容。

（6）突出工程施工质量全过程控制，明确进场检验、隐蔽工程和关键工序质量验收的原则要求。

（7）优化原材料、拌和物等质量验收程序。明确原材料（构配件）进场后、混凝土拌和物出场前、混凝土试件龄期满足要求后可统一进行验收。

（8）增加浮式沉井、支承垫石、先张法预应力混凝土简支T梁预制、劲性骨架拱、钢筋混凝土拱桥、框架桥等分部工程，明确相关验收要求。

（9）增加对柱桩和复杂地质条件下桩基地质条件进行逐桩确认的要求。统一桩身顶端处理工艺，明确混凝土超灌部分采用机械切除。

（10）优化桥梁锥体填筑质量验收要求，明确锥体填筑与路基过渡段填筑同步施工、一并验收。

（11）完善摩阻测试结果使用的规定，明确设计单位根据施工单位提供的现场实测结果对张拉控制力进行确认和调整。

(12)增加转体系统分项工程。明确球铰、转盘、滑道、牵引系统等项目的安装质量要求。

(13)细化高强度螺栓连接副进场复验内容,明确扭矩系数、螺栓楔负载、螺母保证荷载、螺母硬度、垫圈硬度等项目进场复验的要求。

(14)提出支座砂浆原材料、配合比设计、施工、养护等验收内容。

(15)增加人行步板、防抛网、防异物侵限设施、综合接地和桥下防护栅栏等验收要求。

12.《高速铁路隧道工程施工质量验收标准》TB 10753—2018

标准基本构架:

本标准共分15章,包括总则,术语,基本规定,原材料、构配件和半成品,加固处理,洞口、明洞(棚洞)及缓冲结构,洞身开挖,支护,衬砌,防水和排水,辅助坑道,附属设施,明挖工程,盾构(TBM)隧道工程,隧道单位工程质量综合验收等,另有6个附录。主要分为四大板块:

第一板块:总则。明确标准编制目的、适用范围,高速铁路隧道工程施工应执行国家法律法规及相关技术标准,建立健全质量保证体系等内容。

第二板块:术语。规定与高速铁路隧道工程施工质量验收密切相关的术语,如工程施工质量、验收、进场检验、见证检验等。

第三板块:基本规定。明确高速铁路隧道工程施工质量控制、高速铁路隧道工程施工质量验收、工程施工质量验收单元划分、工程施工质量验收程序等内容。

第四板块:具体要求。提出原材料和半成品、加固处理、明洞工程、支护、衬砌、防水排水、隧道等验收要求。

主要修订内容:

(1)明确高速铁路隧道施工应用新技术、新工艺、新材料、新设备的验收要求,增加环保、水保工程与主体工程同时设计、同时施工和同时验收的要求。

(2)调整检验批、分项、分部、单位工程的划分原则和规模,增加明挖工程、盾构(TBM)隧道工程按单位工程进行验收,增加隐蔽工程检查影像记录等要求,明确检验批一般项目的检验合格条件。

(3)提出对原材料和构配件进场检验统一管理,提出验收频次要求,明确工厂化生产的半成品和构配件质量验收要求,规定信息化追踪管理相关内容。

(4)优化调整地表注浆、洞内预注浆、井点降水及其他加固措施的施工质量验收要求。

(5)强调洞口加固防护措施的验收要求,突出对洞门结构、洞口防排水等工程实体的验收。

(6)调整洞身开挖验收内容,突出开挖成型断面的验收要求,强化对隧道周边岩溶、断层等不良地质情况探测要求。

(7)规定支护结构实体的验收要求,优化锚杆、钢筋网、钢架等的验收内容,调整喷射混凝土的检验数量和方法。

(8)调整衬砌验收单元按衬砌部位进行划分,加强衬砌实体工程的断面、强度、耐久性、密实度的质量验收,吸纳先进的隧道结构尺寸验收检测手段。

(9)增加泄水洞功能的验收要求,规定注浆效果验收指标,加强易形成质量缺陷环节的检验方法和数量。

(10)调整辅助坑道验收频次,增加明挖工程验收要求。

(11)增加消防水池、防护门的验收要求,规定弃渣场的位置、容量、绿化、复垦及防污染的验收内容。

(12)增加明挖工程验收要求,包括地下连续墙、钻孔灌注桩、钢筋混凝土支撑、钢支撑、基坑开挖、桩间网喷混凝土、土钉墙、锚杆(索)、地基处理、混凝土垫层、衬砌结构、防排水和基坑回填等内容。

(13)合并盾构和 TBM 掘进机章节,将管片验收纳入半成品验收内容。

(14)调整单位工程综合质量验收内容,优化核查方法及数量。

13.《高速铁路轨道工程施工质量验收标准》TB 10754—2018

标准基本构架:

本标准共分 16 章,包括总则、术语、基本规定、原材料及轨道主要部件进场验收、CRTS Ⅰ 型板式无砟道床、CRTS Ⅱ 型板式无砟道床、CRTS Ⅲ 型板式无砟道床、CRTS 型双块式无砟道床、道岔区轨枕埋入式无砟轨道、道岔区板式无砟轨道、有砟道床、有砟道岔、钢轨伸缩调节器、轨道结构过渡段、线间及两侧封闭层、无缝线路、轨道精调整理、钢轨预打磨、线路标志及标记、单位工程综合质量评定等,另有 4 个附录。主要分为四大板块:

第一板块:总则。明确标准编制目的、适用范围,高速铁路轨道工程施工应执行国家法律法规及相关技术标准,建立健全质量保证体系等内容。

第二板块:术语。规定与高速铁路轨道工程施工质量验收密切相关的术语,如工程施工质量、验收、进场验收、检验等。

第三板块:基本规定。明确高速铁路轨道工程施工质量控制、轨道工程施工质量验收、工程施工质量验收单元划分、工程施工质量验收程序等内容。

第四板块:具体要求。提出原材料及轨道主要部件进场验收,CRTSⅠ型、Ⅱ型、Ⅲ型板式无砟道床,CRTS型双块式无砟道床,道岔区轨枕埋入式无砟轨道,道岔区板式无砟轨道等验收要求。

主要修订内容:

(1)增加具有自主知识产权的CRTSⅢ型板式无砟轨道工程施工质量验收相关内容。

(2)增加CRTS型双块式无砟轨道轨排框架法施工工艺相关质量验收内容。

(3)调整优化验收单元,突出结构实体工程、隐蔽工程和关键工序施工质量的验收。

(4)调整检验项目、质量指标和检验方法。

(5)梳理分析轨道工程施工中的易发质量通病,制定针对性控制措施。

(6)补充轨道施工中防排水的技术要求。

(7)补充CRTSⅢ型板式无砟轨道等相关术语解释。

(8)补充轨道施工与信号系统及综合接地系统等接口的相关要求。

(9)补充底座伸缩缝宽度、底座两侧排水坡的技术要求和伸缩缝填缝的技术要求。

(10)补充支承层实体质量相关技术指标检验要求。

(11)补充"轨排框架法"组装及调整轨排工艺相关内容。

(12)明确底座及限位凹槽、隔离层及弹性缓冲垫层、道岔板铺设、自密实混凝土层、道岔钢轨件安装、道岔钢轨焊接等的质量标准、检验项目和检验方法。

(13)明确封闭层及伸缩缝外观质量及外形尺寸允许偏差等的检验项目、检验数量、检验方法和标准要求。

(14)明确无砟轨道和有砟轨道精调整理、道岔精调整理的检验项目、检验数量、检验方法和标准要求。

14.《高速铁路通信工程施工质量验收标准》TB 10755—2018

标准基本构架:

本标准共分为21章,包括总则、术语和缩略语、基本规定、室内设备、通信线路、传输、接入网、电话交换、数据通信网、有线调度通信、移动通信、会议电视、电报、综合视频监控、专用应急通信、时钟同步、时间同步、综合布线、电源设备、电源及设备房屋环境监控、综合网络管理等，另有5个附录。主要分为四大板块：

第一板块：总则。明确标准编制目的、适用范围、工程设计文件和合同文件的施工质量要求、室外设备安装位置和方式要求、验收手段、检测方法、检测数据等基本要求。

第二板块：术语和缩略语。将原标准缩略语收入《铁路工程基本术语标准》GB/T 50262，其他相关术语指向相关标准。规定与铁路通信工程施工质量验收密切相关的缩略语，如鉴权中心缩写为AuC、基站收发信机缩写为BTS、域名服务器缩写为DNS等。

第三板块：基本规定。明确通信工程开工前质量管理检查，施工所需材料，构配件和设备施工质量验收，施工质量验收单元划分，施工质量验收内容、要求、程序和组织等基本内容。

第四板块：具体要求。以单位工程进行章节划分，提出包括室内设备、通信线路、传输、接入网、电话交换、数据通信网、有线调度通信、移动通信、会议电视、电报、综合视频监控等验收要求。

主要修订内容：

（1）细化光电缆进场检验、敷设、间距、埋深、连续、引入及防护等验收要求。

（2）增加OTN光接口性能、设备抖动、合波分波器性能、光放大器性能等有关验收要求。

（3）补充以太网方式的无源光网络（EPON）、吉比特的无源光网络（GPON）等验收要求。

（4）增加基于IP的电话交换网功能、系统性能、冗余配置及倒换功能的验收要求。

（5）增加网络安全配置和功能应符合网络自身安全、入侵防范、网络管理安全、网络安全审计、安全运行管理等要求。

（6）增加有线调度通信系统的主备用调度交换机倒换时间等验收要求。

（7）增加多点控制单元、网守、会议电视终端等设备的单机验收要求。

（8）规定电报网设备安装和配线、单机检验、系统检验相关功能和性能等要求。

（9）增加综合视频监控云台设备的水平、垂直转动角度单机验收要求。

（10）增加隧道应急电话进场检验、安装、布线及配线、防雷及接地、安装位置及安装方式验收要求。

（11）增加时钟同步网设备安装和配线、设备单机检验、网系统、网管检验等要求。

(12)明确交、直流配电设备,高频开关电源设备功能性能验收要求。

(13)提出监控系统设备安装和配线、监控系统设备单机检验、监控系统检验等要求。

(14)明确综合网管设备安装和配线、综合网管单机检验和综合网管系统检验要求,增加服务器、存储设备等单机检验要求。

15.《高速铁路信号工程施工质量验收标准》TB 10756—2018

标准基本构架:

本标准共分为17章,包括总则、术语和缩略语、基本规定、室内设备、光电缆线路、地面固定信号、轨道占用检查装置、道岔转辙装置、道岔融雪装置、应答器及室外地面电子单元、车载信号的地面检测设备、电源设备检验、计算机联锁(CBI)系统检验、列车运行控制系统(CTCS)检验、调度集中(CTC)系统检验、信号监测系统检验、动车段(所)控制集中系统检验等,另有6个附录。主要分为四大板块:

第一板块:总则。明确标准编制目的、适用范围,提出施工质量应满足工程设计文件和合同文件的要求,室外设备安装位置和方式、验收手段、检测方法、检测数据等基本要求。

第二板块:术语和缩略语。将原标准缩略语收入《铁路工程基本术语标准》GB/T 50262,其他相关术语指向相关标准。规定与铁路信号工程施工质量验收密切相关的缩略语,如计算机联锁缩写为CBI、调度集中缩写为CTC、中国列车运行控制系统缩写为CTCS等。

第三板块:基本规定。明确信号工程开工前质量管理检查,施工所需材料,构配件和设备施工质量验收,施工质量验收单元划分,施工质量验收内容、要求、程序和组织等基本内容。

第四板块:具体要求。以铁路信号工程分部工程及单位工程进行章节划分,提出光室内设备、光电缆线路、地面固定信号、轨道占用检查装置、道岔转辙装置、计算机联锁(CBI)系统检验等验收要求。

主要修订内容:

(1)细化室内电缆引入接地、电源防雷接地、传输通道防雷接地、安全保护接地的验收内容。

(2)增加光缆敷设及防护验收内容,细化不同地形下的箱盒安装检验内容。

(3)增加进路表示器、信号机接地验收内容,细化不同地形下的信号机、信号标志牌安装检验的内容。

(4)细化不同地形下的 ZPW-2000 轨道电路、25 Hz、高压脉冲轨道电路的安装检验的内容。

(5)增加钢轨伸缩调节器处连接线、轮对踏面诊断处连接线、轨道电路防雷接地验收内容。

(6)增加道岔缺口监测装置进场检验、安装及配线要求，明确道岔转辙装置单项检验、道岔缺口监测设备的验收内容。

(7)细化道岔融雪设备室外电气控制柜、隔离变压器、电加热元件、轨温传感器、气象站等验收内容，增加电气控制柜配线、接地设备验收内容。

(8)增加电子单元设备箱配线、接地设备及应答器单项验收内容。细化了不同地形下的应答器、室外电子单元安装检验的内容。

(9)规定动车段(所)控制集中系统功能检验、动车段(所)控制集中系统接口检验内容。

16.《高速铁路电力工程施工质量验收标准》TB 10757—2018

标准基本构架：

本标准共分 14 章，主要内容包括总则，术语，基本规定，基础、构支架及遮栏、栅栏，电气装置，电缆线路，35 kV 及以下架空电力线路，低压配电，电气照明，电力远动系统，柴油发电机组，光伏发电系统，机电设备监控系统，防雷与接地等，另有 9 个附录。主要分为四大板块：

第一板块：总则。明确标准编制目的、适用范围，统一高速铁路电力工程施工质量验收标准，满足国家及行业现行有关标准的规定等内容。

第二板块：术语。规定《铁路工程基本术语标准》GB/T 50262、《建筑工程施工质量验收统一标准》GB 50300、《铁路电力设计规范》TB 10008 等标准相关术语内容适用于本标准。

第三板块：基本规定。规定高速铁路电力工程施工现场应具备的条件，施工和监理单位在进行施工现场质量控制的内容要求和组织流程。

第四板块：具体要求。提出基础、构支架及遮栏、栅栏，电气装置，电缆线路，35 kV 及以下架空电力线路，低压配电，电气照明，电力远动系统，柴油发电机组，防雷与接地等验收要求。

主要修订内容：

(1)修订标准范围适用于高速铁路电力工程施工质量的验收。

(2)调整高速铁路电力工程施工质量验收的单位工程、分部工程、分项工程和检验批的划分。

(3)增加基础、构支架及遮拦使用商品混凝土验收要求内容,现场搅拌混凝土基础原材料验收由原《铁路混凝土工程施工质量验收标准》TB 10424 改为采用《混凝土结构工程施工质量验收规范》GB 50204。

(4)增加安全警示标识验收内容。

(5)增加进场验收委托有资质的检验检测机构进行抽样检验的要求。

(6)增加户外高压开关箱、安全监控系统、远动终端设备及通信管理机验收内容。

(7)增加箱式变电站及箱式电抗器涉及的排水、栅栏安装等相关验收内容。

(8)增加封闭式母线验收内容。

(9)增加电线进场验收委托有资质的检验检测机构进行抽样检验的要求。

(10)增加基坑开挖深度、杆塔基础形式、拉线底盘、卡盘埋设拍摄影像资料及钢管杆、预绞丝金具、绝缘线、护线条、警示标识等相关验收内容。

(11)增加 UPS 不间断电源装置及 EPS 应急电源装置验收内容。

(12)增加灯桥验收相关内容。

(13)增加并列或并网运行联锁功能验收要求。

(14)增加光伏应急电源与常用电源之间防止并列运行的验收要求。

(15)增加接地网制作、接地体焊接、综合地线连接拍摄影像资料要求。

17.《高速铁路电力牵引供电工程施工质量验收标准》TB 10758—2018

标准基本构架:

本标准共分 6 章,主要内容包括总则、术语、基本规定、牵引变电所、接触网、供电调度系统等,另有 7 个附录。主要分为四大板块:

第一板块:总则。明确标准编制目的、适用范围,统一高速铁路电力牵引供电工程施工质量验收要求,满足国家及行业现行有关标准的要求等内容。

第二板块:术语。规定《铁路工程基本术语标准》GB/T 50262、《建筑工程施工质量验收统一标准》GB 50300、《铁路电力牵引供电设计规范》TB 10009 等标准相关术语内容适用于本标准。

第三板块:基本规定。规定高速铁路电力牵引供电工程施工现场应具备的条件,施工和监理单位在进行施工现场质量控制的内容要求和组织流程。

第四板块:具体要求。提出牵引变电所、接触网质量、供电调度系统等验收要求。

主要修订内容：

(1)修改范围适用于高速铁路电力牵引供电工程施工质量的验收。

(2)调整高速铁路电力牵引供电工程的单位工程、分部工程、分项工程和检验批的划分;优化验收项目,简化内业资料填写要求,调整检验批要求。

(3)加强牵引变电所材料进场检验的质量抽查及检验检测,增加电缆进场检验抽样检验的内容。

(4)调整牵引变电所工程施工质量验收分部工程、分项工程的划分。

(5)新增箱式分区所、箱式开闭所、箱式 AT 所分部工程。

(6)突出关键工序的施工质量控制,增加基础、电缆头的制作与安装、接地网和保护管槽(埋深)拍摄影像资料的内容。

(7)加强接触网材料设备进场检验的质量抽查及检测检验。明确电缆、接触网零部件、接触线及承力索、绝缘器材等进场检验的质量抽查及检测检验。

(8)调整接触网工程施工质量验收分部工程、分项工程的划分。

(9)规定接触网腕臂结构、吊弦等工厂化预装配半成品的检测方式和验收内容。

(10)修改隧道后置化学锚栓锚固抗拔力检验原则,突出工程结构安全性、可靠性、系统使用功能等方面的质量控制要求,制定针对性控制措施,保证高速铁路安全平稳运营。

第四节　管 理 标 准

二十、《铁路建设项目预可行性研究、可行性研究和设计文件编制办法》TB 10504—2018

国家铁路局发布铁道行业《铁路建设项目预可行性研究、可行性研究和设计文件编制办法》TB 10504—2018,自 2019 年 1 月 1 日起实施。编制办法的发布实施对提高铁路勘察设计质量和水平、加强铁路建设安全质量、提升铁路服务品质、促进铁路高质量发展具有十分重要的意义。2018 年 12 月 10 日国家铁路局有关负责人就相关问题回答了记者提问(附录 5)。

（一）编制背景

为贯彻创新、协调、绿色、开放、共享发展理念，有效提高设计文件编制质量和水平，突出各阶段文件组成与内容的特点和差异性，为铁路建设项目立项、决策、建设、实施和验收、铁路安全运营、综合交通体系建设等提供依据，根据《国家铁路局2014年铁路工程建设标准编制计划》（国铁科法函〔2014〕175号）要求，组织开展《铁路建设项目预可行性研究、可行性研究和设计文件编制办法》TB 10504—2007全面修订工作。

2007年版办法发布以来，在规范铁路建设项目设计文件组成、统一编制深度等方面发挥了重要作用，为铁路大规模建设提供标准支撑。随着中国铁路建设特别是高速铁路建设大规模进行，有成功经验需要总结，同时也碰到许多新问题：与国家新颁布的法律法规、政策要求相适应问题；大型客站大规模建设带来的与城市总体规划、综合交通体系规划相协调问题；铁路运营安全问题等。结合国家关于铁路建设的环境保护、社会稳定风险分析、职业病防护等最新要求，对编制办法提出新的要求和挑战。

编制办法是铁路行业勘察设计纲领性文件，为适应铁路建设发展需要，在全面总结中国铁路特别是高速铁路建设实践经验和设计文件编制经验基础上，结合发展过程中面临的新情况新问题，对上一版编制办法进行全面修订。

（二）编制目的

1. 贯彻创新、协调、绿色、开放、共享发展理念，提高铁路勘察设计质量和水平，加强铁路建设安全质量，提升铁路服务品质，促进铁路高质量发展。

2. 满足铁路建设快速发展新要求，总结铁路建设实践经验和设计文件编制经验，突出各阶段文件组成与内容的特点和差异性，明确设计深度要求。

3. 梳理与国家法律法规、行业标准、技术政策间不相适应的内容，分析现行设计文件编制存在的问题，收集社会稳定风险评估、安全风险管理等方面相关文件，解决旧版编制办法已不适应新时期铁路发展新要求的问题。

4. 适应铁路工程建设的目标和要求，确定预可行性研究、可行性研究、初步设计、施工图等各阶段文件组成与内容深度，提高标准的针对性和实用性，体现现代综合交通运输特征，强化质量安全，促进技术进步。

（三）编制原则

1. 目标导向、适应发展。贯彻新发展理念，适应国家对铁路发展新要求，在铁路重大成就基础上，推动铁路向新时期发展新目标不断迈进，促进铁路高质量发展。

2. 补强短板、覆盖全面。着力加强自然生态环境保护、节约土地和能源，明确铁路建设各阶段文件组成与内容深度要求，涵盖铁路全部建设项目、类型和阶段。

3. 系统分析，规范统一。总结设计文件编制有益经验，吸纳“四新”技术、淘汰落后技术，加强各阶段目标要求的协调，突出各阶段特点和差异性。

4. 统筹兼顾，科学合理。强化铁路项目前期决策研究和后期质量安全、技术进步协调统一，确保实现铁路全生命周期健康运营，保障高铁安全与人民生命财产安全。

（四）编制过程

《铁路建设项目预可行性研究、可行性研究和设计文件编制办法》编制过程总体上分为五个阶段。

前期准备阶段。收集国家及行业对工程建设项目社会稳定风险评估、安全风险管理、绿色通道和消防设计等方面相关文件，梳理与国家法律法规、行业标准、技术政策不相适应的内容，分析现行设计文件编制存在的问题。

工作大纲阶段。在深入开展调查研究，全面掌握铁路工程建设各阶段设计文件实际需要的基础上，针对大型客站、土地综合开发、社会稳定风险分析、安全风险评估等问题进行专题研究和论证，确定办法编制原则、适用范围、内容框架、进度计划、工作分工等。组织铁路建设管理、勘察设计、工程监理、施工建造、运营管理、科研高校等单位专家完成技术审查。

征求意见稿阶段。编制完成征求意见稿条文和条文说明。向铁路建设管理、勘察设计、施工建造、运营管理、科研高校等单位广泛征求意见，共收到 13 家单位反馈意见 287 条。组织相关专家完成技术审查。

送审稿阶段。编制完成送审稿条文和条文说明，向国家发改委、北京华协咨询，铁路建设管理、勘察设计、施工建造等单位广泛征求意见，共收到 15 家单位反馈意见 266 条。组织相关专家完成技术审查。

报批稿阶段。编制完成报批稿条文和条文说明。经审核通过（图 2-22），于 2018 年 12 月 3 日发布，自 2019 年 1 月 1 日起实施。

（五）主要内容

《铁路建设项目预可行性研究、可行性研究和设计文件编制办法》是铁路行业勘察设计纲领性文件，是在全面总结中国铁路特别是高速铁路建设实践经验和

图 2-22 《铁路建设项目预可行性研究、可行性研究和设计文件编制办法》技术审查

设计文件编制经验基础上修订而成的。

标准基本构架：

本办法包括总则和新建(改建)铁路文件组成与内容、铁路枢纽(单独立项或单独编制文件)文件组成与内容、铁路及公铁合建特大桥(单独立项或单独编制文件)文件组成与内容、大型站房(单独立项或单独编制文件)文件组成与内容等四部分,另有 2 个附录。主要分为五大板块：

第一板块：总则。明确标准编制目的、适用范围、铁路建设项目勘察设计各阶段目标及文件组成与内容特点、铁路勘察设计基本规定等内容。

第二板块：新建(改建)铁路的文件组成与内容。明确预可行性研究、可行性研究、初步设计、施工图等各阶段开展的工作内容和深度要求。

第三板块：铁路枢纽的文件组成与内容。明确预可行性研究、可行性研究、初步设计、施工图等各阶段开展的工作内容和深度要求。

第四板块：铁路及公铁合建特大桥的文件组成与内容。明确预可行性研究、可行性研究、初步设计、施工图等各阶段开展的工作内容和深度要求。

第五板块：大型站房的文件组成与内容。明确概念方案设计、方案设计、初步设计、施工图设计等各阶段开展的工作内容和深度要求。

主要修订内容：

第一部分　新建(改建)铁路

1. 为预防和化解社会矛盾,规范铁路项目社会稳定风险评估,根据国家发改委文件要求,可研总说明书增加社会稳定风险分析内容。

2. 为促进铁路可持续发展,落实国家支持铁路建设实施土地综合开发的意见，预可、可研增加了土地综合开发研究结论，并进行两种情况的财务分析。

3. 为保障长大坡道运输安全和能力，可研、初设、施工图总说明书增加了区间闭塞分区划分及检算；可研、初设运输组织篇增加了区间闭塞分区分布说明及接触网电分相行车检算，对高速铁路通过20‰及以上长大坡道区段时运输能力进行检算，深化运输组织设计文件相关内容。

4. 为加强铁路运营安全，从设计源头防范运营安全风险，初设总说明书增加铁路线路安全保护，说明安全保护区内外可能危及铁路运输安全的既有建筑物、构筑物统计调查和采取的安全防护措施。

5. 为贯彻落实绿色发展新理念，突出绿色通道建设内容，路基与土地利用篇中，可研增加绿色通道设计原则，初设和施工图增加绿色通道，说明绿化工程内容和要求。

6. 为保障铁路隧道运营安全，将铁路隧道防灾疏散救援工程设计及运营通风设施单独成章，提高了防灾救援疏散工程设计的系统性和完整性，有利于工程建设和运维管理。

7. 初设、施工图阶段的安全施工章改为施工安全风险防范章，文件组成内容为风险识别与评估、风险防范；增加劳动安全卫生的措施意见节，突出职业病危害因素分析及防护等内容，落实以人为本、安全发展的理念。

8. 初设、施工图阶段增加站房及其他工程章，增加附录B中小型站房方案设计文件组成与内容，与目前建设程序相匹配，提高了站房工程文件编制质量。

9. 初设、施工图阶段取消迁改与重点大型临时工程篇，初设迁改内容纳入相关专业，施工图单列迁改篇，重点大型临时工程纳入施工组织设计意见篇。调整后有利于概算偏差的控制，文件内容更加清晰简洁，便于迁改工程实施。

10. 初设增加了环境敏感区段线路方案的确定分析，可研、初设取消了环（水）保部门意见，施工图篇名改为环境工程，重点关注环境工程设计。增加了环评报告、水保方案及其审批意见的执行情况说明，解决了环评、水保方案及其批复与设计阶段不匹配的问题。

11. 预可取消区域铁路网概况章，相关内容分别纳入经济与运量和建设方案章，取消建设工期、预估算及资金筹措章中资金筹措内容，相关内容纳入经济评价章。

12. 可研对轨道与线路，土地利用与路基，牵引供电及电力等仅需要确定相关设计原则的篇章按专业相近的原则合并，有利于突出本阶段研究工作的重点，确定铁路主要技术标准,稳定建设方案。

13. 初设对线路与轨道,路基与土地利用,房屋建筑与基础设施维修篇等关联性强的部分篇进行合并,有利于完善篇章组成内容。

14. 施工图阶段增加地质篇,有利于掌握区域工程地质条件,应对施工地质风险,及时制定预防措施,指导工程实施。增加消防设计篇,有利于消防工程建设实施,满足消防审查要求。

15. 经济与运量专业增加既有铁路现状客运量分析、主要车站吸引范围、人口分布、旅游人数等内容。

16. 运输组织专业增加区间闭塞分区分布说明及接触网电分相行车检算(必要时)、区间闭塞分区及接触网电分相位置的初步检算(必要时)等章节,细化车流组织为旅客列车组织货物列车组织,突出旅客运输。

17. 地质专业增加弃土(渣)对环境地质条件的主要影响,地质专题研究的主要结论,地质灾害危险性评估报告,压覆矿产资源评估报告等内容。

18. 线路专业取消工务有关设施章,将工务机构设置、管辖范围和设计定员、机具设备配置纳入线路篇,满足当前工务养修的需要。

19. 轨道专业可研取消无砟轨道的特点、其他新型轨下基础设计原则及选用意见等内容;初设、施工图取消铺设无缝线路地段表、单元轨节布置表等内容,补充无缝线路等内容,细化无砟轨道结构设计内容。

20. 路基专业可研、初设总说明书和专篇一般设计原则中增加沉降控制标准,有利于控制路基变形、沉降。施工图增加与区间路基同步实施的站后配套工程数量表,细化路基工程设计等内容。

21. 桥涵专业优化可研文件设计原则,初设、施工图阶段增加安全施工风险防范文件组成内容。

22. 隧道专业精简设计说明内容,强化工点设计文件组成,突出防灾疏散救援工程设计,细化和规范隧道风险评估、超前地质预报等内容,补充TBM、盾构、明挖等方法施工的隧道设计要求。

23. 站场专业可研增加可能接轨的专用线,综合管沟设计原则,初设增加站场排水、综合管沟节,施工图增加接口设计节。

24. 站后各专业内容紧密结合现行有关标准进行修改完善,通信专业删除电报、站间行车电话等落后淘汰技术,增加综合视频监控、时钟和时间同步、综合网管等系统。信号专业增加道岔融雪系统,细化列车运行控制系统、驼峰信号及编组站综合自动化、电源设备及无线调车机车信号和监控系统。牵引供电专业增加变电所基础处理标准和电分相设置相关内容。修改后的设计文件组成与内容更系统、清晰。

25. 与概预算编制、施组等现行标准相协调，调整概预（估）算和施工组织设计的编制内容，梳理说明的顺序和结构，使文件组成更加清晰和简洁；删除施工图投资检算等不符合目前建设管理的内容。

第二部分　铁路枢纽（单独立项或单独编制文件）参照第一部分进行相应修订。

第三部分　铁路及公铁合建特大桥（单独立项或单独编制文件）

1. 预可按第一部分总说明书进行架构调整，细化工程实施对环境的影响等方面的内容。

2. 可研调整总说明书，细化主要设计原则和主要桥式方案比选等方面的内容。增加社会稳定风险分析及施工安全风险防范；单列总估算篇，并增加与预可投资预估算总额对照分析，提高可研投资估算编制精度。

3. 初设、施工图细化桥式方案比较、耐久性设计、桥梁总体设计、桥梁结构设计等内容，增加测量与勘察篇，强化了基础工作。

第四部分　大型站房（单独立项或单独编制文件）

1. 新增第四部分大型站房，包括概念方案设计、实施方案阶段、初步设计、施工图 4 个阶段，总结大型站房工程建设成功经验，突出了新时代铁路建设发展特点。

2. 增加概念方案设计主要内容包括站房、站区规划及建筑方案创意等，深度满足站房、站场设施及场站结合方案确定的需要。

3. 增加实施方案设计主要内容包括站区总平面及站场初步设计，建筑、结构设计初步方案等，深度满足站房、站场设施及场站结合方案审批或报批的需要。

4. 增加初设主要内容包括站区总平面及站场详细设计，建筑、结构设计，综合管线、室内装饰、电气照明等建筑专项设计，深度满足站房、站场设施及场站结合初步设计审批的需要。

5. 补充施工图主要内容包括：建筑、结构详细设计，综合管线、室内装饰、电气照明、暖通空调、消防等建筑专项详细设计；深度满足设备材料采购，站房、站场设施及非标准设备制作和施工的需要。

第三章 2019 年度铁路工程建设标准编制发布情况

内容导读

2019 年，铁路工程建设标准工作以适应铁路高质量发展和服务行业监管、健全技术标准体系为重点，着眼质量安全保障、“四新”技术推广应用和专项标准系统配套，全面总结铁路建设运营实践经验和科技创新成果，开展 46 项标准编制工作，编制发布 20 项铁道行业标准。

综合标准方面。瞄准世界铁路科技前沿，引领科技发展方向，抢占磁浮产业制高点，编制发布磁浮铁路技术标准，规范促进磁浮铁路工程设计和装备制造健康发展。落实国家关于调整运输结构、打赢蓝天保卫战的决策部署，针对专用线纯货运等特点，采用更加便利的接轨条件和运输组织方式，编制发布铁路专用线设计标准，推进规范铁路专用线建设。

专业标准方面。贯彻落实党中央、国务院关于加强高速铁路安全的有关要求，加快构建全方位立体化综合安全防护体系，优化专业设计规范技术内容，开展高速铁路安全防护工程设计等标准编制工作，保障高速铁路建设运营安全。服务川藏铁路建设，适应复杂艰险山区铁路勘察需求，推进工程地质勘察等规范全面修订工作，提高工程勘察技术水平。

管理标准方面。落实工程建设监理规定要求，适应铁路建设发展需要，发挥监理单位对铁路建设项目工程质量、进度控制、安全生产等方面的重要作用，编制发布铁路建设工程监理规范，进一步明确监理工作要求，规范工程监理行为，提高工程建设水平，促进铁路建设监理事业健康发展。

第一节　综合标准

一、《磁浮铁路技术标准（试行）》TB 10630—2019

（一）编制背景

贯彻国家全面加强基础科学研究部署，促进基础研究与应用研究融通创新发展，着力实现前瞻性基础研究、引领性原创成果重大突破，根据《国家铁路局2017年铁路工程建设标准编制计划》（国铁科法函〔2017〕185号）及《磁悬浮铁路设计标准编制工作会会议纪要》等要求，组织开展磁浮铁路技术标准编制工作。

磁浮技术在交通工程领域得到了持续发展。中国自“八五”以来一直将其列入国家科技攻关计划，并取得丰富研究成果。2006年4月，上海磁浮示范线建成投产，最高运营速度、试验速度分别为430 km/h和501 km/h，是世界上第一条投入商业化运营的高速磁浮线，如图3-1所示。2016年5月和2017年12月，最高运营速度100 km/h的长沙磁浮快线和北京S1线投入商业运营。

图3-1 上海磁浮示范线

2019年5月，时速600 km高速磁浮试验样车在青岛下线（图3-2），标志着中国在高速磁浮技术领域实现重大突破，在高速磁浮关键核心技术研究及车辆、牵引、运控通信等核心子系统研发取得重要阶段性成果。上述研究成果和工程实践，为启动磁浮铁路技术标准编制提供了基本条件。

图3-2 时速600公里高速磁浮试验样车

磁浮铁路作为新型交通方式，相关科研院所、设计单位及装备制造企业对磁浮铁路技术迸发出巨大的研究热情，确立新的研发目标和一系列研究课题，许多地方政府也相继提出修建磁浮铁路的热切愿望，迫切需要编制适应磁浮铁路建设的技术标准。

（二）编制目的

1. 落实《铁路标准化"十三五"发展规划》要求，跟踪磁浮技术发展动态，强化前瞻性技术研究，加快研究成果转化为技术标准，引领磁浮铁路技术发展方向。

2. 解决影响磁浮健康发展突出问题，统一磁浮铁路限界、轨距、轨道基准面等基本设计参数，明确磁浮车辆主要技术规格，集成线路、轨道、桥梁、隧道、牵引供电、运行控制等多专业领域的接口要求。

3. 体现新发展理念，满足磁浮铁路建设需求，结合已有工程实践经验和科研成果，编制速度等级覆盖全面的磁浮铁路技术标准，规范磁浮铁路工程设计和装备制造。

（三）编制原则

1. 目标导向、需求牵引。坚持新发展理念，引领磁浮铁路技术发展，满足磁浮铁路建设需要，推进重大研究成果转化应用，促进铁路高质量发展。

2. 重点突破、覆盖全面。利用已有标准基础，着力解决制约磁浮发展难题，覆盖磁浮铁路技术主要制式，适用全部速度等级磁浮铁路工程建设。

3. 技术先进、规范统一。系统总结国内外磁浮线建设运营经验，提炼磁浮技术试验特别是国家磁浮重点专项研究成果，统一中低速磁浮关键技术标准，提出高速磁浮通用技术条件。

4. 国际视野、特色鲜明。放眼世界各国磁浮技术发展，突出中国磁浮技术应用特点，编制与磁浮技术特性密切相关的技术内容，且深细度适宜。

（四）编制过程

《磁浮铁路技术标准（试行）》编制过程总体上分为五个阶段。

前期准备阶段。开展磁浮技术基础研究，调研国内外各类磁浮技术特点，分析中国磁浮技术发展趋势，全面总结上海磁浮示范线、北京S1线、长沙磁浮快线的工程建设运营实践，借鉴国内外磁浮技术研究成果。

工作大纲阶段。编制完成工作大纲，确定标准编制原则、适用范围、内容框架、进度计划、工作分工等，组织磁浮控制、铁道工程、车辆工程、通信信号等领域权威专家开展技术审查。

征求意见稿阶段。编制完成征求意见稿条文和条文说明，向勘察设计、施工建造、科研院所、运营维护、建设管理等16家单位征求意见，共收到6家单位反馈意见115条，组织磁浮交通、铁道工程、车辆工程、通信信号等领域权威专家完成技术审查。

送审稿阶段。编制完成送审稿条文和条文说明，向勘察设计、施工建造、科研院所、运营维护、建设管理、政府部门等25家征求意见，共收到25家单位反馈意见171条，组织磁浮交通、铁道工程、车辆工程、通信信号等领域权威专家完成技术审查。

报批稿阶段。编制完成报批稿条文和条文说明。经审核通过（图3-3），于2019年8月22日发布，自2020年1月1日起实施。

图3-3 《磁浮铁路技术标准（试行）》技术审查

（五）主要内容

《磁浮铁路技术标准（试行）》是磁浮铁路领域的基础性行业标准，是在系统总结磁浮铁路技术研究成果和建设运营实践经验基础上编制而成的。

标准基本构架：

本标准共分5章，包括总则、术语和符号、基本规定、常导短定子磁浮系统、常导长定子磁浮系统等，另有1个附录。主要分为四大板块：

第一板块：总则。明确标准编制目的、适用范围、磁浮铁路制式、设计速度选择原则、轨距、限界、荷载及图式等内容。

第二板块：术语和符号。规定与磁浮技术密切相关的术语和符号，如磁浮铁路、轨道基准面、轨距等内容。

第三板块：基本规定。规定磁浮铁路主体结构设计年限、洪水频率、安全性设计、疏散救援、灾害应急响应等要求。

第四板块：具体技术要求。提出常导短定子磁浮系统与常导长定子磁浮系统车辆、线路、轨道、桥梁、隧道、牵引供电、运行控制等要求。

主要技术内容：

1. 明确常导短定子和常导长定子两种磁浮制式的适用范围。
2. 提出磁浮铁路总体设计原则及通用技术要求。
3. 统一磁浮车辆的技术规格、加减速性能等主要指标。
4. 规定线路平面、纵断面及横坡等技术参数。
5. 规定轨道结构的组成、静态平顺度及设计要求。
6. 规定桥梁结构设计荷载和结构设计要求。
7. 规定气动效应条件下隧道结构、防灾疏散救援等技术要求。
8. 规定外部电源、牵引供电电压、授流方式、接地等技术要求。
9. 规定运行控制系统组成、安全等级等技术要求。

二、《铁路专用线设计规范（试行）》TB 10638—2019

（一）编制背景

贯彻落实党中央关于调整运输结构、增加铁路运输量的战略部署，有序推进铁路专用线建设，根据国家铁路局构建铁路工程建设标准体系的要求，组织开展《铁路专用线设计规范》编制工作。

铁路专用线指由企业或者其他单位管理的与国家铁路或者其他铁路线路接轨的岔线，是铁路运输网的组成部分（图 3-4）。铁路专用线参照《Ⅲ、Ⅳ级铁路设计规范》GB 50012 进行设计，相较于铁路专用线纯货运、运量较小、速度较低和投资主体为企业等特点，存在标准技术指标偏高、经济性差问题，编制一部指导铁路专用线设计的行业标准十分必要。

图 3-4　铁路专用线

针对铁路专用线纯货运、速度较低等特点，综合考虑项目总运量、年度运量、企业实际情况等因素，合理确定更为灵活的技术要求，采用更加便利的接轨条件和运输组织方式，在确保安全的前提下更好体现经济性要求，为推进铁路专用线建设提供重要标准支撑。

（二）编制目的

1. 贯彻中央关于调整运输结构、增加铁路运输量的战略部署，落实铁路货运增量行动方案要求，加快推进和规范铁路专用线建设。

2. 深入分析铁路专用线特点，解决目前铁路专用线无专门设计标准及参照有关标准设计存在的标准偏高、经济性差等问题。

3. 满足企业对铁路专用线建设的需求，确保安全的前提下更好体现经济性要求。

4. 贯彻公平公正的原则，突出行业标准定位，为建设铁路专用线创造便利接轨条件及便利运输组织方式。

（三）编制原则

1. 政府引导、适应发展。贯彻落实国家有关调整运输结构等决策部署及相关安全防护等规定，适应铁路专用线建设发展要求。

2. 定位准确、接轨便捷。准确把握铁路专用线特点，明确规范功能定位，实现专用线与国家铁路或其他铁路接轨便捷。

3. 精益求精、经济适用。充分利用现有标准基础，体现行业标准特色，确保安全的前提下更好体现经济性要求。

4. 规范统一、科学合理。总结铁路专用线建设运营经验，统一铁路专用线工程设计标准，科学合理地确定技术参数。

（四）编制过程

《铁路专用线设计规范（试行）》编制过程总体上分为三个阶段。

前期编制阶段。全面总结铁路专用线建设运营实践经验，系统梳理分析Ⅲ、Ⅳ级铁路及原工业企业铁路有关标准，针对铁路专用线纯货运等特点，确定规范编制原则和主要技术标准，编制形成规范初稿。

送审稿阶段。根据企业标准转化为行业标准有关要求，采用快速程序推进完成《铁路专用线设计规范（试行）》送审稿条文和条文说明，并向路内外设计、施工、运营等有关单位广泛征求意见，收到反馈意见 100 条。组织专家完成技术审查。

报批稿阶段。编制完成报批稿条文和条文说明。经审核通过，于 2019 年

11 月 19 日发布,自 2020 年 3 月 1 日起实施。

(五)主要内容

《铁路专用线设计规范(试行)》是规范铁路专用线工程设计的重要标准,为推进和规范铁路专用线建设提供重要技术支撑。

规范基本构架:

本规范共分 16 章,包括总则、符号、基本规定、线路、轨道、路基、桥涵、隧道、站场、电力牵引供电、电力、通信、信号、机务与车辆设备、给水排水、环境保护等。主要分为三大板块:

第一板块:总则。明确标准编制目的、适用范围、基本原则、设计速度分级、列车设计活载、结构设计等内容,提出应充分利用既有设施和设备。

第二板块:基本规定。给出与铁路专用线密切相关的符号,明确接轨站引入方式,规定正线数目、设计速度等主要技术标准要求。

第三板块:专业技术要求。规定线路路段速度设计要求,提出轨道、路基、桥涵、隧道等主体工程结构要求,明确车站平面布置、牵引供电系统、供配电系统、通信信号信息、灾害监测、动车组设备、环境保护等具体设计规定。

主要技术内容:

1. 明确编制目的、适用范围、设计使用年限等要求。

2. 提出接轨方案、接轨方式、主要技术标准、施工过渡设计及养护维修方式等设计要求。

3. 规定线路平面、纵断面、交叉及附属设施等设计要求。

4. 规定轨道类型、钢轨及配件、轨枕及扣件、道床、轨道附属设备等设计要求。

5. 规定路基面、基床、路堤、路堑、路基排水、路基支挡及防护、路基接口及防护等设计要求。

6. 规定桥涵孔径、净空、结构、材料、桥面布置以及养护维修设施等设计要求。

7. 规定隧道建筑材料、内轮廓、衬砌结构、防排水、洞门与洞口段、附属设施、运营通风、辅助坑道等设计要求。

8. 规定站线平纵断面、货运设备、装卸机械、站场路基、排水及站线轨道等设计要求。

9. 规定牵引供电、牵引变电及接触网等设计要求。

10. 规定不同用电负荷、供电方案的设计要求。

11. 规定通信系统构成及其设置要求。

12. 规定车站联锁、区间闭塞等信号设计要求。

13. 规定机车车辆运用设施设计要求。

14. 规定给水工程、排水工程及给排水设施管理设计要求。

15. 规定选址、选线的环保要求及噪声、振动污染防治设计要求。

第二节　专业标准

（Ⅰ）勘　察　类

三、《铁路工程地质勘察规范》TB 10012—2019

（一）编制背景

为构建铁路工程建设标准体系，以标准助力创新发展、协调发展、绿色发展、开放发展、共享发展，统一铁路工程地质勘察技术要求，根据《国家铁路局2014年铁路工程建设标准编制计划》（国铁科法函〔2014〕175号）要求，组织开展《铁路工程地质勘察规范》TB 10012—2007全面修订工作。

中国幅员辽阔，地质情况复杂多样，气候条件差异巨大，给呈线性分布的铁路工程建设带来了极大的挑战。2007年版规范自实施以来，对项目前期提供工程地质选线、后期查明沿线工程地质条件，为工程设计提供必要的地质资料等均发挥了重要作用。随着中国铁路建设特别是高速铁路建设大规模进行，铁路网遍布全国，新的地质现象和地质条件不断呈现，勘察类型的补充和新技术的应用也在与时俱进。随着高地温和地面沉降、盐渍岩和季节性冻土等新的勘察手段日臻成熟，遥感地质解译新方法和原位测试新技术的推广使用，为启动《铁路工程地质勘察规范》修订工作提供了必要条件。

工程地质勘察是铁路工程建设的基础性工作，修订工作从增加水下隧道、城市铁路隧道等铁路工程，修订各类建筑物勘探点间距、深度等有关要求，完善膨胀土（岩）、放射性、有害气体、加深地质工作等勘察要求和内容，增加高地温、地面沉降、盐渍岩、季节性冻土等不良地质和特殊岩土以及全断面掘进机（TBM）工法的勘察要求等多方面入手，有效解决铁路建设中遇到的各类地质问题，提高铁路工程地质勘察水平。

（二）编制目的

1. 贯彻执行国家有关技术经济政策，统一铁路工程地质勘察技术要求，加强四新技术应用，结合工程问题完善勘察要求，提高铁路工程地质勘察水平。

2. 满足工程地质勘察需要，特别是艰险复杂山区铁路勘察需求，总结铁路工程地质勘察经验，吸纳新的勘探技术和勘察手段，规范工程地质勘察的技术要求。

3. 全面梳理标准与当前铁路工程建设和技术发展不匹配不适应的内容，从工程实践中总结失败案例，增加判别类型适应工程难题，补充完善勘察类型。

4. 落实安全优先原则，强化质量安全、节约资源、保护环境以及防灾减灾等技术要求，合理确定各勘察阶段、各类工程的工程地质勘察标准，提升规范的科学性和技术经济性。

（三）编制原则

1. 需求引领、服务应用。贯彻新发展理念，加快铁路工程地质勘察最新技术和最新方法规范化、标准化，满足新形势下铁路勘察要求，特别是川藏铁路等地质复杂线路勘察需求。

2. 问题导向、补强短板。积极应对复杂艰险山区勘察难题，总结失败工程案例，增加判别类型，如补充完善覆盖型岩溶勘察要求和未达到膨胀土（岩）的地质判断标准，解决工程相关难题。

3. 系统分析、统一标准。系统总结铁路工程实践经验，借鉴国内外先进标准勘察经验，提炼勘探技术最新科研成果，积极纳入“四新”技术，统一铁路工程地质勘察技术要求。

4. 协调配套、先进成熟。注重遥感、原位测试、物探等勘探方法综合协调运用，加强数字化、信息化等新技术应用，有效提高铁路工程地质勘察质量和效率。

（四）编制过程

《铁路工程地质勘察规范》编制过程总体上分为五个阶段。

前期准备阶段。开展综合勘察手段调研，分析数字化、信息化等新技术应用状况，全面总结原规范发布以来的科研成果和实践经验。

工作大纲阶段。确定标准编制原则、适用范围、内容框架、进度计划、工作分工等。组织铁路建设管理、勘察设计、施工建造、运营管理、科研高校等专家完成技术审查。

征求意见稿阶段。编制完成征求意见稿条文和条文说明。向铁路建设管理、勘察设计、施工建造、运营管理、科研高校等单位广泛征求意见，共收到13家单位反馈意见203条。组织相关专家完成技术审查。

送审稿阶段。编制完成送审稿条文和条文说明，向铁路建设管理、勘察设计、施工建造、运营管理、科研高校等单位广泛征求意见，共收到11家单位反馈意见142条。组织相关专家完成技术审查。

报批稿阶段。编制完成报批稿条文和条文说明，经审核通过，于2019年4月18日发布，自2019年8月1日起实施。

（五）主要内容

《铁路工程地质勘察规范》是勘察领域重要规范，是在系统总结铁路工程地质勘察实践经验，在《铁路工程地质勘察规范》TB 10012—2007的基础上全面修订而成的。

规范基本构架：

本规范共分10章，包括总则、术语和符号、工程地质勘察基本内容、各类建筑物工程地质勘察、不良地质工程地质勘察、特殊岩土工程地质勘察、新建铁路工程地质勘察、改建铁路工程地质勘察、施工阶段工程地质工作、运营铁路工程地质工作等，另有8个附录。主要分为四大板块：

第一板块：总则。明确标准编制目的、适用范围，采用综合勘察方法，遵守有关法律、法规等内容。

第二板块：术语和符号。规定与铁路工程地质勘察密切相关的术语和符号，如铁路工程地质勘察、综合勘察、工程地质调绘等内容。

第三板块：工程地质勘察基本规定。针对勘察大纲编制及各类型勘察方法、室内试验、文件编制等做出规定。

第四板块：工程地质勘察具体规定。针对各类建筑物、不良地质、特殊岩土、新建改建铁路工程地质勘察及施工阶段、运营铁路工程地质工作做出规定。

主要修订内容：

1. 明确工程地质勘察前期资料收集和分阶段勘察的要求。

2. 明确对控制线路方案及影响铁路安全的地质复杂地段或工程地质问题应进行专项地质研究，纳入多平台、多波段、多时相的遥感图像地质解译新方法，补充环境地质调绘的要求，增加岩土参数可靠性和适用性的评价要求。

3. 结合不同路基工点类型的工程特点，提出路基工程地质勘察原则；将小桥纳入桥梁工程勘察；优化勘探点的布置和深度要求；补充水下隧道、城市铁路隧道工程地质勘察要求，增加全断面掘进机（TBM）工法施工地质勘察的内容。

4. 将“滑坡和错落”统一为“滑坡”，并优化按滑坡勘察的条件，增加覆盖型岩溶勘探时区分溶洞充填物和覆盖层的要求；细化放射性及有害气体的相关要求；补充高地温、地面沉降的相关规定。

5. 补充盐渍岩、季节性冻土的勘察要求；增加膨胀岩判定标准；删除黄土液化判定的相关内容。

6. 优化各阶段勘察成果资料的编制要求，取消“加深地质工作”一节，将加深地质工作内容调整至附录。

7. 补充改建铁路电气化改造时的地质勘察要求，明确改建铁路地质资料按新建铁路要求进行编制。

8. 完善施工阶段桥梁工程施工核对工作的要求。

9. 完善运营铁路的增补工程、病害整治工程和抢修工程的地质勘察要求。

10. 在附录中增加季节冻土与季节融化土层的冻胀性分级、岩体结构面抗剪断峰值强度的内容。

四、《铁路工程岩土分类标准》TB 10077—2019

（一）编制背景

为适应铁路工程建设需要，统一铁路工程岩土分类标准，发挥基础性标准的支撑作用，注重标准的技术先进性和经济合理性，根据《国家铁路局 2016 年铁路工程建设标准编制计划》（国铁科法函〔2016〕29 号）要求，对《铁路工程岩土分类标准》TB 10077—2001 进行全面修订。

《铁路工程岩土分类标准》是铁路工程建设行业基础性标准，直接决定铁路工程地质勘察质量，进而影响路基、站场、桥涵、隧道、房建等主体工程基础设计资料的准确性，最终对铁路建设工程质量起决定性作用。2001 年版标准自发布以来，对统一铁路工程勘察、设计、施工、运营维护工作中岩土分类标准，明确岩石、岩体、土的分类原则和方法起到了重要指导作用。随着相关国家标准和路内外行业标准的进一步修订，以及大量工程实践经验的不断积累，在分类原则和方法上取得了长足的技术进步，例如基于大量动力触探经验增加重型和特重型动力触探判定碎石类土密实度；为适应高原、高寒冻土地区铁路建设需要，与现行《冻土工程地质勘察规范》《铁路工程特殊岩土勘察规程》等标准协调一致，增加季节冻土与季节融化层土的冻胀性分级；为了适应铁路工程地基沉降评估需要，将黏性土的中压缩性细分为中低压缩性和中高压缩性等。上述研究成果和工程实践，为启动铁路工程岩土分类标准的修订提供了基本条件。

借鉴《铁路工程特殊岩土规程》《岩土工程勘察规程》《工程岩体分级标准》《建筑地基基础设计规范》等国家标准和行业标准并与之协调统一，从明确岩石、岩体、土的分类原则和方法，规定膨胀岩、岩盐、盐渍岩等特殊岩及黄土、软土、盐渍土等特殊土的分类标准，增加岩体基本质量及分级标准，纳入盐岩、盐渍岩和季节冻土等内容，修订盐渍土判定标准、土的颗粒分组及碎石类土的划分等方面不断地对岩土分类标准进行优化、完善。

（二）编制目的

1. 贯彻执行国家有关技术经济政策，统一铁路工程岩土分类标准，明确岩石、岩体、土的分类原则和方法。

2. 满足铁路工程建设需要，吸纳工程实践经验及有关科研成果，修订、完善、细化覆盖各种工程问题的岩土分类标准。

3. 全面梳理标准与当前铁路工程建设和技术发展不匹配不适应的内容，确保和相关标准协调配套。

4. 统一铁路工程勘察、设计、施工、运营维护工作中岩土分类标准，促进铁路工程岩土分类标准提升。

（三）编制原则

1. 适应发展、目标导向。适应中国铁路工程建设快速发展，满足铁路工程岩土分类要求，指导铁路工程勘察、设计、施工、运营维护中的岩土分类工作。

2. 技术推动、提升品质。跟踪最新岩土分类技术的应用，收集分析典型工程案例，积极开展专项课题试验、研究，推动铁路工程岩土分类技术发展。

3. 调研分析、服务应用。总结铁路岩土工程实践经验，借鉴国内外先进岩土分类经验，积极纳入“四新”技术，统一铁路工程岩土分类技术标准。

4. 成熟可靠、科学合理。吸纳铁路工程建设的实践经验及有关科研成果，注重与国家标准、行业标准协调一致，使修订后的工程岩土分类方法更加科学合理。

（四）编制过程

《铁路工程岩土分类标准》编制过程总体上分为五个阶段。

前期准备阶段。梳理分析《铁路工程特殊岩土规程》《岩土工程勘察规程》《工程岩体分级标准》《建筑地基基础设计规范》等国家标准和路内、外相关标准，总结铁路工程建设、运营实践经验及最新科研成果。

工作大纲阶段。确定标准编制原则、适用范围、内容框架、进度计划、工作分工等。组织铁路勘察设计、科研院所等单位专家完成技术审查。

征求意见稿阶段。编制完成征求意见稿条文和条文说明。向铁路建设管理、勘察设计、运营管理、科研高校等单位广泛征求意见,共收到 18 家单位反馈意见 47 条。组织相关专家完成技术审查。

送审稿阶段。编制完成送审稿条文和条文说明,向铁路建设管理、勘察设计、运营管理、科研高校等单位广泛征求意见,共收到 11 家单位反馈意见 41 条。组织相关专家完成技术审查。

报批稿阶段。编制完成报批稿条文和条文说明。经审核通过,于 2019 年 4 月 18 日发布,自 2019 年 8 月 1 日起实施。

(五)主要内容

《铁路工程岩土分类标准》是铁路工程建设行业标准中勘察类基础性标准,在充分总结铁路岩土工程实践经验,吸纳国内外相关研究成果的基础上,在《铁路工程岩土分类标准》TB 10077—2001 的基础上全面修订而成的。原标准条文共 70 条,新修订的标准条文共 90 条,其中原标准保留 47 条、修改 21 条、增加 22 条、删除 3 条,标准条文修订情况统计如图 3-5 所示。

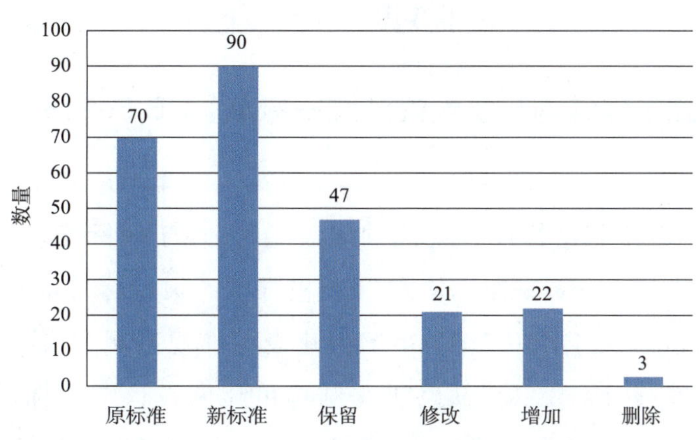

图 3-5 标准条文修订情况统计

标准基本构架:

本标准共分 4 章,包括总则、术语和符号、岩石和岩体的分类及土的分类等。主要分为三大板块:

第一板块:总则。明确标准编制目的、适用范围,定性划分与定量评定相结合,提出岩石、岩体和土的分类原则等内容。

第二板块:术语和符号。规定与铁路工程岩土分类标准密切相关的术语和符号,如岩石、岩体、结构面等内容。

第三板块:主要技术内容。规定岩石和岩体、一般土和特殊土分别按照不同的判别原则和方法进行分类等要求。

主要修订内容:

1. 明确岩石、岩体、土的分类基本原则。
2. 增加岩体基本质量分级、盐岩和盐渍岩等内容。
3. 调整岩层层厚划分。
4. 修订土的颗粒分组及碎石类土的划分。
5. 细化中压缩性黏性土的分级。
6. 增加碎石土密实度定量判定指标。
7. 增加软土十字板和扁铲侧胀试验评判标准。
8. 修订软土的灵敏度分类和静力触探评判指标。
9. 修订盐渍土判定标准。
10. 增加季节冻土和季节融化层冻胀性分级。

(Ⅱ)设 计 类

五、《铁路工程结构可靠性设计统一标准》GB 50216—2019

(一)编制背景

为适应国内外工程结构设计规范的发展趋势,便于国际交流合作,推动中国铁路“走出去”,服务“一带一路”建设,开展极限状态设计标准的转轨工作。根据住房和城乡建设部《关于印发2015年工程建设标准规范制订、修订计划的通知》(建标〔2014〕189号)要求,对《铁路工程结构可靠度设计统一标准》GB 50216—1994进行全面修订,规范名称修改为《铁路工程结构可靠性设计统一标准》。

基于概率理论的可靠性设计广泛应用于国内外工程结构设计规范,因其可持续发展的先进理念,各构件具有均匀安全储备,荷载和抗力系数相对独立,失效评估方式更易理解、掌握,较好解决了安全系数 K 无法定量考虑抗力和作用效应的随机性问题,能促进新材料、新结构的应用与发展。

全面总结极限状态法转轨科研成果及设计试点实践经验,参考有关国际和国外先进标准,适应铁路工程建设发展需求,注重标准的技术先进性和经济合理性,体现铁路安全、可持续发展要求。在正常设计、施工、使用和维护前提下充分融入工程结构全寿命周期设计的理论。

（二）编制目的

1. 贯彻新发展理念，促进新材料、新结构的应用与发展，满足铁路工程建设发展需求。

2. 解决原标准中部分规定不能满足当前铁路工程结构设计、建设和运维的需要，覆盖面不够，指导性不强的问题。

3. 结合国内外工程结构设计规范发展趋势以及中国铁路"走出去"建设要求，将基于可靠性的设计理念贯穿全寿命周期全过程，提高整体设计水平。

4. 统一铁路工程结构的可靠性设计基本原则、基本要求和基本方法，更好地指导桥隧路轨结构极限状态设计标准的编制工作。

（三）编制原则

1. 贯彻国家有关法律、法规、方针和政策，坚持铁路工程结构设计应以安全适用、经济合理、技术先进、确保质量和可持续发展的基本要求为原则。

2. 突出标准的实用性和可操作性，做到与铁路桥涵、隧道、路基、轨道等专业结构设计的有效衔接，既能指导相关可靠性设计规范的编制，又要与其相协调。

3. 全面总结极限状态法转轨科研成果及试设计实践经验，消化吸收国内外先进标准的编制经验，适应铁路工程建设发展需求，注重标准的技术先进性和经济合理性，体现铁路安全、可持续发展要求。

4. 统一铁路工程结构可靠性设计标准，并与国家和行业有关标准相协调。充分体现在正常设计、正常施工、正常使用和维护前提下工程结构全寿命周期设计的理念。

（四）编制过程

《铁路工程结构可靠性设计统一标准》编制过程总体上分为四个阶段。

前期准备阶段。调研国际标准化组织 ISO 发布的国际标准《结构可靠性总原则》ISO 2394：2015、欧洲标准化委员会 CEN 批准通过的欧洲规范《结构设计基础》EN 1990：2002 以及日本相关规范等，形成调研报告，为修订标准提供技术支撑。

工作大纲阶段。确定标准编制原则、适用范围、内容框架、进度计划、工作分工等。组织铁路建设管理、勘察设计、科研院所、高校等单位专家完成技术审查。

征求意见稿阶段。编制完成征求意见稿条文和条文说明。向铁路建设管理、勘察设计、科研院所、高校等单位广泛征求意见，共收到 6 家单位反馈意见 26 条。

组织相关专家完成技术审查。

送审稿阶段。编制完成送审稿条文和条文说明，向铁路建设管理、勘察设计、科研院所等单位广泛征求意见，共收到5家单位反馈意见8条。组织相关专家完成技术审查。

报批稿阶段。编制完成报批稿条文和条文说明，经审核通过，于2019年11月22日发布，自2020年6月1日起实施。

（五）主要内容

《铁路工程结构可靠性设计统一标准》是我国铁路行业工程建设领域重要的基础性国家标准，是在全面总结铁路工程建设、设计、运营维护经验和相关科研成果基础上编制而成。

规范基本构架：

本规范共分9章，总则、术语和符号、基本规定、极限状态设计原则、作用及环境影响、材料和岩土的性能及几何参数、结构分析和试验辅助设计、分项系数设计方法、可靠性管理及评定等，另有4个附录。主要分为四大板块：

第一板块：总则。明确标准编制目的、适用范围，提出铁路工程结构设计宜采用以概率理论为基础、以分项系数表达的极限状态设计方法等内容。

第二板块：术语和符号。规定与铁路工程结构可靠性设计密切相关的术语和符号，如失效概率、极限状态、结构重要性系数等。

第三板块：基本规定。规定铁路工程结构应达到规定的可靠性水平，应选择适宜的计算模型和合理的基本变量值，铁路工程结构的设计根据结构破坏可能产生后果的严重程度确定的安全等级划分。

第四板块：具体设计要求。提出极限状态设计原则、作用及环境影响、材料和岩土的性能及几何参数、结构分析和试验辅助设计、分项系数设计方法、可靠性管理及评定等具体要求。

主要修订内容：

1. 适用范围调整为铁路桥涵、隧道、路基、轨道等工程结构和构件的设计及其既有结构的可靠性评定。

2. 增加评估使用年限、疲劳极限状态、分位值、特征值、岩土作用、环境影响等术语，删除脆性破坏、延性破坏、疲劳承载能力极限状态、疲劳正常使用极限状态等常识性或不再使用的术语。

3. 完善铁路工程结构的安全等级划分和设计使用年限，给出工程结构可靠性水平的设置、耐久性和维护的原则性规定。

4. 细化和完善极限状态的分类，明确铁路工程结构按承载能力极限状态、正常使用极限状态和疲劳极限状态进行设计。增加地震设计状况的分类，给出基于可靠指标设计的原则性规定。

5. 增加列车竖向作用的相关规定。

6. 完善材料性能的取值要求，明确岩土性能指标和地基、桩基承载力等岩土性能确定方法。

7. 增加试验辅助设计的相关规定。

8. 增加铁路桥涵结构列车荷载作用分项系数的取值规定，完善结构抗力和作用效应设计值的计算式，补充规定结构重要性系数的取值。

9. 明确全寿命周期的质量管理；增加既有结构可靠性评定的原则性要求。

六、《铁路路基支挡结构设计规范》TB 10025—2019

（一）编制背景

紧跟铁路工程建设发展趋势，适应铁路工程设计新情况，为统一铁路路基支挡结构的设计技术标准，使支挡结构设计符合安全可靠、技术先进、经济合理、绿色环保的要求，根据《国家铁路局 2014 年铁路工程建设标准编制计划》（国铁科法函〔2014〕175 号）要求，对《铁路路基支挡结构设计规范》TB 10025—2006 进行全面修订。

支挡结构是用来支撑、加固岩土体，保持其稳定的结构，被广泛应用于铁路路基边坡支挡防护工程（图 3-6），同时也应用于桥梁、隧道等相关工程的边坡支挡防护工程，能有效保障铁路路基边坡稳定，确保铁路安全运营。随着铁路大规模建设的兴起，新型支挡结构发展较快，支挡结构的形式和技术均取得长足进步，从过去单纯靠自重平衡路基土压力的传统挡土墙到现在采用半刚性结构、土筋复合结构等多种改进及组合结构类型，具有结构轻、施工快、节省材料和劳动力、造价低的优点，极大地提高了支挡结构的技术经济性。系统总结铁路路基支挡结构建设、运营实践经验，推广采用安全可靠的新技术、新结构、新材料和新工艺，为进一步全面修订《铁路路基支挡结构设计规范》提供必要条件。

吸纳国内外铁路工程基桩检测成熟经验，结合中国铁路工程的特点，增加槽型挡土墙、桩基托梁重力式挡土墙、组合桩结构等结构形式，以及设计荷载、材料及性能等要求，为进一步提高路基支档结构设计质量提供标准支撑。

图 3-6　桩板挡土墙

（二）编制目的

1. 适应铁路工程建设发展新需要，保障铁路路基支挡结构质量和安全，吸纳路基支挡结构设计新技术、新结构，加快科研成果转化为技术标准，提高铁路路基支挡结构设计水平。

2. 满足铁路安全运营要求，总结铁路路基支挡结构设计、施工及运营实践经验，吸纳国内外铁路工程基桩检测成熟经验，推广采用安全可靠的新技术、新结构、新材料和新工艺。

3. 全面梳理标准与当前铁路工程建设和技术发展不匹配不适应的内容，解决过去铁路路基支挡结构形式单一、结构笨重等问题。

4. 规范铁路路基支挡结构的设计要求，对铁路路基支挡结构的设计计算、构造要求及检测等进行规定，为提高铁路支挡结构设计水平、保证工程质量提供重要技术支撑。

（三）编制原则

1. 创新引领、保障安全。贯彻新发展理念，紧跟铁路建设发展趋势，加快铁路路基支挡结构最新技术规范化、标准化，确保路基边坡稳定，保障铁路安全运营。

2. 提升品质、效益优先。对比传统的支挡结构，涌现出多种新型支挡结构形式，具备结构轻、施工快、节省材料等诸多优势，有效提高支挡结构的经济适用性。

3. 系统分析、规范统一。总结路基支挡结构应用经验，吸纳国内外铁路工程基桩检测成熟经验，运用不断涌现的科研成果作支撑，统一铁路路基支挡结构设计要求。

4. 技术先进、安全可靠。纳入槽型挡土墙、桩基托梁重力式挡土墙、组合桩结构等新型结构形式，建立安全可靠的支挡结构设计体系，确保支挡结构技术先进、安全可靠。

（四）编制过程

《铁路路基支挡结构设计规范》编制过程总体上分为五个阶段。

前期准备阶段。总结铁路建设、运营实践经验，借鉴国内外科研成果，开展《铁路路基支挡结构极限状态设计验证研究》《铁路路基典型结构极限状态法试设计》课题研究，为规范的编制奠定基础。

工作大纲阶段。确定标准编制原则、适用范围、内容框架、进度计划、工作分工等。组织铁路建设管理、勘察设计、施工建造、运营管理、科研高校等单位专家完成技术审查。

征求意见稿阶段。编制完成征求意见稿条文和条文说明。向铁路建设管理、勘察设计、施工建造、运营管理、科研高校等单位广泛征求意见，共收到 11 家单位反馈意见 189 条。组织相关专家完成技术审查。

送审稿阶段。编制完成送审稿条文和条文说明，向铁路建设管理、勘察设计、施工建造、运营管理、科研高校等单位广泛征求意见，共收到 11 家单位反馈意见 197 条。组织相关专家完成技术审查。

报批稿阶段。编制完成报批稿条文和条文说明。经审核通过，于 2019 年 7 月 31 日发布，自 2019 年 12 月 1 日起实施。

（五）主要内容

《铁路路基支挡结构设计规范》是铁路行业重要的设计规范，在总结国内外铁路路基支挡结构建设运营实践经验和科研成果基础上，结合铁路工程的特点基础上修订而成。

规范基本构架：

本规范共分 17 章，包括总则、术语和符号、基本规定、设计荷载、材料及性能、重力式挡土墙、悬臂式和扶壁式挡土墙、槽型挡土墙、加筋土挡土墙、土钉墙、锚杆挡土墙、预应力锚索、抗滑桩、桩墙结构、桩基托梁重力式挡土墙、组合桩结构、其他结构，另有 11 个附录。主要分为六大板块：

第一板块：总则。明确标准编制目的、适用范围、支挡结构设计原则，与其他工程衔接设计，新技术推广采用等内容。

第二板块：术语和符号。规定与路基支挡结构设计密切相关的术语和符号，如支挡结构、槽型挡土墙、桩墙结构等内容。

第三板块:基本规定。规定支挡结构设置原则、支挡结构设计原则和支挡结构形式选择原则等要求。

第四板块:设计荷载。规定支挡结构中主要荷载的计算方法和影响因素等内容。

第五板块:材料和性能要求。规定支挡结构所需的材料要求,包括材料的种类、性能、强度等级等方面。

第六板块:具体设计要求。提出支挡结构适用范围、布置形式、材料及性能、设计与计算、构造等方面要求。

主要修订内容:

1. 调整适用范围,取消速度目标值和铁路等级的限制。

2. 补充槽型挡土墙、桩墙结构、组合桩结构、作用、抗力等术语,完善重力式挡土墙、加筋土挡土墙等术语,新增符号一节。

3. 完善支挡结构设置原则,规定抗滑动稳定性、抗倾覆稳定性、基底压应力以及钢筋混凝土结构的承载能力极限状态和正常使用极限状态的检算要求,补充支挡结构形式的选择要求。

4. 规定荷载的分类及组合,明确主力、附加力和特殊力的计算要求。

5. 规定混凝土、浆砌片石、水泥砂浆、钢材、土工合成材料、填料和岩土等支挡结构设计常见材料的类型和性能要求。

6. 优化重力式挡土墙适用最大墙高,补充主动土压力计算方法,抗滑动、抗倾覆和基底压应力的检算要求,完善挡土墙基础埋置深度。

7. 完善悬臂式和扶壁式挡土墙的适用范围,补充库仑主动土压力计算式和修正系数,调整分项系数,增加墙顶水平变形的控制标准。

8. 规定槽型挡土墙的适用范围、设计与计算和构造要求。

9. 完善加筋土挡土墙的适用范围,补充加筋土挡土墙面板的形式及其采用要求,规定基底压应力检算要求,并提出地基承载力容许值计算修正系数。

10. 明确土钉墙的适用范围和适用高度,优化土钉的抗拉和抗拔稳定性检算要求,调整土钉抗拔作用安全系数。

11. 完善锚杆挡土墙的类型及适用范围,提出岩土压力的修正系数,补充锚杆锚固段上覆土层厚度、锚杆试验和监测等要求。

12. 补充预应力锚索的伸长量计算和锚索监测的相关内容,完善超张拉力值和张拉要求等。

13. 修改土层的地基系数比例系数，规定抗滑桩安全系数取值及抗弯、抗剪、裂缝检算等要求，增加圆形抗滑桩形式。

14. 完善桩墙结构形式，补充桩墙结构的承载能力和裂缝检算要求，规定高速铁路路肩桩板墙桩顶水平变形的控制标准，增加圆形桩形式。

15. 规定桩基托梁挡土墙的适用范围、设计与计算和构造要求。

16. 规定组合桩结构的适用范围、设计与计算和构造要求。

17. 完善短卸荷板挡土墙和锚定板挡土墙的要求。

七、《铁路房屋供暖通风与空气调节设计规范》TB 10056—2019

（一）编制背景

为贯彻国家节约能源资源和保护生态环境的要求，统一铁路房屋供暖通风与空气调节设计标准，使供暖通风与空气调节设计符合铁路房屋的特点，适应铁路技术经济发展的要求，根据《国家铁路局 2014 年铁路工程建设标准编制计划》（国铁科法〔2014〕175 号）的要求，对《铁路房屋暖通空调设计标准》TB 10056—1998 进行全面修订，并将规范名称修改为《铁路房屋供暖通风与空气调节设计规范》。

1998 年版标准实施以来，对统一和规范铁路房屋采暖、通风和空气调节设计标准，提高铁路工程建设质量发挥了重要作用。部分内容已经滞后于铁路工程建设的发展，与现行国家相关标准不协调，为全面吸收铁路工程建设取得的实践经验和科研成果，充分借鉴国内外铁路行业先进技术和成果，提高铁路房屋采暖、通风和空气调节设计水平，对该标准进行全面修订十分必要。

分析铁路房屋的用途、使用要求、生产工艺、气象条件、环境保护、节约能源及运营维护管理等因素，总结铁路房屋在供暖、通风和空气调节等方面的建设运营实践经验，吸纳铁路建设中的新技术、新工艺、新材料、新设备应用成果，删除部分陈旧内容，借鉴国内相关标准，使供暖通风与空气调节设计符合铁路房屋的特点，保证标准的时效性，进一步提升设计水平，满足国家能源资源节约和生态环境保护要求。

（二）编制目的

1. 贯彻能源资源节约和生态环境保护要求，吸纳铁路建设中的新技术、新工艺、新材料、新设备成果，保持标准时效性，适应铁路建设发展需要。

2. 吸收铁路工程建设取得的实践经验和科研成果，借鉴先进技术和成果，与现行国家相关标准相协调，满足标准的先进性、时效性要求。

3. 统一铁路房屋供暖通风与空气调节设计标准，使供暖通风与空气调节设计符合铁路房屋的特点和要求，适应铁路技术经济发展。

（三）编制原则

1. 节能环保、统筹协调。贯彻国家节约能源、保护环境等有关法律法规和技术政策，与国家现行相关标准相协调。

2. 吸纳经验、全面优化。总结铁路房屋在供暖、通风和空气调节建设和运营方面的实践经验，吸纳有关科研成果。

3. 体现特色、提升品质。突出体现铁路行业供暖、通风和空气调节设计特点和要求，提升设计水平。

4. 系统总结、技术合理。总结吸纳铁路房屋供暖通风与空气调节工程建设和运营实践的经验，借鉴国内相关标准，使供暖通风与空气调节设计符合铁路房屋的特点。

（四）编制过程

《铁路房屋供暖通风与空气调节设计规范》编制过程总体上分为五个阶段。

前期准备阶段。开展铁路房屋供暖通风与空气调节设计规范编制准备工作。

工作大纲阶段。确定标准编制原则、适用范围、内容框架、进度计划、工作分工等。组织铁路建设管理、勘察设计、施工建造、运营管理等单位专家完成技术审查。

征求意见稿阶段。编制完成征求意见稿条文和条文说明。向铁路建设管理、勘察设计、施工建造、运营管理、科研院所等单位广泛征求意见，共收到 8 家单位反馈意见 79 条。组织相关专家完成技术审查。

送审稿阶段。编制完成送审稿条文和条文说明。向铁路建设管理、勘察设计、施工建造、运营管理、科研院所等单位广泛征求意见，共收到 11 家单位反馈意见 48 条。组织相关专家完成技术审查。

报批稿阶段。编制完成报批稿条文和条文说明。经审核通过，于 2019 年 8 月 5 日发布，自 2019 年 12 月 1 日起实施。

（五）主要内容

《铁路房屋供暖通风与空气调节设计规范》是铁路工程建设房屋建筑领域行业标准，在总结吸纳铁路房屋供暖通风与空气调节工程建设和运营实践的经验，借鉴相关标准基础上编制而成。

规范基本构架：

本规范共分 10 章，包括总则、室内外设计计算参数、供暖、通风、空气调节、冷源与热源、监测与控制、接口设计、维护管理设施、其他等，另有 5 个附录。主要分为三大板块：

第一板块：总则。明确标准编制目的、适用范围、供暖通风与空气调节设计方案和系统要求等内容。

第二板块：设计参数规定。规定相关室内外设计计算参数的确定原则及选用方法等内容。

第三板块：主要技术要求。提出供暖方式选择、通风方式确定、空气调节系统选择及设置原则等要求。

主要修订内容：

1. 增加"室内外设计计算参数""冷源与热源""监测与控制""接口设计"以及"其他"等章节内容。

2. 规定铁路客站站房夏季通风室内空气计算温度、地下站站台夏季室内空气计算温度、厂房夏季工作地点温度等室内空气设计参数。

3. 增加入库冷车体吸热耗热量、车站冷风渗透热负荷等热负荷计算要求及电加热供暖、室外供暖管道的有关规定。

4. 增加事故通风、设备选择、风管设计的要求，删除木工间、采石场等场所通风除尘等内容。

5. 补充铁路房屋空气调节系统设置范围。

6. 规定工业余热或区域供热的应用原则与要求。

7. 规定铁路客站站房、列车大型作业库、无人值守的设备机房暖通空调设备控制要求。

8. 增加检修马道等运营维护设施的设置要求。

9. 规定室外暖通空调设备、管道及配件等与高速铁路线路、接触网间有关安全措施的要求。

八、《铁路工程劳动安全与卫生设计规范》TB 10061—2019

（一）编制背景

为完善交通安全生产体系，健全铁路安全生产法规制度和标准规范，贯彻"以人为本、安全第一、预防为主、综合治理"的方针政策，确保铁路工程建设项目符合劳动安全卫生要求，减少职工伤亡事故和职业危害，保障劳动者在生产过程中的安全与健康，根据构建铁路工程建设标准体系的要求，对《铁路工程劳动安全卫生设计规范》TB 10061—1998 进行全面修订，并将规范名称修改为《铁路工程劳动安全与卫生设计规范》。

劳动安全与卫生标准是保障劳动者在生产过程中安全与健康的相关技术措施。该标准的实施为保障劳动者创造舒适、安全的劳动环境，防止事故和职业病的发生，提高作业人员安全技术素质和劳动生产率，保持社会稳定与发展，具有重大的社会经济效益。1998 年版规范是铁路工程建设领域设计类通用标准，涉及线路、站场、桥涵、隧道、电力、电力牵引供电、通信、信号、机务、车辆、起重运输等专业。自发布以来，对铁路工程劳动安全卫生设施设计工作规范化与标准化起到了积极推动作用。

随着中国铁路建设快速发展，新技术、新工艺、新材料、新设备的不断产生，也出现了一些新的职业危害，原版规范中涉及不同专业的劳动安全卫生设计管理方式方法或操作手段已不适应目前行业发展需要。针对上述现状，有必要对《铁路工程劳动安全卫生设计规范》中路基、房屋建筑、给水排水、机务车辆及动车组设备等专业安全卫生防护设计要求做进一步修订。

（二）编制目的

1. 贯彻国家《安全生产法》《职业病防治法》要求，跟踪技术发展动态，提出切实有效的劳动安全、职业病防护措施，保障劳动者人身安全卫生的权益。

2. 总结生产过程中安全与健康的相关成熟经验，吸收各专业设计规范的有关内容，优化已无法适应勘察设计形势发展的技术内容，满足铁路工程建设发展的需要。

3. 结合已有工程实践经验和科研成果，明确线路、站场、桥涵、隧道、电力、电力牵引供电、通信、信号、机务、车辆、起重运输等专业安全卫生设计要求，促进铁路工程安全质量的提升。

（三）编制原则

1. 目标导向、需求牵引。贯彻新发展理念，紧跟铁路工程建设发展趋势，适应铁路工程建设项目符合劳动安全卫生发展要求，切实保障劳动者人身安全、健康卫生等权益，促进铁路高质量发展。

2. 把握重点、覆盖全面。利用已有标准基础，着力加强路基、隧道、房屋建筑等专业安全卫生防护设计要求，全面覆盖铁路工程建设项目投产后劳动安全、职业病防护设施、公共场所卫生设施设计。

3. 技术先进、规范统一。系统总结铁路工程劳动安全卫生设计实践经验，提炼各行业、不同类型工程实践经验及研究成果，促进与相关国家标准、行业标准的协调统一。

4. 国际视野、特色鲜明。放眼世界各国劳动安全卫生发展实际，突出中国铁路工程建设应用特点，明确相关管理、设计工作要求及衡量指标，保障劳动者在生产过程中安全与健康。

（四）编制过程

《铁路工程劳动安全与卫生设计规范》编制过程总体上分为五个阶段。

前期准备阶段。开展劳动安全卫生基础研究，调研国内外劳动安全卫生管理办法及设计要求，全面总结铁路工程劳动安全卫生设计实践经验。

工作大纲阶段。确定标准编制原则、适用范围、内容框架、进度计划、工作分工等。组织铁路建设管理、勘察设计、科研院所等单位专家完成技术审查。

征求意见稿阶段。编制完成征求意见稿条文和条文说明。向铁路建设管理、勘察设计、施工建造、运营管理、科研院所等单位广泛征求意见，共收到 8 家单位反馈意见 72 条。组织相关专家完成技术审查。

送审稿阶段。编制完成送审稿条文和条文说明。向铁路建设管理、勘察设计、工程监理、施工建造、运营管理、科研院所等单位广泛征求意见，共收到 5 家单位反馈意见 29 条。组织相关专家完成技术审查。

报批稿阶段。编制完成报批稿条文和条文说明，经审核通过，于 2019 年 7 月 31 日发布，自 2019 年 12 月 1 日起实施。

（五）主要内容

《铁路工程劳动安全与卫生设计规范》是铁路工程建设领域设计类通用标准，是根据国家劳动安全卫生法律法规和技术标准有关要求，结合铁路工程建设发展实际，在系统总结铁路工程劳动安全卫生设计实践经验基础上修订而成。

规范基本构架：

本规范共分 5 章，包括总则、基本规定、选线（址）及平面布置、劳动安全、劳动卫生等。主要分为三大板块：

第一板块：总则。明确标准编制目的、适用范围，提出安全第一、预防为主、综合治理的方针，强调新建改建卫生设施必须与主体工程同时设计等要求。

第二板块：基本规定。规定劳动安全与卫生基本要求，包括：安全防护距离、室内环境和辅助卫生设施的设计、防雷接地设计、设置安全标志或涂安全色、专用检测设备及报警装置等。

第三板块:具体技术要求。提出劳动安全与卫生具体技术要求,包括:防护栅栏、禁止通行标志等安全防护设施及安全距离、防雷接地、瓦斯隧道瓦斯浓度限定值和瓦斯隧道通风设备、生活饮用水水源卫生防护设计等。

主要修订内容:

1. 提出高速、城际、重载、设计速度 120 km/h 及以上客货共线铁路及动车组走行线的区间路基地段设置防护栅栏的要求。

2. 增加铁路劳动安全、职业病防护、公共场所卫生设施的防雷接地设计要求。

3. 规定对可能产生易燃易爆有毒有害气体的场所应设置专用检测设备和报警装置的要求。

4. 提出站、段、所等应避开油气管道等设施,危险品专办站与城镇的安全距离,易燃易爆及危险品生产设施布置的要求。

5. 规定路基、桥涵、隧道养护维修及安全防护设施、瓦斯隧道瓦斯浓度限定值和瓦斯隧道通风设备的要求。

6. 增加客运站站台两端应设置防护栅栏、栅栏门和禁止通行标志,侧式站台外侧应设置栅栏、安全标线和安全防护设施的要求。

7. 补充容易被人体触及的裸带电体设置遮栏或外护物防护等级,火灾自动报警系统设计和室内线缆无毒阻燃选型的规定。

8. 规定生活饮用水水源、生活饮用水管道、建(构)筑物和贮水设施等的卫生防护设计要求。

9. 增加卫生防疫用房、高原站区医疗救助用房和客车整备场的垃圾储运及防鼠的要求。

10. 提出厕所采光和照明、垃圾转运站通风除臭设施、生产附属房屋供氧设施及卸污设备间通风除臭的要求。

九、《铁路工程混凝土配筋设计规范》TB 10064—2019

(一)编制背景

为统一铁路桥梁、路基、隧道、轨道等混凝土工程的配筋设计原则,明确典型构筑物及部件中各类钢筋的固定、连接等配置方法及技术要求,保障铁路工程结构安全，根据构建铁路工程建设标准体系的要求，组织开展《铁路工程混凝土配筋设计规范》制定工作。

钢筋是钢筋混凝土结构的主要建筑材料之一，钢筋配置直接关系到结构物的安全性和经济性，在钢筋混凝土工程设计和施工中占有非常重要的地位，做好配筋设计及施工是提高钢筋混凝土结构质量的重要工作。从安全方面考虑，配筋率过大易产生黏结裂缝，影响结构安全；从经济方面考虑，配筋率过大必然加大工程的成本；从施工方面考虑，过密的钢筋布置带来钢筋绑扎和混凝土捣实困难，施工质量难以保证。铁路工程设计及施工过程中，混凝土配筋还存在如节点钢筋布置十分拥挤、钢筋定位不准确、钢筋连接不规范，以及成型钢筋骨架保护不到位等常见问题。

伴随大量铁路修建工程的开展，钢筋混凝土结构设计施工存在各类钢筋的固定、连接等配置方法及技术要求等设计理论无法统一的问题。因此迫切需要对铁路桥涵、隧道、路基、轨道等混凝土结构的配筋设计要求进行统一规定。

（二）编制目的

1. 贯彻国家法律法规，落实铁路工程建设相关政策和技术管理等文件要求，统一桥涵、隧道、路基、轨道等混凝土结构的配筋技术内容。

2. 总结工程实践中混凝土配筋的相关成熟经验，吸纳相关科研成果和有关标准的规定，保障铁路工程结构安全，满足铁路建设发展的需要。

3. 结合钢筋混凝土结构技术的发展实际，编制覆盖全面协调的铁路工程混凝土配筋设计规范，统一典型构筑物及部件中各类钢筋的固定、连接等配置方法及技术要求。

（三）编制原则

1. 目标导向、需求牵引。贯彻新发展理念，紧跟铁路建设发展趋势，适应铁路工程建设混凝土配筋发展要求，切实保障铁路工程建设经济性、安全性等要求，促进铁路高质量发展。

2. 把握重点、覆盖全面。利用已有标准基础，重点把握配筋率偏大、钢筋定位不准确、钢筋连接不规范等实际问题，全面覆盖铁路工程桥涵、隧道、路基、轨道等混凝土结构的配筋设计。

3. 技术合理、规范统一。以现行国内外专业设计规范为基础，收集分析铁路工程设计的参考图、大样图、施工图等配筋要求，促进与国家、行业相关标准的协调统一。

4. 特色鲜明、统筹兼顾。突出铁路工程梁、板、衬砌、墩台、挡土结构、涵洞、承台、桩及其他受力构件配筋设计要求，体现标准可操作性、技术先进性及经济合理性。

（四）编制过程

《铁路工程混凝土配筋设计规范》编制过程总体上分为五个阶段。

前期准备阶段。开展铁路工程混凝土配筋基础研究，调研国内外相关管理办法及设计要求，全面总结铁路工程混凝土配筋设计实践经验。

工作大纲阶段。确定标准编制原则、适用范围、内容框架、进度计划、工作分工等。组织、勘察设计、施工建造等单位专家完成技术审查。

征求意见稿阶段。编制单位收集分析各设计院及国外等规范资料，对比分析国内相关标准的规定。编制完成征求意见稿条文和条文说明。向铁路勘察设计、科研院所等单位广泛征求意见，共收到 4 家单位反馈意见 69 条。组织相关专家完成技术审查。

送审稿阶段。编制完成送审稿条文和条文说明，向铁路建设管理、勘察设计、施工建造、运营管理、科研高校等单位广泛征求意见，共收到 10 家单位反馈意见 49 条。组织相关专家完成技术审查。

报批稿阶段。编制完成报批稿条文和条文说明，经审核通过，于 2019 年 5 月 5 日发布，自 2019 年 9 月 1 日起实施。

（五）主要内容

《铁路工程混凝土配筋设计规范》是铁路工程建设领域设计类通用标准，是根据国家技术政策和技术标准有关要求，结合铁路工程建设发展实际，在系统总结国内外工程建设的实践经验及有关科研成果基础上编制而成。

规范基本构架：

本规范共分 10 章，包括总则、术语符号、基本规定、板与梁、墩台、衬砌、挡土结构、涵洞、承台与桩、局部受力构件等。主要分为四大板块：

第一板块：总则与术语符号。明确标准编制目的、适用范围，强调根据结构实际情况综合确定铁路混凝土结构受力钢筋和构造钢筋的配置总要求。

第二板块：术语符号。定义混凝土结构配筋设计相关的术语符号。

第三板块：基本规定。规定混凝土结构配筋设计基本要求，包括：钢筋材料的种类、常用钢筋直径范围、钢筋最小间距、钢筋最小锚固长度、钢筋弯钩、钢筋弯折、钢筋接头、最小配筋率钢筋、纵向钢筋布置等内容。

第四板块:具体技术要求。针对板与梁、墩台、衬砌、挡土结构、涵洞、承台与桩及局部受力构件等,提出钢筋的固定、连接等配置方法的技术要求。

主要技术内容:

1. 规定钢筋材料、最小间距、锚固长度、弯钩、弯折、接头、最小配筋率等内容。

2. 明确钢筋混凝土梁,以及行车道板、人行道板、沟槽盖板、无砟轨道板、桩板结构与桩帽等板结构的配筋要求。

3. 提出钢筋混凝土实体墩、素混凝土实体墩台、钢筋(素)混凝土空心墩等桥梁墩台的配筋要求。

4. 明确隧道暗洞和明洞衬砌结构配筋的连接位置、钢筋接头设置、二次衬砌加筋固定、最小配筋率等设计要求。

5. 规定悬臂式挡土墙、扶壁式挡土墙、槽型挡土墙、锚杆挡土墙、锚定板挡土墙、锚固桩、桩板式挡土墙、锚索垫墩、地梁、格子梁、桩基托梁、隧道洞门端墙等挡土结构的配筋要求。

6. 明确钢筋混凝土圆管涵、矩形框架涵应布置内外两层钢筋网且提出纵向、环向钢筋间距的设计要求。

7. 规定钢筋混凝土钻(挖)孔灌注桩基础、承台的最小配筋率、纵向受力主钢筋直径、箍筋的直径和间距等设计要求。

8. 提出局部冲切构件、无砟轨道限位结构等局部受力构件的钢筋直径、间距、搭接方式等设计要求。

十、《铁路房屋建筑设计标准》TB 10097—2019

(一)编制背景

为贯彻国家能源资源节约和生态环境保护要求,根据构建铁路工程建设标准体系要求,组织开展《铁路房屋建筑设计标准》制定工作。

铁路房屋具有服务于铁路运输生产办公、技术作业和出勤候班休息、沿线站段工区住宿等功能,对于保障客货运输生产条件、维护职工群众利益具有重要作用。为提高运输服务水平,改善职工生产生活条件,适应中国铁路工程建设发展提供技术支撑,编制《铁路房屋建筑设计标准》。

通过全面总结铁路房屋建设中积累的设计、运营经验,吸纳生产力布局调整的成果,并与相关标准相协调,满足铁路运输生产、职工生活需要,完善铁路房屋建设标准。

（二）编制目的

1. 贯彻国家能源资源节约和生态环境保护的要求，优化铁路房屋建筑功能布局，满足铁路运输生产、职工生活需要。

2. 统一铁路行业房屋建筑设计技术要求，提升铁路房屋建筑设计水平，提高标准可操作性。

3. 总结铁路房屋建筑设计中的先进设计思想和实践经验，与相关标准相协调，为铁路房屋建筑设计提供依据。

（三）编制原则

1. 统筹协调、优化布局。遵循国家相关法律法规，与国家现行有关标准相协调。优化铁路房屋建筑布局，提高铁路房屋建筑设计水平。

2. 定位清晰、细化完善。满足铁路运输生产、职工生活需要，使铁路房屋建筑设计符合安全、适用、经济、卫生和环保的基本要求。

3. 系统总结、安全适用。全面总结建设运营实践经验，采用成熟可靠的新技术、新工艺、新材料、新设备，强化铁路房屋建筑设计安全要求。

4. 布局完善、经济适用。统一规划建筑布局，因地制宜确定房屋设计水平，适应铁路房屋建筑节能环保的发展要求。

（四）编制过程

《铁路房屋建筑设计标准》编制过程总体上分为四个阶段。

工作大纲阶段。确定标准编制原则、适用范围、内容框架、进度计划、工作分工等。组织铁路建设管理、勘察设计、运营管理等单位专家完成技术审查。

征求意见稿阶段。编制完成征求意见稿条文和条文说明。向铁路建设管理、勘察设计、运营管理等单位广泛征求意见，共收到15家单位反馈意见167条。组织专家完成技术审查。

送审稿阶段。编制完成送审稿条文和条文说明。向铁路建设管理、勘察设计、运营管理等单位广泛征求意见，共收到10家单位反馈意见109条，组织专家完成技术审查。

报批稿阶段。编制完成报批稿条文和条文说明。经审核通过，于2019年7月31日发布，自2019年12月1日起实施。

（五）主要内容

《铁路房屋建筑设计标准》在贯彻国家能源资源节约和生态环境保护要求，

总结铁路房屋建设中积累的设计运营经验，吸纳生产力布局调整的成果，并与相关标准相协调的基础上编制而成。

标准基本构架：

本标准共分 4 章，包括总则、基本规定、生产房屋、生活房屋，另有 1 个附录。主要分为三大板块：

第一板块：总则。规定铁路房屋建筑设计的基本原则、节约能源、建设用地等要求。

第二板块：基本规定。规定铁路房屋设计的抗震、防火、防水、节能、防雷、总平面布置等基本要求。

第三板块：主要技术要求。规定客运、货运、车站运转、供暖通风与空气调节、环境卫生、职工食堂、浴室和单身宿舍等用房设置要求。

主要技术内容：

1. 规定铁路房屋建筑设计的基本原则、节约能源、建设用地等要求。

2. 明确铁路房屋设计的抗震、防火、防水、节能、总平面布置等基本要求，规定建筑抗震设防类别等。

3. 规定铁路车站站区生产、生活房屋设计要求，提出铁路设备机房内建筑变形缝设置原则、铁路房屋选址的原则等。

4. 明确铁路生产房屋建筑面积、设计规模的确定原则，规定铁路生产房屋集中统一设置的原则要求等。

5. 规定通信基站、光纤直放站、信号中继站、牵引变电所等房屋设计的基本要求，明确设备维修倒替要求的生产设备房屋的布线原则等。

6. 规定铁路车间、动车所、工区房屋建筑面积指标要求，提出生产用房单独配置要求等。

7. 提出工务、供电轨道车库及料具间等附属房间设置要求，提出储油间集中设置原则要求等。

8. 明确职工食堂、浴室等建筑面积指标计算方法、设计要求等。

十一、《铁路瓦斯隧道技术规范》TB 10120—2019

（一）编制背景

为贯彻“安全第一、预防为主、综合治理”的方针政策，满足铁路瓦斯隧道勘察、设计、施工及运营的需要，统一铁路瓦斯隧道技术标准，使铁路瓦斯隧道符合技术先进、措施合理、风险可控、运营安全、工程经济等要求，根据《国家铁路局2015铁路工程建设标准编制计划》（国铁科法函〔2015〕62号）要求，组织开展《铁路瓦斯隧道技术规范》TB 10120—2002全面修订工作。

瓦斯具有快速扩散、可燃性和可爆炸性特点。瓦斯灾害是隧道建设中高安全风险的重大灾害之一，主要表现为中毒、窒息、燃烧、爆炸、煤与瓦斯突出五种情况，其中以瓦斯爆炸最易发生，一旦发生瓦斯灾害，后果往往十分严重。大量工程实践表明，穿越煤系及非煤系的特长瓦斯铁路隧道面临严峻的长距离施工通风问题及瓦斯溢出的突发灾害安全问题。为防范和减轻瓦斯灾害，迫切需要有效的隧道瓦斯灾害危险性评价方法与控制手段。2002年版规范实施以来，为铁路瓦斯隧道的建设起到了积极作用，也成为公路隧道广泛引用的铁路规范之一。

随着大量交通瓦斯隧道的修建，瓦斯对施工安全、结构耐久、运营保障乃至工程投资的影响日益突显，同时对勘察、设计、施工、验收及运营管理等提出了更全面、更新的要求。原版规范内容涵盖面局限性较大、数据样本有限，部分关键设计控制参数的选择偏于保守，已制约了瓦斯隧道的修建和管理。针对上述现状，有必要对《铁路瓦斯隧道技术规范》中瓦斯分级标准、设防措施、建筑材料、施工作业设备、风险评估以及非煤瓦斯隧道修建技术等方面设计要求做进一步修订。

（二）编制目的

1. 贯彻国家《安全生产法》《矿山安全法》等要求，跟踪技术发展动态，提出切实有效的防范和减轻瓦斯灾害防护措施，保障劳动者人身健康安全的权益。

2. 总结瓦斯监测技术、施工通风技术、施工管理技术的相关成熟经验，吸收各专业设计规范的有关内容，优化落后的技术内容，满足铁路瓦斯隧道建设发展的需要。

3. 结合已有工程实践经验和科研成果，明确瓦斯分级标准、设防措施、建筑材料、施工作业设备、风险评估以及非煤瓦斯隧道修建技术等方面设计管理要求。

（三）编制原则

1. 安全导向、需求牵引。贯彻新发展理念，统一铁路瓦斯隧道技术标准，使铁路瓦斯隧道建设符合并满足决策科学、技术先进、措施合理、风险可控、运行安全、经济合理的要求。

2. 把握重点、覆盖全面。结合铁路瓦斯隧道的经验和教训，全面覆盖新建铁路瓦斯隧道及其辅助坑道的勘察、设计、施工、运营维护各阶段，体现隧道全寿命周期的安全风险管理。

3. 技术先进、协调统一。利用已有标准基础，注重吸纳煤矿系统对瓦斯防治的安全理念、指导思想和先进技术，促进与相关国家标准、行业标准的协调统一。

4. 特色鲜明、统筹兼顾。突出铁路瓦斯隧道工程辅助坑道的布置、支护衬砌、封堵措施等设计技术内容，提出强化措施要求，排除安全隐患，体现标准系统性、可靠性、经济性和可持续性。

（四）编制过程

《铁路瓦斯隧道技术规范》编制过程总体上分为五个阶段。

前期准备阶段。开展铁路瓦斯隧道技术规范基础研究，调研在建成贵铁路、渝黔铁路瓦斯隧道施工情况，广泛听取铁路建设各方对现行规范的意见及建议，收集重庆至贵阳铁路线天坪隧道、凉风垭隧道两座煤与瓦斯突出隧道相关资料。

工作大纲阶段。确定标准编制原则、适用范围、内容框架、进度计划、工作分工等。组织铁路建设管理、勘察设计、施工建造等单位专家完成技术审查。

征求意见稿阶段。

2016 年 1 月，对在建成贵铁路高瓦斯隧道施工进展情况，煤层瓦斯段超前地质预报、施工通风、探煤揭煤等工艺工序实施及测试、工装配置及施工安全管理运行等情况和效果进行现场调研，收集相关资料并广泛听取了建设、施工、设计咨询、监理、煤矿系统建设咨询单位的意见。

2016 年 9 月，在编制大纲的基础上完成了框架性初稿，并进行编制组内部审查讨论。

2016 年 10 月，现场调研曲靖工务段红果工区家竹箐瓦斯隧道运营情况，重点调研了隧道瓦斯监测及运营通风情况，并听取了工务部门的意见及建议；调研达成线炮台山瓦斯隧道及达成线改造工程云顶瓦斯隧道的运营状况。

2017 年 11 月，编制完成征求意见稿条文和条文说明。向施工建造、运营管理等单位广泛征求意见，共收到 7 家单位反馈意见 89 条。组织相关专家完成技术审查。

送审稿阶段。

2018 年 1 月，编制组对近几年铁路项目的高瓦斯隧道、瓦斯突出隧道的设计、施工及运营情况进行梳理总结，开展针对性的调研和资料分析工作。同时，在成贵铁路现场开展了部分现场测试工作。

2018 年 2 月，编制完成送审稿条文和条文说明。向铁路建设管理、勘察设计、施工建造、运营管理等单位广泛征求意见，共收到 16 家单位反馈意见 82 条。组织相关专家完成技术审查。

报批稿阶段。编制完成报批稿条文和条文说明，经审核通过，于2019年4月18日发布，自2019年8月1日起实施。

（五）主要内容

《铁路瓦斯隧道技术规范》是铁路工程建设领域隧道工程技术标准，根据国家技术政策和技术标准有关要求，结合铁路工程建设发展实际，在系统总结国内外工程建设的实践经验及有关科研成果基础上修订而成的。

规范基本构架：

本规范共分15章，包括总则，术语，基本规定，勘察，结构设防设计，运营通风及监控系统设计，超前地质预报，钻爆作业及支护，防突揭煤，施工通风、瓦斯检测和监测，施工电气设备及作业机械，施工安全管理，风险管理，质量检验及工程验收，运营管理等，另有4个附录。主要分为三大板块：

第一板块：总则及术语。明确标准编制目的、适用范围，执行规范的基本原则，引用规范的相应要求，提出瓦斯隧道的勘察设计应贯穿于隧道建设的全过程要求，定义瓦斯隧道设计相关术语。

第二板块：基本规定。规定瓦斯隧道基本内容，包括：隧道瓦斯分类、确定方式、判定指标，线路选线，瓦斯设防综合结构体系，瓦斯隧道设计、施工、风险管理等。

第三板块：具体技术要求。针对隧道勘察，隧道结构设防、运营通风及监控系统设计，超前地质预报，钻爆作业及支护，施工通风、瓦斯检测和监测，施工电气设备及作业机械，施工安全、风险、质量检验及工程验收运营管理等内容，提出具体规定和设计管理要求。

主要修订内容：

1. 提出瓦斯隧道设计施工应遵循的原则，强调施工中的全过程管理。

2. 补充瓦斯涌出、瓦斯风化带、始突深度等术语，修订瓦斯术语为在地层中赋存或逸出的以甲烷为主的有害气体。

3. 修订瓦斯隧道的分类分级，将瓦斯隧道分为微瓦斯、低瓦斯、高瓦斯、瓦斯突出等四类隧道；修订瓦斯工区的判定指标；规定平均厚度0.3 m及以上的煤层应进行突出危险性预测。

4. 补充按照勘察阶段收集相关资料的要求，对各阶段瓦斯预测和评估进行了规定。

5. 明确瓦斯隧道结构设防等级，修订瓦斯隧道结构、瓦斯隔离层及瓦斯引排措施的相关内容和要求。

6. 修订辅助坑道设置、衬砌、封堵的相关规定，强化辅助坑道封堵措施，增加瓦斯隧道附属洞室的设置要求。

7. 修订瓦斯隧道运营期间瓦斯检测要求，规定瓦斯突出隧道设置运营机械通风的要求。

8. 强化瓦斯隧道应按先探后掘的原则超前地质预报措施，明确物探作业安全要求。

9. 修订钻爆作业安全要求，增加施工中防煤尘爆炸、防煤层自燃的措施。

10. 吸纳煤矿“四位一体”综合防突的理念，明确对具有煤与瓦斯突出危险的煤层应实施超前综合防突措施和工作面综合防突措施。

11. 修订瓦斯隧道巷道式施工通风的规定，明确瓦斯工区洞内最低风速要求，补充施工通风瓦斯检测及监测的要求。

12. 修订瓦斯隧道施工电气设备的要求，明确各级瓦斯工区的电气设备及作业机械的防爆要求。

13. 强化瓦斯工区的人员管理，增加瓦斯工区动火作业安全管理要求，明确应急管理的相关内容。

14. 增加瓦斯隧道建设各阶段风险评估的内容。补充瓦斯排放系统验收检查及评估及瓦斯隧道运营管理的有关要求。

十二、《铁路声屏障工程设计规范》TB 10505—2019

（一）编制背景

为贯彻《环境噪声污染防治法》等有关法律法规及技术标准要求，完善铁路工程环保专业设计类标准体系，统一铁路声屏障工程设计标准，根据构建铁路工程建设标准体系的要求，组织开展《铁路声屏障工程设计规范》制定工作。

铁路声屏障是设置于铁路交通噪声源两侧或噪声敏感点之间的声学障板，作为铁路工程配套的环保设施，是铁路两侧用以降低列车运行噪声对声环境产生影响的重要措施，如图 3-7 所示。随着铁路运行速度的大幅度提高，运行噪声也随之增加，在铁路两侧设置声屏障，成为降低铁路沿线列车运行噪声对周围环境影响，满足国家噪声标准限值经济有效地措施要求。

图 3-7 高速铁路桥上插板式金属声屏障

伴随大量铁路声屏障修建工程的进行，声屏障设计中存在不同类型铁路声源特性、声屏障声学计算方法以及声屏障材料、荷载、结构及构造要求等无法统一的问题。针对上述现状，迫切需要对声屏障的声学性能、结构力学性能、材料物理性能、安全性能及附属设施等设计技术要求进行统一规定。

（二）编制目的

1. 贯彻国家噪声污染防治的法律法规，按照“安全可靠、绿色环保、先进成熟、经济适用”的原则，统一铁路声屏障工程设计标准。

2. 降低列车运行噪声对声环境的影响，改善周围环境质量，满足铁路建设发展的需要。

3. 结合国情和声屏障材料技术的发展，统一声屏障的声学性能、结构力学性能、材料物理性能、安全性能及附属设施设计等技术要求。

（三）编制原则

1. 目标导向、需求牵引。贯彻国家噪声污染防治的法律法规，紧跟铁路建设发展趋势，降低列车运行噪声对环境的影响，保护和改善铁路周边声环境，促进铁路高质量发展。

2. 突出重点、覆盖全面。着力加强声屏障声学性能、结构力学性能、材料物理性能、安全性能及附属设施设计等主要技术要求，全面覆盖新建、改建铁路声屏障工程设计。

3. 技术先进、规范统一。系统总结铁路声屏障工程设计和运营经验，吸纳国内外相关科研成果，促进与相关国家标准、行业标准的协调统一。

4. 特色鲜明、统筹兼顾。突出铁路工程建设应用特点，满足降噪、结构和运输安全、养护维修等要求，综合不同敏感点布设声屏障的特点，保障标准可操作性。

（四）编制过程

《铁路声屏障工程设计规范》编制过程总体上分为五个阶段。

前期准备阶段。开展铁路声屏障工程设计基础研究，调研国内外铁路声屏障工程应用实际，全面总结铁路声屏障工程设计实践经验。

工作大纲阶段。确定标准编制原则、适用范围、内容框架、进度计划、工作分工等。组织铁路建设管理、勘察设计、科研院所等单位专家完成技术审查。

征求意见稿阶段。编制完成征求意见稿条文和条文说明。向铁路建设管理、勘察设计、施工建造、运营管理、科研院所等单位广泛征求意见，共收到 7 家单位反馈意见 69 条。组织相关专家完成技术审查。

送审稿阶段。编制完成送审稿条文和条文说明，向铁路建设管理、勘察设计、工程监理、施工建造、运营管理、科研院所等单位广泛征求意见，共收到 6 家单位反馈意见 33 条。组织相关专家完成技术审查。

报批稿阶段。编制完成报批稿条文和条文说明，经审核通过，于 2019 年 7 月 31 日发布，自 2019 年 12 月 1 日起实施。

（五）主要内容

《铁路声屏障工程设计规范》是铁路工程建设领域设计类环保专业技术标准，在系统总结铁路声屏障工程设计、施工、运营实践经验和相关科研成果基础上编制而成。对声屏障的声学、结构及附属设施设计、改善检修维护条件等做出规定，为建造前设计综合评价、中期施工管理和完工后监测监管工作提供标准支撑。

规范基本构架：

本规范共分 7 章，包括总则、术语、基本规定、声学设计、结构设计、附属设施、接口设计等。主要分为四大板块：

第一板块：总则。明确标准编制目的、适用范围、严禁侵入铁路建筑限界、声学构件及结构设计使用年限等总要求。

第二板块：术语。规定与铁路声屏障设计密切相关的术语和符号，如插板式声屏障、声环境敏感目标、等效频率等内容。

第三板块：基本规定。规定声屏障设计基本要求，包括：设置位置、设置样式，及在路桥连接段、车站出入段、电缆井等截面变化处的设置措施等。

第四板块:具体技术要求。提出声屏障长度设计、声屏障材料的结构性能和构造设计、排水设施、安全门设置,以及特殊地段接口设计等具体要求。

主要技术内容:

1. 规定适用范围及声屏障设计使用年限等原则性要求。

2. 确定铁路声屏障、声环境敏感目标、声屏障插入损失、列车气动力等铁路声屏障工程术语。

3. 提出声屏障设置位置、结构选型、基础类型等方面技术要求。

4. 规定声源等效频率、声源等效高度、声屏障设计目标值,以及声屏障设置长度、高度与插入损失等计算方法。

5. 明确对声屏障吸(隔)声材料、钢筋混凝土、钢立柱及金属构件、屏体以及紧固件与辅材相关技术要求。

6. 提出声屏障自然风荷载、列车气动力荷载取值和荷载组合计算方法。

7. 统一自然风荷载、列车脉动力荷载的计算公式、参数取值等要求。

8. 明确声屏障不同材料结构计算方法及验算要求。

9. 规定声屏障连接构造要求,主要包括基础现浇混凝土、螺栓、钢立柱翼缘板的加宽、吸(隔)声板等技术要求。

10. 统一声屏障排水设施、排水口、安全门设置、综合接地等附属设施的技术要求。

11. 明确声屏障与路基、桥梁、接触网等之间的接口设计要求。

十三、《高速铁路安全防护设计规范》TB 10671—2019

(一)编制背景

为贯彻落实党中央、国务院关于加强高速铁路安全的有关要求,保障高速铁路建设和运营安全,统一高速铁路安全防护工程设计标准,根据《国家铁路局2017年铁路工程建设标准编制计划》(国铁科法函〔2017〕185号)和相关要求,组织开展《高速铁路安全防护设计规范》制定工作。

铁路安全,特别是高速铁路安全事关人民群众生命财产安全,事关经济社会发展成效。《中华人民共和国铁路法》《铁路安全管理条例》等法律法规对于高速铁路安全作出基本规定,高速铁路安全防护管理相关法规正在制定中,组织开展高速铁路安全防护标准编制是推进高速铁路安全防护体系建设、落实行业监管职责使命的内在要求。现行高速铁路设计规范、各专业设计规范、验收标准以及防火、防雷接地等规范，从各自角度对铁路基础设施的安全性能参数、安全防护技术进行了规定，为制定综合性高速铁路防护设计标准奠定了基础。

根据安全第一、预防为主，以及技防、物防、人防相结合的原则，全面总结高速铁路安全防护工程建设、使用管理和设备维护经验，系统整合各标准对高速铁路设施设备、沿线防护设施（图3-8）、防灾检测设备等方面的规定，从工程设计源头入手制定安全防护标准和措施，为高速铁路安全防护设计提供标准支撑。

图3-8　高速铁路防风设施

（二）编制目的

1. 贯彻党中央、国务院关于加强高速铁路安全的有关要求，保障高速铁路建设运营安全，做好高速铁路安全防护相关法规配套衔接。

2. 综合考虑设计、施工、运营阶段各类问题，提升对高速铁路安全防护风险隐患的应对能力，强化工程设计源头控制，统一协调现有高速铁路安全防护技术标准。

3. 结合技防、物防、人防要求，合理确定高速铁路安全防护设计主要防范对象和相应防护设计所需工程措施、系统设备，做好接口设计。

4. 综合运用安全监测技术，加强重大危险源和隐患监控预警，着力提高高速铁路安全监测工作信息化、数字化、智能化水平，加强高速铁路安全防护，保证高速铁路运输安全畅通。

（三）编制原则

1. 安全第一、综合防护。落实《中华人民共和国铁路法》《铁路安全管理条例》等法律法规相关规定，统筹推进相关法规标准建设，保障高速铁路建设和运营安全。

2. 定位明确、协调统一。服务全方位立体化高速铁路综合安全防护体系建设，注重与相关法律法规、标准规范的衔接统一，减少与既有标准的交叉重复。

3. 深度融合、系统优化。系统总结铁路工程建设、运营管理、设备维护经验及相关科研成果，综合考虑各专业安全防护要求，合理确定技术参数、统一技术标准。

4. 科学适用、高效便捷。突出规范科学合理性、技术经济性、成熟可靠性，充分体现高速铁路安全防护系统工程的可操作性、可扩展性、可维护性。

（四）编制过程

《高速铁路安全防护设计规范》编制过程总体上分为五个阶段。

前期准备阶段。开展《高速铁路安全防护技术标准》基础研究，梳理《中华人民共和国铁路法》《铁路安全管理条例》等法律法规相关内容，提出高速铁路安全防护设计主要防范对象，分析相应工程措施和系统设备选用影响因素，为规范编制提供基础支撑。

工作大纲阶段。确定标准编制原则、适用范围、内容框架、进度计划、工作分工等。组织铁路建设管理、勘察设计、运营维护、科研高校等单位专家完成技术审查。

征求意见稿阶段。编制完成征求意见稿条文和条文说明。向铁路建设管理、勘察设计、施工建造、运营维护等单位广泛征求意见，共收到 30 家单位反馈意见 244 条。组织相关专家完成技术审查。

送审稿阶段。编制完成送审稿条文和条文说明，向铁路建设管理、勘察设计、施工建造、运营维护等单位广泛征求意见，共收到 19 家单位反馈意见 130 条。组织相关专家完成技术审查。

报批稿阶段。编制完成报批稿条文和条文说明，经审核通过，于 2019 年 11 月 5 日发布，自 2020 年 2 月 1 日起实施。

（五）主要内容

《高速铁路安全防护设计规范》是首部高速铁路安全防护综合性标准，是在全面总结铁路工程建设、运营维护经验和相关科研成果基础上编制而成的，统一了高速铁路安全防护工程设计标准，提升了安全监测工作信息化、数字化、智能化水平。

规范基本构架：

本规范共分 7 章，包括总则、术语和缩略语、基本规定、工务工程、四电工程、房屋建筑及构筑物、安全防护监测等。主要分为五大板块：

第一板块：总则。明确标准编制目的、适用范围、高速铁路安全防护工程设计原则、相应工程措施和系统设备选用参考因素等内容。

第二板块：术语和缩略语。规定与高速铁路安全防护技术密切相关的术语和缩略语，如周界入侵监测系统、火灾自动报警系统等。

第三板块：总体设计要求。规定高速铁路安全防护设计主要防范对象，各专业抗震、工程防火、防雷接地等要求。

第四板块：具体设计要求。提出工务工程、四电工程、房屋建筑及构筑物安全防护设计具体要求。

第五板块：监测相关要求。提出高速铁路视频监控、异物侵限监测、周界入侵监测、自然灾害监测相关要求。

主要技术内容：

1. 明确规范的编制目的、适用范围、基本原则、与相关标准的关系等内容。

2. 统一规范适用的术语和缩略语。

3. 规定重点防范内容，以及抗震、防火、防雷、网络安全等安全防护共性要求。

4. 规定铁路选线、线路安全防护、立体交叉、接轨及安全线、站台、站场、消防通道等安全防护要求，以及路基边坡防排水、边坡防护，桥梁防撞、防洪、防排水、疏散救援通道、防火，隧道防灾救援疏散、隧道洞口和接长明洞等安全防护要求。

5. 规定电力牵引供电及电力专业所（亭）选址、应急照明等，通信信号专业容灾备份、应急通信、故障安全等，以及旅客安检设施、入侵报警、求助、门禁等安全要求。

6. 规定铁路建筑、结构的安全防护要求。

7. 规定视频监控、异物侵限监测、周界入侵监测、自然灾害监测等安全防护监测系统要求。

（Ⅲ）施　工　类

十四、《铁路工程爆破振动安全技术规程》TB 10313—2019

（一）编制背景

为严格落实“安全第一，预防为主”国家有关安全生产方针，实现爆破工程现场作业规范可控，确保社会生产和人民生活及生命财产安全可控，根据构建铁路工程建设标准体系的要求，组织开展《铁路工程爆破振动安全技术规程》制定工作。

爆破引起的事故因具有突发性、复杂性、严重性，所以爆破事故不仅会造成重大经济损失同时也给社会生产和人身安全产生极大不良影响和严重危害。随着铁路的快速发展，工程建设更是日新月异，政府相关部门和建设施工单位越来越重视施工安全管理工作，尤其是工程爆破拆除等危险作业，致力于减少施工现场不安全事故的发生，加强安全检测手段和有效防护措施，最大限度确保施工现场和操作人员的安全。

爆破振动的危害影响因素错综复杂，但是随着对爆破技术的不断改进和完善，可以在达到爆破设计效果的同时，把爆破的危害影响降至最低。铁路工程爆破中通过对主要铁路设备设施的爆破振动安全允许值的设定，爆破振动监测的要求和具体方法确保爆破振动对铁路设备设施的影响不超出安全范围，对铁路安全运营和工程建设安全起到保驾护航作用。

在铁路工程施工安全防护中，由于爆破工程的特殊性，与其他工程施工相比安全性危险系数更高，所以爆破安全防护一直是工程建设者最为关注的一个重要问题。随着爆破事业不断发展，爆破安全防护技术要求也越来越高，为加强工程爆破的安全控制，编制可行的技术规程是现场实际的迫切需要。

（二）编制目的

1. 为确保铁路工程建设和运营安全，做到安全可靠、技术先进、经济合理，现场爆破作业进一步规范可控。

2. 统一铁路工程爆破施工的振动安全技术标准，以最大限度减小爆破振动对铁路工程和周围环境造成的不良影响。

3. 总结铁路工程爆破振动安全技术经验，确保爆破振动安全技术标准与工程现场实际防护要求协调一致。

（三）编制原则

1. 保障安全、适应发展。贯彻国家有关法律法规及铁路主要技术政策，确保铁路工程建设和运营安全。

2. 创新驱动、全面优化。总结铁路工程建设和运营实践经验，充分吸纳多年来爆破振动相关科研成果，体现标准的经济适用性和规范性。

3. 覆盖全面、统筹协调。与国家、铁路、公安等部门发布的相关标准、规定协调一致，避免相互矛盾和重复。

4. 安全优先、规范统一。确保标准的可操作性和适用性，表述准确、精炼，章节编排体现系统性和使用方便性。

（四）编制过程

《铁路工程爆破振动安全技术规程》编制过程总体上分为五个阶段。

前期准备阶段。全面总结铁路工程爆破振动实践经验与科研成果的应用，分析爆破施工作业的技术特点，开展爆破振动监测方法、安全控制措施和监测技术基础研究，搜集相关技术资料。

工作大纲阶段。确定标准编制原则、适用范围、内容框架、进度计划、工作分工等。组织建设管理、勘察设计、施工建造、监理咨询、运营维护、科研高校等单位专家开展技术审查。

征求意见稿阶段。根据工作大纲审查意见，完成征求意见稿编制。向建设管理、勘察设计、施工建造、监理咨询、运营维护、科研高校等单位广泛征求意见，共收到 14 家单位反馈意见 64 条。组织相关专家开展技术审查。

送审稿阶段。编制完成送审稿条文和条文说明。向建设管理、勘察设计、施工建造、监理咨询、运营维护、科研高校等单位广泛征求意见，共收到 8 家单位反馈意见 34 条。组织相关专家开展技术审查。

报批稿阶段。编制完成报批稿和条文说明。经审核通过，于 2019 年 4 月 18 日发布，自 2019 年 8 月 1 日起实施。

（五）主要内容

《铁路工程爆破振动安全技术规程》是铁路工程建设领域施工类通用标准，是保证爆破施工作业安全的重要技术支撑。在全面总结铁路工程爆破实践经验与科研成果的基础上编制而成。提出安全监测贯穿爆破施工全过程的理念，明确铁路和其他保护物附近的爆破作业要求及相关爆破振动安全控制和措施，规范爆破振动安全监测方法、安全控制措施和监测技术水平。

规程基本构架：

本规程共分 6 章，包括总则、术语与符号、基本规定、爆破振动安全允许标准、爆破振动监测、爆破振动控制，另有 1 个附录。主要分为四大板块：

第一板块：总则。明确规程编制目的、适用范围，规定了与铁路相关爆破工程的勘察、设计、施工、安全评估、振动监测等要求。

第二板块：术语符号。明确爆破振动及强度、速度、频率、检测、衰减规律等相关术语解释和有关符号。

第三板块:基本规定。规定爆破振动的控制指标控、技术控制要求和检测频次等要求。

第四板块:具体技术规定。规定爆破振动安全允许标准、爆破振动监测、爆破振动控制等技术要求。

主要技术内容:

1. 规定适用范围,明确与铁路相关的爆破工程勘察、设计、施工、安全评估、振动监测等要求。

2. 明确爆破振动、爆破振动强度、爆破振动速度、主振频率、振动速度允许值、爆破振动检测等术语解释。

3. 提出爆破振动控制指标,明确监测频次,规定爆破振动控制技术要求。

4. 规定路基、涵洞、边坡、桥梁、隧道、接触网支柱、站房等主要铁路设备设施的爆破振动安全允许值。

5. 规定爆破振动现场监测方法、数据整理与分析、监测报告编写等要求。

6. 分别从设计、施工和管理方面,提出降低爆破振动影响、监测控制爆破振动有害效应的技术措施。

(Ⅳ)验　收　类

十五、《铁路工程基桩检测技术规程》TB 10218—2019

(一)编制背景

为贯彻“安全第一,预防为主,综合治理”的安全方针,加强对铁路工程基桩质量的检测控制,提高铁路工程建造基础质量,确保铁路运输运行平稳、安全可靠,根据《国家铁路局 2014 年铁路工程建设标准编制计划》(国铁科法函〔2014〕175 号),对《铁路工程基桩检测技术规程》TB 10218—2008 进行全面修订。

基桩是铁路工程结构的重要组成部分,基桩建造质量直接关系到铁路工程的安全和稳定。与上部结构或浅基础比较起来,工作性状和承载性能更为复杂,因此对基桩建造质量的要求更高,以实现铁路工程基桩建造过程质量可控,满足铁路安全运输要求。随着铁路高速重载的发展,铁路工程建设“四新”技术不断推广适用,为满足铁路工程基桩施工质量控制的需要,确保其质量安全可靠,现场基桩施工质量检测技术需要不断同步跟进，提升检测水平、改进检测方法，因此应及时总结铁路工程基桩检测应用实践经验，提升检测水平、改进检测方法，及时补充、修改、完善、优化铁路工程基桩检测技术规程，确保基桩质量检测规范、有效、可靠。

适应发展需求，总结经验成果，补强短板，解决“四新”技术应用中的新问题，及时对 2008 年版规程进行全面修订，补充、修改、完善、优化铁路工程基桩检测规程技术内容，进一步提升规程的适用性、规范性、可操作性，提高基桩的过程控制和建造质量。

（二）编制目的

1. 为贯彻国家有关法律法规和铁路技术政策，统一铁路工程建设基桩检测技术要求，提高基桩检测质量和水平。

2. 满足铁路建设和发展需要，规范铁路工程建设基桩检测行为，提高检测技术水平，完善铁路工程建设技术标准体系。

3. 有效解决“四新”技术应用过程中，对基桩检测质量控制的要求，及时补充检测新技术、新方法、新经验，实现规程的系统性、适用性、科学性。

（三）编制原则

1. 保障安全、需求牵引。贯彻国家有关法律、法规及铁路主要技术政策，体现检测技术发展需要，确保基桩施工质量。

2. 系统总结、兼容并蓄。总结铁路工程基桩检测实践经验、意见和建议，分析判断其适用性。

3. 统筹协调、全面优化。总结多年来取得的相关科研成果及经验，进一步提高规程的科学性和可操作性。

4. 细化指标、科学合理。完善基桩检测技术要求，细化基桩完整性判定标准量化指标，做到安全可靠、先进成熟、经济适用。

（四）编制过程

《铁路工程基桩检测技术规程》编制过程总体上分为五个阶段。

前期准备阶段。开展铁路工程基桩检测新技术基础研究，调研铁路工程基桩检测技术现状，全面总结工程施工实践经验和专项科研成果，分析低应变反射波法、声波透射法、高应变法等检测方法现场应用情况。

工作大纲阶段。确定标准编制原则、适用范围、内容框架、进度计划、工作分工等。组织建设管理、勘察设计、运营维护、科研高校等单位专家开展技术审查。

征求意见稿阶段。完成征求意见稿。向建设管理、勘察设计、施工建造、运营维护、科研高校等单位广泛征求意见，共收到13家单位反馈意见66条。组织相关专家开展技术审查。

送审稿阶段。编制完成送审稿条文和条文说明，向建设管理、勘察设计、施工建造、监理咨询、科研高校等单位广泛征求意见，共收到6家单位反馈意见19条。组织相关专家开展技术审查。

报批稿阶段。编制完成报批稿条文和条文说明。经审核通过，于2019年4月18日发布，自2019年8月1日起实施。

（五）主要内容

《铁路工程基桩检测技术规程》TB 10218—2019是铁路工程建设验收类技术标准，是保障铁路工程建设质量和安全的重要手段。规程适用于铁路工程基桩的承载力和桩身完整性的检测与评定。

规程基本构架：

本规程共分10章，包括总则、术语符号、基本规定、低应变反射波法、声波透射法、高应变法、单桩竖向抗压静载试验、单桩竖向抗拔静载试验、单桩水平静载试验、钻芯法等，另有3个附录。主要分为四大板块：

第一板块：总则。明确标准编制目的、适用范围、基桩检测合理选择不同检测方法的要求等内容。

第二板块：术语和符号。规定与基桩及基桩检测技术密切相关的术语和符号，如基桩、桩身完整性、低应变反射波法等内容。

第三板块：基本规定。规定基桩检测技术的一般规定、检测结果评定、检测报告等具体要求。

第四板块：具体检测规定。低应变反射波法、声波透射法、高应变法、竖向抗压静载试验、竖向抗拔静载试验、水平静载试验、钻芯法等检测要求。

主要修订内容：

1. 修正桩身检测评定完整性分类原则。

2. 增加低应变反射波法检测信号处理及辅助验证的相关规定。

3. 优化声测管埋设相关规定，完善声波透射法完整性判定标准。

4. 完善高应变法检测适用范围，适用于检测预制桩及混凝土灌注桩的竖向抗压承载力和桩身完整性。

5. 补充快速维持荷载法进行单桩竖向抗压静载试验相关规定。

6. 修订静载试验反力装置安全系数，明确抗压、抗拔、水平容许承载力取值。

7. 细化钻芯法钻孔数量的相关规定，明确钻芯法检测的强度和龄期要求。

十六、《铁路混凝土强度检验评定标准》TB 10425—2019

（一）编制背景

为满足高速铁路、城际铁路等建设需要，进一步提高铁路混凝土强度检验评定水平，根据《国家铁路局2015年铁路工程建设标准编制计划》（国铁科法函〔2015〕62号）要求，组织开展《铁路混凝土强度检验评定标准》TB 10425—1994修订工作。

混凝土强度是影响混凝土结构可靠性的重要因素，也是混凝土结构设计的主要指标，为保证铁路工程混凝土结构的可靠性，必须进行混凝土的生产控制和合格性评定。铁路工程结构具有承受疲劳荷载、服役环境复杂、结构形式多样、高强度等级混凝土应用多等特点，决定了铁路工程对混凝土性能要求有别于其他领域。国内外工程建设行业对高性能混凝土均有根据自身特点制定的检验评定标准。随着高性能混凝土在铁路工程建设中的广泛应用，铁路工程设计、施工单位对高性能混凝土的特点有了更加深入的了解。

着重把握高性能混凝土强度发展规律，根据铁路工程承受疲劳荷载、高强度等级混凝土应用广泛等特点，借鉴最新国内不同行业和国外混凝土强度检验评定标准，结合试验研究修订1994年版标准，进一步确保铁路混凝土工程质量。

（二）编制目的

1. 更好的服务国家战略、服务经济社会发展，为铁路高速发展提供技术支撑。

2. 满足铁路工程特别是高速铁路对混凝土提出的更高要求，引入新型混凝土强度评定方法。

3. 总结铁路建设中高性能混凝土大规模应用经验，规范铁路混凝土强度检验。

（三）编制原则

1. 需求引导、服务应用。满足高速铁路对铁路混凝土提出的更高要求，加快铁路混凝土研究成果转化为技术标准，进一步完善新型铁路混凝土的检验评定。

2. 把握规律、自主创新。把握掺矿物掺合料混凝土早期强度发展较慢但后期强度持续增长的规律，深入研究，制定适合铁路高性能混凝土的检验评定标准。

3. 协调统一、接轨国际。在评定方法的选择等基本原则方面与国标及相关行业标准一致，与国际标准接轨，适应铁路“走出去”的需要。

4. 技术先进、经济适用。充分吸收国内外混凝土强度检验评定方面最新研究成果及相关标准，在满足铁路混凝土结构实际需求的前提下，合理确定铁路混凝土强度检验评定标准。

（四）编制过程

《铁路混凝土强度评定检验标准》编制过程总体上分为五个阶段。

前期准备阶段。成立标准修订项目组，对国内外混凝土相关标准以及铁路混凝土工程存在的问题进行调研，收集相关技术资料。完成试件统计分析和试件不同强度等级、不同结构部位、不同养护方式试件室内试验研究工作，获得足够的铁路工程混凝土强度数据。

工作大纲阶段。确定标准编制原则、适用范围、内容框架、进度计划、工作分工等。组织相关单位专家完成技术审查。

征求意见稿阶段。编制完成征求意见稿条文和条文说明。向铁路建设管理、勘察设计、工程监理、施工建造、运营管理、高校、科研院所等单位广泛征求意见，共收到 9 家单位反馈意见 26 条。组织相关单位专家完成技术审查。

送审稿阶段。编制完成送审稿条文和条文说明，向铁路建设管理、勘察设计、工程监理、施工建造、运营管理、高校、科研院所、政府部门等单位广泛征求意见，共收到 12 家单位反馈意见 21 条。组织相关单位专家完成技术审查。

报批稿阶段。编制完成报批稿条文和条文说明。经审核通过，于 2019 年 5 月 5 日发布，自 2019 年 9 月 1 日起实施。

（五）主要内容

《铁路混凝土强度检验评定标准》是关于铁路工程混凝土抗压强度合格性评定的具体规定，是紧密结合中国铁路混凝土工程发展现状，借鉴国内外相关标准，在通过对调查数据和实验获得大量数据分析研究的基础上修订而成。原标准条文共 33 条，新修订的标准条文共 35 条，其中原标准保留 2 条、修改 18 条、增加 15 条、删除 13 条，标准条文修订情况统计如图 3-9 所示。

标准基本构架：

本标准共分 5 章，包括总则、术语和符号、基本规定、混凝土强度的试验、混凝土强度的评定。主要分为四大板块：

第一板块：总则。明确标准编制目的、适用范围等内容。

第二板块：术语和符号。规定与铁路混凝土强度检验评定密切相关的术语和符号，如龄期、合格性评定、样本容量等。

第三板块：基本规定。规定铁路混凝土强度检验评定强度等级划分、试件制

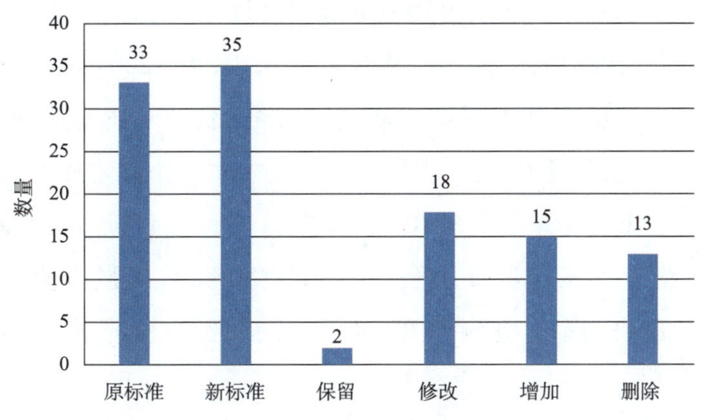

图 3-9 标准条文修订情况统计

作方法和养护、龄期、检验批次、大批量和用量较小混凝土的评定方法。

第四板块:混凝土强度试验和评定。规定了混凝土强度试验的取样、试件制作、试验要求和标准差已知、标准差未知、小样本时采用的评定方法及合格判定依据。

主要修订内容:

1. 明确适用范围,以利于标准的应用。适用范围包括路基、桥涵、隧道、轨道等按铁路工程相关专业结构设计规范设计的工程。铁路房屋建筑工程及其他相关专业工程的混凝土强度按《混凝土强度检验评定标准》GB/T 50107 评定。

2. 增加与本标准密切相关的术语和符号,便于建设各方对标准的理解。

3. 针对预应力和非预应力、蒸养和现浇结构的特点,分别给出抗压强度评定龄期,有利于发挥高性能混凝土的性能优势。

4. 统一混凝土抗压强度评定的试件尺寸,消除不同尺寸试件之间的误差。

5. 修改标准差已知时的强度评定系数,使得混凝土强度评定时生产方风险和使用方风险均等且控制在 5% 以内。

6. 修改标准差未知时强度评定表达式,按样本容量不同分别给出判定系数。

7. 修改小样本容量的检验批次组数以及评定表达式,修订后的评定表达式能够与标准差已知以及标准差未知评定方法衔接。

十七、《铁路工程结构混凝土强度检测规程》TB 10426—2019

(一)编制背景

为正确运用科学的检测技术手段,准确把握铁路工程结构实体质量,强化对工程质量检测的管理和控制,深入引领过程质量监控,着力实现高质量发展理念,根据《国家铁路局2014年铁路工程建设标准编制计划》（国铁科法函〔2014〕175号）要求，对《铁路工程结构混凝土强度检测规程》TB 10426－2004进行全面修订。

混凝土强度直接影响到工程结构质量和安全，混凝土强度检测是工程质量的基础检测，是工程质量体系的一个重要组成部分，对工程整体质量控制、项目推进及行业发展都有重要的影响（图3-10）。为提高工程建设质量，确保工程安全可靠，及时总结铁路工程结构混凝土强度检测实践经验，加强检测手段，优化检测流程、改进检测方法、提升检测水平，对保证铁路工程质量具有不可替代的作用。

图3-10 混凝土结构实体质量检测

工程建设单位在施工过程中，随着"四新"技术的发展和应用，以及工程建设对施工质量要求不断提高，相应的检测手段和方法会遇到一定的技术难题和瓶颈，而不同工程建设项目在施工过程中都积累了大量解决问题的实践经验，有必要对原规程的检测技术、检测方法和检测要求，再次进行梳理、补充、规范、统一。

（二）编制目的

1. 统一铁路工程结构混凝土强度检测行为，适应铁路工程建设和发展需要，完善铁路工程结构混凝土强度检测技术体系，加强铁路工程结构混凝土强度检测质量把控。

2. 总结混凝土强度测试实践经验，吸纳国内外相关研究成果，结合发展过程中面临的新情况新问题，解决旧版本已不适应新时期铁路发展新要求的问题。

3. 规范铁路工程结构混凝土抗压强度的检测技术和方法，提升检测的科学性、适应性，改进铁路工程施工过程监控，降低能源和原材料浪费，确保工程施工质量。

（三）编制原则

1. 深度融合、规范科学。贯彻国家有关法律、法规及铁路主要技术政策，保障铁路工程结构混凝土强度检测的科学性和合理性。

2. 总结经验、全面优化。总结铁路工程结构混凝土强度检测实践经验、意见和建议，充分吸纳多年来的应用经验及相关科研成果。

3. 实用为主、循序渐进。完善规程适用范围和技术内容，进一步提高规程的适用性和可操作性。

4. 保障有力、逻辑严谨。与有关技术标准相协调，完善标准编排，避免矛盾和重复，充分体现标准的先进性、系统性。

（四）编制过程

《铁路工程结构混凝土强度检测规程》编制过程总体上分为五个阶段。

前期准备阶段。开展铁路混凝土强度检验技术基础研究，调研铁路混凝土强度检验测技术现状，全面总结施工过程中的实践经验和专项科研成果，分析随着新技术不断发展和应用带来的现场检测需求。

工作大纲阶段。确定标准编制原则、适用范围、内容框架、进度计划、工作分工等。组织建设管理、勘察设计、施工建造、监理咨询、运营维护、科研高校等相关专家开展技术审查。

征求意见稿阶段。完成征求意见稿编制。向建设管理、勘察设计、施工建造、运营维护、科研高校等单位广泛征求意见，共收到 26 家单位反馈意见 70 条。组织相关专家开展技术审查。

送审稿阶段。编制完成送审稿条文和条文说明。向建设管理、勘察设计、施工建造、监理咨询、运营维护等单位广泛征求意见，共收到 17 家单位反馈意见 63 条。组织相关专家开展技术审查。

报批稿阶段。编制完成报批稿条文和条文说明，经审核通过，于 2019 年 4 月 18 日发布，自 2019 年 8 月 1 日起实施。

（五）主要内容

《铁路工程结构混凝土强度检测规程》规范了铁路工程结构混凝土抗压强度的检测技术和方法，为提高检测水平、保证检测质量提供重要技术支撑。在全面总结铁路工程结构混凝土检测实践经验和科研成果的基础上，广泛吸纳国内外结构混凝土抗压强度检测技术的成熟经验，提出适用于铁路工程结构混凝土抗压强度检测的 6 种方法，为铁路工程结构混凝土强度检测提供依据。

规程基本构架：

本规程共分9章。包括总则、术语和符号、基本规定、钻芯法、回弹法、超声回弹综合法、拔出法、同条件养护试件法、射钉法等，另有17个附录。主要分为四大板块：

第一板块：总则。考虑国家简政放权改革要求，将原规程中检测人员应具备相应资格的要求修改为“人员应经过培训，具备相应的能力”。

第二板块：术语和符号。在原规程术语的基础上，增加批量检测、标准芯样试件、超声回弹综合法、拔出法、后装拔出法、预埋拔出法和射钉法的术语解释。

第三板块：基本规定。增加对修补材料强度等级的要求，规定修补材料比原混凝土强度高一个强度等级。

第四板块：具体检测规定。钻芯法、回弹法、超声回弹综合法、拔出法、同条件养护试件法、射钉法等检测方法相关要求。

主要修订内容：

1. 明确钻芯法标准芯样试件的具体要求，修订芯样试件端面平整度的允许偏差。

2. 修订单个构件及局部区域混凝土强度推定值的确定方法，增加对修补材料强度等级的要求。

3. 增加批量检测混凝土强度推定值的确定方法，修订芯样试件有关尺寸的规定要求。

4. 修订不同标称动能回弹仪的适用范围，增加混凝土回弹测区强度换算表。

5. 修订超声回弹综合法的适用范围，测区换算值从50 MPa扩大至100 MPa。

6. 明确拔出法的适用范围，增加预埋拔出法检测混凝土强度的相关规定。

7. 修订同条件养护试件法的等效养护龄期确定方法规定和强度换算系数。

8. 增加射钉法检测喷射混凝土强度的相关规定。

十八、《铁路图像通信工程检测规程》TB 10431—2019

（一）编制背景

随着高速铁路、城际铁路等各等级铁路的大量建设，铁路图像通信工程技术日新月异。为提高铁路图像通信工程建设质量，统一工程检测内容及方法，根据《国家铁路局2016年铁路工程建设标准编制计划》（国铁科法函〔2016〕29号）要求，组织开展《铁路图像通信工程检测规程》制定工作。

铁路图像通信工程为保障铁路运输安全、调度指挥和管理能力、提高服务质量发挥了重要作用，也为铁路设备维护、线路监视和沿线治安管理等提供有效手段，但一直缺乏行业检测技术标准。国家标准体系已发布了一些图像通信工程通用性标准，相关铁路企业也制定了一些企业标准，为制定行业性的铁路图像通信工程检测规程奠定了基础。

《铁路图像通信工程检测规程》总结铁路图像通信工程实践以及运营管理经验，统一规定视频监控系统工程、会议电视系统工程中设备单机、系统功能及性能的检测方法（图 3-11）。提出铁路图像通信工程施工调试以及静态、动态等各阶段验收检测内容，为规范铁路图像通信工程施工验收检测方法、稳定检测质量提供依据。

图 3-11　铁路视频监控系统和会议电视系统

（二）编制目的

1. 总结高速铁路、城际铁路等建设中图像通信工程检测实践经验，统一铁路图像通信工程施工和验收过程的检测方法，确保工程质量。

2. 针对缺乏行业的图像通信工程检测标准，提出适合铁路特点的综合视频监控系统、会议电视系统工程检测方法。

3. 贴近施工现场和验收工作的需求，检测方法科学合理、实用性强，与相关国家、行业标准协调统一。

4. 注重检测方法的经济合理性，体现标准的可操作性，提升检测数据的准确性。

（三）编制原则

1. 统一体系、衔接有序。规程与《铁路通信设计规范》《铁路通信工程施工质量验收标准》《高速铁路通信工程施工质量验收标准》等相关标准协调一致。

2. 全面覆盖、内容完整。有关设计规范和验收标准中规定的功能和性能等技术要求都在规程中规定相应的检测方法。

3. 贴近需求、方法实用。检测方法应科学、合理，具有可操作性，与国家、行业相关标准检测手段尽量统一。

4. 精心组织、严格编制。严格执行国家、行业有关工程建设标准管理办法，编写格式规范，结构清晰，用词简明，规定明确。

（四）编制过程

《铁路图像通信工程检测规程》编制过程总体上分为五个阶段。

前期准备阶段。对部分高铁视频监控项目进行现场调查，收集实际工程中图像技术应用情况及标准实施方面的相关问题，进一步确定图像通信的测试方法，确保提出的测试方法有效和具有可操作。

工作大纲阶段。确定标准编制原则、适用范围、内容框架、进度计划、工作分工等。组织勘察设计、施工建造、运营管理等相关专家完成技术审查。

征求意见稿阶段。编制完成征求意见稿条文和条文说明。向铁路建设管理、勘察设计、施工建造、运营管理、科研院所等单位广泛征求意见，共收到 8 家单位反馈意见 76 条。组织相关专家完成技术审查。

送审稿阶段。编制完成送审稿条文和条文说明，向铁路建设管理、勘察设计、施工建造、运营管理、科研院所等单位广泛征求意见，共收到 4 家单位反馈意见 15 条。组织相关专家完成技术审查。

报批稿阶段。编制完成报批稿条文和条文说明，经审核通过，于 2019 年 5 月 27 日发布，自 2019 年 9 月 1 日起实施。

（五）主要内容

《铁路图像通信工程检测规程》是铁路通信工程建设验收领域的基础性行业标准，在系统总结最新铁路图像通信检测技术研究成果和建设运营实践经验基础上编制而成。

规程基本构架：

本规程共分 9 章，包括总则，术语和缩略语，基本规定，视频监控设备、视频监控系统性能、视频监控系统功能，会议电视设备、会议电视系统性能、会议电视系统功能，另有 1 个附录。主要分为三大板块：

第一板块：总则。明确标准编制目的、适用范围，提出铁路图像通信工程检测数据应完整、准确等原则和要求。

第二板块：术语和缩略语。规定与图像通信技术密切相关的术语和缩略语，如检索响应时延、帧率、灰度等级等。

第三板块:图像通信工程检测方法。规定视频监控设备、视频监控系统性能、视频监控系统功能、会议电视设备、会议电视系统性能、会议电视系统功能的检验方法和要求。

主要技术内容:

1. 规定视频监控系统及会议电视系统工程检测的共性要求,以及工程检测设备要求等。

2. 规定模拟摄像机、IP 摄像机、存储设备、服务器等视频监控设备的功能及性能检验方法。

3. 明确端到端双向信息时延、云镜控制响应时延、检索响应时延、回放响应时延、视频联动响应时延、摄像机资源目录更新响应时延、设备故障告警时延、系统内部各设备间时间误差、画面像素数量、帧率、视频信息流量、水平分辨力和垂直分辨力、最大亮度鉴别等级、图像质量主观评价等系统性能的检测方法。

4. 规定音视频采集、音视频处理、音视频实时监视、音视频存储、音视频回放、云镜控制、音视频分发及转发、视频内容分析、联动、网管等系统功能的检验方法。

5. 规定多点控制单元、网守等会议电视设备的功能及性能检验方法。

6. 规定单向时延、图像质量主观评价等系统性能检测方法。

7. 明确会场实时加入、摄像机远端控制、音量调节、广播和轮询、会议延长和结束、主会场控制切换方式、第三方插话、请求发言、字幕叠加、数据双流、多速率适配、中断重呼、MCU 级联等系统功能的检验方法。

十九、《客货共线铁路工程动态验收技术规范》TB 10461—2019

(一)编制背景

为满足铁路改革发展、建设质量和运输安全需要,完善铁路工程建设标准体系,规范客货共线铁路工程动态检测内容,统一客货共线铁路工程动态检测技术标准和方法,在《客货共线铁路工程竣工验收动态检测指导意见》基础上,组织开展《客货共线铁路工程动态验收技术规范》修订工作。

《客货共线铁路工程竣工验收动态检测指导意见》(铁建设〔2008〕133 号)发布于 2008 年 7 月,适用于新建客货共线铁路竣工验收动态检测,分为线路、接触网、信号、通信轨道结构、路基、桥梁、隧道、噪声振动及微气压波等部分，对客货共线铁路工程建设起到了积极推动作用，是客货共线铁路工程动态验收重要依据（图3-12）。

图3-12 运营中的客货共线铁路

《客货共线铁路工程竣工验收动态检测指导意见》是铁路工程验收类的指导文件。随着铁路大力建设，对铁路工程动态验收相关内容有了更深一步理解，实际验收过程中补充了很多检测内容，结合客货共线铁路工程的实践，特别是客货共线铁路工程动态联调联试，对指导意见中不成熟和不完善的内容进行全面修订十分必要。

（二）编制目的

1. 满足铁路工程建设质量和运输安全需要，跟踪客货共线铁路工程验收发展动态，适应铁路工程施工验收领域的发展方向。

2. 贯彻新发展理念，满足客货共线铁路工程动态检测的需求，及时将验收成果转化为技术标准，结合已有工程实践经验，规范客货共线铁路工程建设验收标准。

3. 服务铁路国际化战略，在总结相关科研项目可纳规成果的基础上，借鉴国外相关标准，以适应铁路工程建设标准与国际标准接轨。

（三）编制原则

1. 政策引领、适应发展。贯彻国家法律法规和规范性文件，修正现行规范与当前政策法规不符的内容，协调与《铁路建设项目竣工验收交接办法》（铁建设〔2008〕23号）的关系。

2. 覆盖全面、统筹优化。保障铁路运输质量和安全，注重环境保护。进一步提高标准的可操作性，实现最佳社会、经济和环境效益。

3. 开放创新、应用驱动。积极采用国际标准和国内外先进标准。充分吸收科研成果和运行经验作为相关规定的修编依据。

4. 合理协调、技术先进。协调与相关铁路行业标准之间的关系，合理利用资源。积极推广科研成果，补充“四新”方面的内容。

（四）编制过程

《客货共线铁路工程动态验收技术规范》编制过程总体上分为五个阶段。

前期准备阶段。开展客货共线铁路工程动态验收技术规范修订调研工作，调研国内外客货共线铁路特点，分析客货共线铁路发展趋势，充分借鉴国际和国外相关标准，全面总结科研成果和客货共线铁路动态检测经验。

工作大纲阶段。确定标准编制目的、原则、依据、适用范围、内容框架、进度计划、工作分工等。组织铁路建设管理、勘察设计、施工建造、运营管理、科研院所等相关专家完成技术审查。

征求意见稿阶段。编制完成征求意见稿条文和条文说明，在网上公开征求意见。向铁路建设管理、勘察设计、工程监理、施工建造、运营管理、科研院所等单位广泛征求意见，共收到 22 家单位反馈意见 111 条。组织相关专家完成技术审查。

送审稿阶段。编制完成送审稿条文和条文说明，向铁路建设管理、勘察设计、工程监理、施工建造、运营管理、科研院所等单位广泛征求意见，共收到 9 家单位反馈意见 34 条。组织相关专家完成技术审查。

报批稿阶段。编制完成报批稿条文和条文说明。经审核通过，于 2019 年 4 月 18 日发布，自 2019 年 8 月 1 日起实施。

（五）主要内容

《客货共线铁路工程动态验收技术规范》是铁路工程建设领域验收类技术标准，是在系统总结铁路工程动态验收研究成果和客货共线铁路工程的实践经验基础上编制而成的。

规范基本构架：

本规范共分 16 章，内容包括总则，术语，基本规定，轨道，路基，桥梁，隧道，电力牵引供电，通信，信号，客运服务信息系统，综合接地，噪声、振动与电磁环境，自然灾害及异物侵限监测系统，运行试验，报告编制等。主要分为四大板块：

第一板块：总则。明确客货共线铁路工程动态验收技术规范适用范围、工作原则等内容。修改适用范围为新建 200 km/h 客货共线铁路工程动态验收。

第二板块：术语。规定与客货共线铁路工程动态验收密切相关的术语，并增加“动态验收”“运行试验”等术语。

第三板块：基本规定。规定动态验收的工作准备、工作内容、工作流程、工作要求等内容。

第四板块：具体工作要求。规定轨道，路基，桥梁，隧道，电力牵引供电，通信，信号，客运服务信息系统，综合接地，噪声、振动与电磁环境，自然灾害及异物侵限监测系统，风、雨、雪及异物侵限监测系统，地震预警监测系统，运行试验，报告编制等验收工作内容与要求。

主要修订内容：

1. 修改范围适用新建 200 km/h 客货共线铁路工程动态验收。

2. 增加“动态验收”“运行试验”等术语。

3. 规定合并“检测及评价程序”章和“基本规定”章，并增加运行试验相关内容。

4. 增加轨道结构、道岔数据处理方法要求及连续式测力轮对检测方法和相应指标要求，货物列车动力学响应相关指标要求。

5. 增加路基地段道床厚度、基床表层厚度及基床含水状况的检测方法和相应指标要求，明确路基动荷载、路基动变形、路基振动加速度参数评价指标。

6. 进一步明确桥梁相关参数评价指标，增加货物列车相应指标、桥梁动态检测方法要求。

7. 增加隧道气动效应和列车空气动力学的检测方法和相应指标要求。

8. 增加牵引供电、远动系统、自动过分相三节。

9. 增加调度通信功能、列车无线车次号校核信息传送系统功能及性能、调度命令信息无线传送系统功能及性能、传输通道保护功能、综合视频监控系统功能及性能等检测方法和相应指标要求。

10. 明确在进行 GSM-R 系统场强覆盖、GSM-R 服务质量测试前需进行 GSM-R 电磁环境测试。

11. 增加 CTCS-2 级列车运行控制系统功能，联锁（CBI）系统相关接口功能，调度集中（CTC）系统相关功能，轨旁信号设备状态等检测方法和相应指标要求。

12. 增加旅客服务信息系统、客票系统的功能、性能等检测方法和相应指标要求。

13. 增加列车通过时的钢轨电位、轨旁设施电位、钢轨电流、PW 线或架空回流线电流、贯通地线电流、牵引变电所（或自耦变压器所、分区所）地网回流和贯通地线接地电阻,接触网人工短路时的钢轨电位、钢轨电流和贯通地线电流等检测方法和相应指标要求。

14. 增加列车运行时的通过暴露声级或通过时段内等效声级测试,补充完善声屏障工程的 A 声级插入损失或频带声压级插入损失测试,增加列车运行条件下对外部电磁辐射的检测方法和相应指标要求。

15. 增加风、雨及异物侵限监测系统和地震预警监测系统的检测方法和相应指标要求。

16. 增加列车运行图参数、故障模拟、应急救援演练、按图行车等检测方法和相应指标要求。

第三节　管理标准

二十、《铁路建设工程监理规范》TB 10402—2019

(一)编制背景

为满足铁路建设发展需要,规范铁路建设工程监理行为,提高工程监理和相关服务的工作质量和水平,推动铁路工程建设监理事业健康发展,根据《国家铁路局 2014 年铁路工程建设标准编制计划》(国铁科法函〔2014〕175 号)要求,组织开展《铁路建设工程监理规范》TB 10402—2007 全面修订工作。

建设工程监理是建设管理的重要组成部分,监理规范是开展铁路建设工程监理活动的纲领性文件。2007 年版规范自发布以来,对铁路建设工程监理工作起到积极推动作用,对实现铁路建设工程质量、进度控制和加强安全生产管理发挥了重要作用。随着大规模、高标准铁路建设的深入开展,新技术、新工艺、新材料、新设备的不断产生,铁路建设工程监理面临新的机遇和挑战,迫切需要改进和加强。《建设工程监理规范》GB/T 50319—2013 对建设工程监理工作提出了新要求,国务院行政审批制度改革也在不断深化,铁路行业的工程监理规范需进行相应调整。

综上所述,有必要根据国家法律法规和相关标准要求,结合铁路工程建设特点,充分吸纳工程监理的实践经验,对 2007 年版规范进行全面修订,进一步提升规范可操作性,适应铁路建设和发展的需要。

（二）编制目的

1. 贯彻新发展理念，落实保护生态环境、节约能源资源等要求，推进标准化和信息化管理，满足铁路建设发展新的需求，推动铁路建设工程监理事业健康发展。

2. 开展广泛调查研究，修订原规范不适应铁路发展要求的问题，完善现场监理的内容和方式，强化工程质量控制措施，优化监理人员数量配置标准，进一步提高监理质量和水平。

3. 系统总结铁路建设工程监理实践工作经验，及时转化为规范成果，进一步强化质量安全要求，确保铁路建设工程质量，更好地服务国家战略和经济社会发展。

（三）编制原则

1. 目标导向、优化管理。贯彻落实国家法律法规和相关标准要求，坚持“安全第一、预防为主、综合治理”的安全生产方针，优化工程监理体系，适应铁路发展新要求。

2. 技术先进、手段完善。吸纳质量检测先进技术和手段，突出监理方法、措施的先进性和科学性，增加巡视检查手段，以标准化管理为手段推进项目安全风险管理。

3. 结合现场、注重实用。注重与现场实际相结合，完善现场监理制度，明确监理日志填写要求，以信息化管理为手段推进项目过程管理，提高规范的可操作性和实用性。

4. 系统协调、规范统一。突出行业标准特点，总结铁路建设工程监理实践经验，借鉴国内相关标准，与国家现行有关标准相协调，体现规范系统性和统一性要求。

（四）编制过程

《铁路建设工程监理规范》编制过程总体上分为五个阶段。

前期准备阶段。收集工程建设监理相关法律法规和规范性文件，识别现行规范与之不相适应的内容，梳理存在的问题。开展广泛调研，全面总结铁路建设工程监理实践经验。

工作大纲阶段。确定标准编制依据、编制原则、内容框架、进度安排、工作分工等。组织铁路建设管理、勘察设计、工程监理、施工建造、运营管理、科研院所等相关专家完成技术审查。

征求意见稿阶段。编制完成征求意见稿条文和条文说明，向铁路建设管理、勘察设计、工程监理、施工建造、运营管理、科研院所等单位广泛征求意见，共收到15家单位反馈意见297条。组织相关专家完成技术审查。

送审稿阶段。编制完成送审稿条文和条文说明，向铁路建设管理、勘察设计、工程监理、施工建造、科研高校、政府部门等单位广泛征求意见，共收到 11 家单位反馈意见 159 条。组织相关专家完成技术审查。

报批稿阶段。编制完成报批稿条文和条文说明。经审核通过，于 2019 年 4 月 18 日发布，自 2019 年 8 月 1 日起实施。

（五）主要内容

《铁路建设工程监理规范》是铁路工程建设领域管理类标准，系统总结铁路建设工程监理实践经验，借鉴国内相关标准，在 2007 年版规范基础上全面修订而成。对原规范章节及内容进行了调整、补充，原规范条文共 165 条，新修订的条文共 207 条，其中原规范保留 80 条、修改 64 条、增加 63 条、删除 21 条，规范条文修订情况统计如图 3-13 所示。

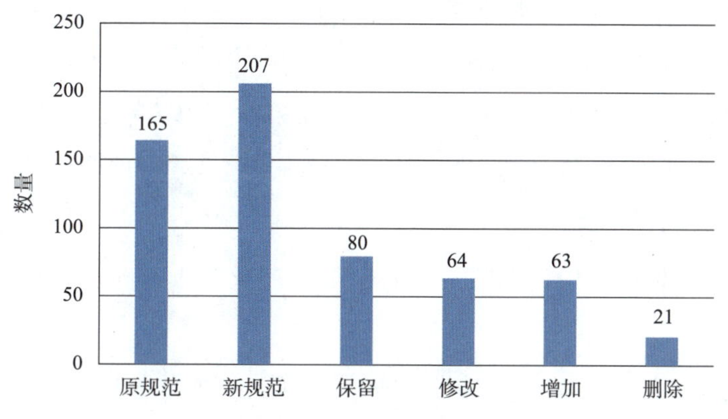

图 3-13　规范条文修订情况统计

规范基本构架：

本规范共分 11 章，包括总则、术语、基本规定、工程质量控制、工程进度控制、工程造价控制、安全生产管理的监理工作、环境保护与水土保持的监理工作、合同管理、监理资料管理、设备采购与设备监造，另有 3 个附录。主要分为四大板块：

第一板块：总则。明确标准编制目的、适用范围、监理单位权利、总监理工程师负责制、工程监理遵循主要依据等，提出铁路建设工程监理宜实施标准化和信息化管理。

第二板块：术语。规定与铁路建设工程监理密切相关的 22 条术语，增加建设工程监理、注册监理工程师、单位工程清单、监理日记等 7 条术语，取消监理工程师、变更设计 2 条术语。

第三板块：基本规定。规定项目监理机构设置、各级监理人员职责，提出监理工作及试验设施、监理规划、监理实施细则、工地会议内容等相关要求，明确监理人员数量规定。

第四板块：具体规定。规定工程质量控制、工程进度控制、工程造价控制、安全生产管理的监理工作、环境保护与水土保持的监理工作、合同管理、监理资料管理、设备采购与设备监造等方面要求。

主要修订内容：

1. 调整优化章节结构，将原规范13章2个附录修改为11章3个附录。

2. 突出铁路建设工程监理宜实施标准化和信息化管理的要求。

3. 完善项目监理机构的相关规定，并规定项目监理机构应协调工程建设相关方关系的职责。

4. 明确项目监理机构应按监理合同约定建立监理试验室并配备充足的试验人员和合格的试验设备及检测仪器的要求。

5. 补充完善总监理工程师和专业监理工程师职责，要求总监理工程师履行审查分包单位的资质、组织首件同类分部工程验收、组织单位工程预验收等职责。

6. 强调对专业性较强、危险性较大的分部分项工程，项目监理机构应按专业编制监理实施细则的要求。

7. 细化项目监理机构对施工控制测量成果及保护措施的检查、复核所包括的内容。

8. 提出总监理工程师应安排监理人员对施工过程采用照相、录像等手段进行巡视检查和检测并予以记录的要求。

9. 规定对施工过程中出现质量问题或质量隐患、重要问题及时向建设单位或主管部门报告的要求。

10. 优化施工进度计划审核的主要内容，增加总监理工程师应向建设单位报告工期延误风险的要求。

11. 补充合同管理中承包合同争议及承包合同解除时的监理工作。

12. 完善承包单位恢复施工的相关规定。明确承包单位未提出复工申请的，总监理工程师可根据工程实际情况指令承包单位恢复施工。

13. 统一监理日志的格式，明确监理日志应按单位工程填写，完善监理日志的相关内容。

14. 明确工程完工后工程质量评估报告的编写和报送要求。规定监理文件资料的组成及归档要求。

15. 新增“设备采购与设备建造”章节，明确设备采购及设备监造时项目监理机构应做的工作。

第四章 铁路工程建设标准基础性课题研究情况

内容导读

基础研究是科技创新的源头,其深度和广度决定着一个国家原始创新的动力和活力。为提升标准技术先进性和经济合理性,夯实编制基础、强化技术支撑,深入开展铁路工程建设标准针对性专项基础研究。基础研究工作面向世界铁路科技前沿、面向铁路建设主战场、面向铁路高质量发展重大需求,坚持需求导向和问题导向,在保障铁路安全质量、保护生态环境、节约能源资源、加强"四新"技术应用等方面不断实现新突破,取得新进展。

近年来,围绕服务国家战略实施、服务经济社会发展、服务建设交通强国,聚焦加强前瞻性、战略性重大课题研究,持续加强关键性技术研究力度,开展20余项铁路工程建设标准基础性课题研究。落实中央领导同志对加强高速铁路安全有关批示精神,开展高速铁路安全防护技术研究。服务国家重大工程建设,开展川藏铁路桥梁、隧道相关技术标准研究。促进交通物流融合发展,开展集装箱铁海联运需求及内陆港场站设计标准研究。贯彻现代综合交通运输体系总体规划,推动"四网融合",开展市域铁路相关技术标准研究。面向更高速度铁路发展需求,开展磁浮铁路技术标准研究。

截至2019年底,完成11项标准基础性课题研究工作,为相关标准编制提供重要技术支撑。

第一节　综合基础类

一、市域铁路运输组织模式及主要技术标准研究课题

(一)研究背景

贯彻中央城镇化工作会议、中央城市工作会议精神,落实《国家"十三五"规

划纲要》《城镇化地区综合交通网规划》《国务院关于深入推进新型城镇化建设的若干意见》等要求，有序推进市域（郊）铁路发展，根据国家铁路局构建铁路工程建设标准体系的要求，组织开展市域铁路运输组织模式及主要技术标准研究工作。该课题由中铁第四勘察设计院集团有限公司组织相关单位共同承担。

随着社会经济和新型城镇化的发展，城市中心城区对周边的吸引及周边地区的发展对中心城区的影响越来越大，中心城区与周边新城、城镇等地区联系越来越密切，人们交往越来越频繁。传统城市轨道交通已无法适应市域范围内长距离出行需求，公共交通方式也无法满足城市居民出行需求。城市中心与城市副中心、郊区之间，需要有快速、安全、舒适、准时的公共交通方式，满足这种日益增长的客流需求。市域（郊）铁路作为市域范围内连接中心城市与外围组团、卫星城镇间长距离、高速度、公交化的轨道交通系统，被越来越多的城市所青睐。加快市域（郊）铁路发展，对扩大交通有效供给、缓解城市交通拥堵、改善城市人居环境、优化城镇空间布局、促进新型城镇化建设等具有重要作用。

市域（郊）铁路服务功能和相关要求介于城市轨道交通与城际铁路之间，现有城市轨道交通和城际铁路的国家与行业技术标准均未涵盖这一领域。2017年，相继发布的团体标准对市域（郊）铁路的设计、建设起到一定的指导作用，但有关标准关键技术参数尚不统一。结合市域（郊）铁路的功能需求和技术特点，开展市域铁路运输组织模式及主要技术标准的研究，将为制定统一市域（郊）铁路工程建设标准和完善的铁路行业标准体系奠定坚实的基础。

（二）研究内容

1. 梳理国内外市域（郊）铁路发展沿革及概况。收集国内外典型城市与轨道交通协同发展历程，总结典型都市圈市域（郊）铁路的布局形式、在综合交通系统中的作用以及与铁路和城市地铁之间的关系，并对比其运输组织模式。

2. 提出市域（郊）铁路服务范围及功能定位。结合国家发展改革委发布《关于促进市域（郊）铁路发展的指导意见》和已发布市域（郊）铁路设计有关规范，科学界定市域（郊）铁路定义、客流特征、服务范围、功能定位等内容。

3. 分析市域（郊）铁路运输组织模式。综合国内外已建成市域（郊）铁路运输组织模式，结合市域（郊）铁路客流特征，全面分析市域（郊）铁路可能的运输组织模式、服务水平及影响各运输组织模式的主要因素。

4. 研究市域（郊）铁路主要技术标准。根据市域（郊）铁路运输特点，研究市域（郊）铁路技术标准，包括速度目标值、站间距、线间距、到发线有效长度、最小行车间隔、车辆选型、列车编组、限界、供电制式、信号系统、活载等。

5. 利用既有铁路开行市郊列车实践成果。总结利用既有铁路开行市郊列车存在问题,分析既有铁路参与市郊列车开行的可行性,研究可能参与市郊运输的既有线路的基本要求。

（三）研究方法

1. 调查研究法。调查研究国内外典型都市圈的市域(郊)铁路发展历程及运营情况,总结可供市域(郊)铁路建设借鉴的经验。

2. 文献研究法。检索国内外市域(郊)铁路资料,对功能定位、客流特点进行研究,确定市域(郊)铁路的服务范围、速度标准、出行需求。

3. 经验总结法。根据市域(郊)铁路客流出行需求,对市域(郊)铁路运输组织模式进行分类,研究各运输组织模式适用条件及基本组织方法。

4. 对比分析法。对比分析既有规范同一技术标准异同,深入分析影响市域(郊)铁路主要技术标准的主要因素,提出确定主要技术标准的原则和方法。

5. 案例研究法。总结利用既有铁路开行市域(郊)列车的可行性,并提出开行市域(郊)列车对既有线的基本要求。

（四）研究成果

《市域铁路运输组织模式及主要技术标准研究》全面总结了国内外市域(郊)铁路发展情况,分析市域(郊)铁路特点,明确了市域(郊)铁路定义、服务范围、功能定位,提出市域(郊)铁路的运输组织、主要技术标准等内容要求,获得丰富研究成果。

1. 市域(郊)铁路定义、服务范围及功能定位。市域(郊)铁路是城市中心城区联接周边城镇组团及其城镇组团之间的通勤化、快速度、大运量的轨道交通系统,是城市综合交通体系的重要组成部分,提供城市公共交通服务。其功能定位:一是推动城镇经济社会发展;二是完善城镇综合运输体系;三是扩大辐射半径,疏导中心城区,引导城镇体系建设。

2. 市域(郊)铁路运输组织。市域(郊)铁路运营组织模式可以分为快慢车运营组织模式、大小交路运营组织模式及与相邻线路互联互通运营组织模式。根据管理主体、权责划分、管理内容方面的不同,运营服务及管理体制主要分为:一是建设及资产管理由市域铁路公司负责、运营管理委托给相应铁路运输企业代管的委托运营模式;二是地方成立轨道交通集团,统一负责本地区城市轨道交通和市域铁路的建设及运营的地方统一运营模式;三是建设、资产管理以及开通后的运营管理均由市域铁路公司自行负责的完全自主运营模式。

3. 市域(郊)铁路主要技术标准。一是市域(郊)铁路速度目标值基本在100 km/h ~ 160 km/h 范围,在满足运输能力等需求的前提下可以采用更高的运行速度。二是供电制式选择应进行系统、综合、全面地比选,一般速度目标值在140 km/h 及以上的线路宜采用交流制式,速度目标值低于120 km/h 时宜采用直流制式,速度目标值为120 km/h 时交直流均可。三是车辆选型应根据线路的速度目标值、供电制式及线路具体特征选择。四是列车编组应比较灵活,最大编组不大于8 辆编组。五是建筑限界与设备限界之间的空间在考虑柱塞比的基础上,应根据设备和管线且包含变形预留值后所需的安装尺寸、安装误差值、测量误差值和结构施工允许误差值确定。六是单线矩形隧道建筑限界按照设备限界、设备安装空间、安全间隙等综合确定。七是站台建筑限界按照不同车辆车型确定站台建筑限界宽度。八是采用 CTC 列控系统的贯通式车站到发线有效长度可按“(5 + 65 + 5 + 10) ×2 + 列车长度”计算,而尽端式车站到发线有效长度可按“(5 + 20 + 5) + 列车长度 + (5 + 65 + 5)”计算。采用 CBTC 列控系统到发线有效长可按“L = 8 + 列车长度 + 8”计算。九是站间距按近郊 2 km ~ 3 km、远郊 3 km ~ 10 km 设计。十是最小行车间隔主要受列车在车站停站通过间隔的制约。十一是配线设置考虑一定的运能余量及运营管理的灵活性,一般每 15 km 设停车线、6 km ~ 9 km 设渡线。十二是活载选择 ZS 活载。

4. 利用既有铁路开行市域(郊)列车。利用既有铁路开行市域(郊)列车的主要形式有利用既有线直接开行市域(郊)列车、对既有线进行适当改造、利用铁路通道新建市域(郊)铁路。既有铁路参与市域(郊)铁路运输的条件主要有:一是走向应与市域(郊)客流廊道一致,且市郊客流需有一定强度;二是既有铁路具有一定能力富余量,能满足市域(郊)列车公交化运营;三是既有铁路与城市其他交通方式具有良好的接驳,减少旅客换乘时间;四是既有铁路管理单位对参与市域(郊)运营的线路管理体制进行改革,方便旅客快进快出;五是地方政府需提供资金支持或补贴。

二、高速铁路设计标准体系评估研究课题

(一)研究背景

为提高中国高速铁路标准国际化程度,增强高速铁路技术标准的经济合理性和高铁技术标准选择上的灵活性,根据《国家铁路局 2017 年铁路工程建设标准

编制计划》(国铁科法函〔2017〕185 号)的安排,开展《高速铁路设计标准体系评估》课题研究。该课题由中国铁路设计集团有限公司组织相关单位共同承担。

高速铁路设计标准,是随着中国高速铁路的建设发展不断完善的,凝结了广大铁路工程技术人员多年的智慧和心血,记录了中国高速铁路从无到有、从追赶到超越、从探索到成熟的历史进程。《高速铁路设计规范》是中国第一部高速铁路设计行业标准,为中国高铁发展以及高铁"走出去"提供了系统规范的成套建设标准支撑。国内一批具有代表性的高速铁路工程已建成并顺利投入运营,海外工程也稳步推进,积累了大量工程技术储备和实践经验。随着国内外需求变化和工程技术发展,高铁建设也面临新的课题和新的挑战,需要不断提高中国高速铁路标准的国际化水平,制定灵活的技术方案,在满足国内市场需求的同时助力中国铁路"走出去"。因此,开展高速铁路设计标准体系相关研究具有十分重要的意义。

自《高速铁路设计规范》发布实施以来,陆续完成相应标准的制修订工作,逐步形成了具有中国特色的高速铁路技术标准体系,为高铁建设提供了坚实的技术保障。铁路工程建设、勘察设计、施工建造、运营管理、科研高校等单位围绕高速铁路进行了大量科学研究和技术创新工作,进一步提升了高速铁路设计标准体系的科学性、系统性、适用性。尽管如此,高铁设计标准在与国际标准接轨、海外工程应用等方面仍有不足,国际化程度有待提升,相关体系评估工作亟待开展。

(二)研究内容

1. 收集国外高速铁路设计标准体系框架资料和相关标准,梳理国内已建成高速铁路工程实践经验和科研成果。

2. 分析国内外高速铁路设计标准体系特点,对比查找异同,提出中国高速铁路设计标准体系优化建议和国际化对策。

3. 分析部分已建成高速铁路的工程设计标准应用情况,对比国内外高速铁路各专业重要参数指标,论述优缺点。

4. 梳理可优化的标准、参数,并对可优化标准进行研究,提出优化建议以及后续需要进一步试验验证的建议。

(三)研究方法

1. 文献研究法。检索国内外高速铁路工程建设标准资料,收集日本、德国、法国、欧盟、UIC、ISO、IEC、ITU 等高速铁路标准体系框架资料和最新标准信息，梳理中国高速铁路标准体系内容。

2. 调查研究法。调查研究多条国内代表性高速铁路工程标准应用情况，收集工程标准使用反馈意见。

3. 经验总结法。结合相关设计标准，总结现有高速铁路工程建设和运营管理经验，研判标准优化方向。

4. 对比分析法。根据收集资料，对比国内外高速铁路工程建设标准体系框架和各专业重要指标、参数，开展先进性、适用性分析，进行中国高速铁路设计标准体系评估。

5. 实证研究法。梳理出可优化的标准、参数，结合近年工程实践和科研成果，对可优化标准、参数进行论证说明，并提出需要进一步测试验证内容。

6. 系统分析法。根据标准体系框架和各项专业标准比对结果，综合分析中国高速铁路设计标准优劣，给出评估结果。

(四)研究成果

本课题通过对比分析日本、德国、法国、欧盟、UIC、ISO、IEC、ITU 等高速铁路标准体系框架及各专业标准，结合已建高速铁路工程实践经验和近年科研成果，提出中国高速铁路设计标准体系完善和各专业重要指标优化建议，为修编《高速铁路设计规范》等相关设计标准提供重要参考。

1. 高速铁路设计标准体系评估结论

中国高速铁路设计标准体系总体上处于前列，具有先进性；符合中国法律法规，适应中国地理、环境及资源，充分反映市场需求，是被实践证明的正确选择。建议将 200 km/h 客专纳入高速铁路设计标准体系，行业协会、社会团体在标准化管理体系中的作用还有进一步提升空间，可以进一步发挥使用单位参与标准化活动的积极性，提高标准管理的市场意识，产品标准、运营维护标准与工程建设标准还存在内容交叉矛盾等问题。

2. 高速铁路专业设计标准体系完善和重要指标优化建议

(1)运输组织：列车追踪间隔结合运输需求、设备系统技术水平、工程条件等综合研究确定，区间追踪间隔尽量采用 3 min；起停车附加时间结合最高运行速度优化调整。

(2)线路：建议优化建筑限界，最大高度不变，最大宽度值优化为 4.6 m。舒适度评价、线路所的正线最大坡度建议深入研究及试验。最小曲线半径建议维持既有标准。车站两端加减速地段曲线半径、圆曲线及夹直线最小长度、缓和曲线长度、区间正线线间距、最大坡度的坡长、最小坡段长度、竖曲线半径、道岔与平面曲线间距、车站咽喉区的最大坡度建议优化。

(3)路基:路基面宽度建议结合电缆槽、接触网设置情况研究优化,基床厚度建议开展专题研究,基床填料维持既有标准,基床以下填料建议优化,无砟轨道沉降控制标准、过渡段、边坡防护建议进一步研究优化,有砟轨道沉降控制标准维持既有标准。

(4)桥梁:荷载图式维持既有标准,桥梁变形、相邻墩台不均匀沉降差、梁端转角、墩台顶纵向水平线刚度、桥面布置建议开展进一步研究。

(5)隧道:隧道断面内净空有效面积、支护参数、施工方法、防灾救援、洞内附属构筑物、抗震设计建议优化,设计年限、隧道舒适度指标、隧道单双洞设置、洞门缓冲结构、隧道防排水维持既有标准。

(6)轨道:轨道结构类型、无砟轨道结构设计动载系数建议暂维持不变。无砟轨道静态铺设精度维持目前轨道静态铺设精度不变,建议进一步研究大跨梁地段轨道竖向长波不平顺标准。

(7)站场:站规模建议优化。到发线有效长度维持650 m,建议将信号机位置调整至距离警冲标5 m处,增设一个分割区段。旅客站台长度、正线间渡线道岔号数维持既有标准,正线上道岔间插入钢轨长度按0.3倍侧向允许通过速度确定,动车组存车线有效长度调车防护应答器组间距及距调车信号机距离建议优化。

(8)牵引供电:牵引供电方式、牵引变压器接线形式和外部电源电压等级维持既有标准。

(9)牵引变电:牵引变电所(亭)主接线及运行方式、牵引变电主要设备选型、牵引变电所亭总平面布置、牵引变电自用电系统、牵引变电继电保护、牵引供电远动系统、牵引变电防雷及接地等维持既有标准。

(10)接触网:接触网悬挂类型、线材选择、结构高度、接触线高度、弹性和弹性不均匀度、接触线抬升量、坡度及坡度变化率、动态特性评价标准等维持既有标准,导线张力建议改为“150 mm^2铜合金接触线不小于30 kN(350 km/h)”。

(11)电力:外部电源和备用电源、自备电源、供电方案等维持既有标准。

(12)通信:系统构成、有线调度通信系统、移动通信系统等维持既有标准,传输系统、综合视频监控系统建议优化。

(13)信号:车站联锁过走区段设置建议优化。增加轨道电路防冒进功能,即到发线增加分割发码区段。备用调度中心的设置维持既有标准,CTCS-3 级列控系统采取备用 CTCS-2 级列控的方式维持既有标准,建议推进联锁列控一体化的研究。

(14)信息:建议增加实名验证、周界报警、公网 WiFi 部分内容。

(15)灾害监测:异物侵限监测点、地震检查地点设置原则等维持既有标准;进一步充实地震预警监控系统相关内容。

(16)动车:检修模式、修程等级、检修周期、检修场所、重要检修设施等维持既有标准,检修停时维持既有标准。后续可结合运用检修经验和数据积累,对检修停时进行进一步优化。

(17)基础设施维修:工务基层维修设施布点维持既有标准,维修设施配线标准建议优化。

(18)给水排水:客车上水点的设置原则、输配水管道、排水管道、旅客列车卸污、给排水监控、室外消防给水、灭火设施等维持既有标准。

(19)房建:大型交通枢纽综合开发结合项目所在地区的地域性特点,吸取国外先进技术研究适宜标准。大型交通枢纽站房的等候模式、站房空间形式以车站功能组织为出发点,逐步变“等候空间”为“通过空间”,客站布局也发生相应改变。

(20)暖通:站房主要出入口、冷热源和输配系统、集中监控系统等维持既有标准。

(21)环保:噪声标准建议优化为铁路两侧区域均执行昼间 70 分贝、夜间 60 分贝的标准,振动标准、环境敏感区保护要求等维持既有标准。声屏障施工质量验收标准维持既有标准,加快制定铁路声屏障工程设计相关技术标准。

(22)智能铁路:建立基于“互联网 +”技术建立的智能牵引供电系统。推进基于北斗的覆盖增强、应急通信系统,铁塔监测系统,光缆监测系统、大型铁路客站无线通信系统等通信智能化。推进 ATO 系统、智能调度集中系统、电务智能运维系统、信号集中监测系统等信号智能化,包括智能客站大脑、智能感知、电子客票、站内导航系统等信息智能化。建立智能动车所及检修设施应用系统。通过基础设施维修管理信息系统实现基础设施智能化维修。建立智能化的环水保综合管理系统及平台。

三、客货共线铁路速度匹配标准研究课题

（一）研究背景

为贯彻落实国家打好防治污染攻坚战，调整运输结构，增加铁路货运量决策部署，使客货共线铁路充分发挥旅客运输和货物运输双重功能，提高线路投资效益，满足经济社会发展需求，根据《国家铁路局 2017 年铁路工程建设标准编制计划》（国铁科法函〔2017〕185 号）的要求，开展《客货共线铁路速度匹配标准》课题研究。该课题由中铁第四勘察设计院集团有限公司组织相关单位共同承担。

国内已建成一批 200 km/h 及以上客货共线铁路，目前还有为数不少的 200 km/h 及以上客货共线铁路正在建设和规划中。这些线路能否实现客货列车共线运行，发挥高速化旅客运输和货物运输双重作用，对国家经济社会发展和未来路网的规划建设具有十分重要的意义。然而，实际运营中，既有 200 km/h 提速线路基本不开行动车，新建 200 km/h 及以上客货共线铁路少部分线路部分区段开行了少量的货物列车，大部分线路只开行旅客列车，或将旅客列车降速至 160 km/h 后与货物列车共线运行。这导致一大批已建成的货运设施、接轨专用线闲置或能力虚糜，部分线路能力没有得到充分利用，既无法满足沿线货运需求，也不能充分发挥投资效益。因此有必要重点对 200 km/h 及以上客货共线铁路速度匹配标准进行研究，提出适合国情的客货共线铁路最高速度标准和客货列车速度匹配标准，为今后客货共线铁路设计、运营、维修等标准的制订（修订）提供参考。

在国内铁路第六次大提速中，既有提速改造线路实现了 200 km/h 及以上动车与货物列车共线运行，运营单位积累了大量经验和数据，为课题研究提供了实际应用的可行性；现行《铁路主要技术政策》和历次《铁路线路设计规范》等对客货共线铁路客货列车速度匹配标准做出了规定，相关科研单位对影响客货列车速度匹配的因素进行研究，为课题研究提供理论基础；世界主要国家 200 km/h 及以上客货共线铁路建设及运营情况，为中国客货共线铁路速度匹配研究提供了借鉴。

（二）研究内容

1. 梳理相关资料信息。梳理历次规范对客货共线铁路客货列车速度匹配的规定，调研了解目前 200 km/h 客货共线铁路运营存在问题，收集国内第六次大提速相关资料，了解国外客货共线铁路建设及运营情况。

2. 分析运输需求及建设必要性。梳理不同地域客货运量需求、线路能力与客货运量的匹配，研究社会经济发展对运输速度和运输质量不断提高的现实需

求，分析200 km/h客货共线铁路运输需求和建设必要性。

3. 研究客货共线铁路最高速度。分析社会经济发展需求，研究铁路发展政策，分析线路建设经济性，借鉴国外客货共线铁路建设运营经验、国内第六次大提速客货共线运营成功经验，推荐今后规划建设客货共线铁路的最高速度等级。

4. 研究客货共线铁路速度匹配方案。分析适应社会经济发展需求的货运速度，调研货运机车车辆运行速度现状及规划，综合开行货物列车对线路的安全运营风险、养护维修工作量、运输能力影响，提出客货共线铁路速度匹配建议。

5. 提出相关的对策建议。对已建成开通的200 km/h客货共线铁路，研究客货列车共线运行的解决方案，充分发挥线路货运能力，提出现行有关运营维护规章制度和线路设计规范修改建议。

（三）研究方法

1. 调查研究法。调研200 km/h及以上客货共线铁路建设及运营情况、货车上线存在的问题，了解运营安全、养护维修成本、线路能力、规章制度等方面存在的问题及相关运营、养护维修情况，总结实践经验。

2. 文献研究法。检索或查阅有关文献，了解国外客货共线铁路速度匹配情况及运营现状。收集国内第六次大提速情况、200 km/h及以上客货共线铁路建设运营及规划情况、历次设计规范和规章制度相关内容，为研究提供重要的基础资料。

3. 对比分析法。选取相同线路不同工况，对比客货共线段和客运专线段大机捣固维修周期、投入人力等，分析不同速度等级、线路性质、货车对数对客货共线铁路养护维修工作量的影响。

4. 系统分析法。梳理铁路运营部门调研情况和检索收集的资料，进行系统分析，综合考虑工程投资、运营经济、养护维修等方面影响，提出客货共线铁路速度匹配方案。

5. 经验总结法。根据国内第六次大提速实践经验验证，同时借鉴国外客货共线铁路建设运营经验，推荐适合中国国情的客货共线铁路最高速度。

（四）研究成果

通过对国内外客货共线铁路的建设、运营情况的检索，对有关局段养护维修情况的调研分析，完成客货共线铁路速度匹配标准研究报告，推荐中国客货共线铁路最高设计速度，提出客货共线铁路客货车速度匹配方案，并给出既有200 km/h

及以上客货共线铁路运营维护规章制度、线路设计规范相关建议。

1. 提出修建速度相对较高的客货共线铁路的必要性。

在客运需求较大、又有货运需求的路网空白地段，修建 200 km/h 客货共线铁路是客观需要的，既符合国家解决社会经济发展不平衡矛盾、打好污染防治攻坚战等宏观要求，也是一种经济合理的技术选择。建议吸取以往 200 km/h 客货共线铁路建设经验教训，在路网规划和建设时，深入研究线路功能定位、区域路网结构、客货运量预测，统筹研究选用技术标准。

2. 推荐中国客货共线铁路最高设计速度。

根据对中国国情和经济社会发展需求分析，200 km/h 及以上客货共线铁路存在实际需求，且经第六次大提速实践经验验证，客货共线铁路采用 200 km/h 是安全可靠的。虽然 250 km/h 客货共线铁路在技术上也是可行的，但速度越高，相应客运需求越大，同时客货列车速差更大，对线路能力影响越大，在满足客运需求的前提下，没有能力承担货运任务。国外客货共线铁路最高速度几乎都是 200 km/h。因此推荐中国客货共线铁路最高设计速度为 200 km/h。

3. 提出客货共线铁路速度匹配方案。

以目前中国货运机车车辆发展及规划水平为基础，重点分析客车最高速度 200 km/h 情况下货物列车的匹配速度，在综合考虑货运列车实际运行速度情况、低速货车对线路能力的影响、养护维修等因素后，建议 200 km/h 客车匹配 90 km/h 货车。对于 160 km/h 及以下线路，根据目前运营实践来看，现行的客货车速度匹配方案与目前货物列车实际运行速度适应性较好，因此建议保留目前 160 km/h 及以下等级客货车速度匹配方案。

4. 提出既有 200 km/h 及以上客货共线铁路增加货运量的建议。

应充分利用既有 200 km/h 及以上客货共线铁路能力，承担客运、货运任务，满足经济社会发展需求，减少货运资源的闲置浪费。对于能力富余的线路，多时段全方位利用线路能力，尽可能增加货运量。视货运需求量，优先考虑客货分时段运营。客货同时段运营时，应加强散堆装货物列车装载、卸车管理，避免散落的小颗粒货物击打动车组玻璃。

5. 提出加强客货共线铁路动车与货物列车共线运营的安全保障措施。

要实现客货共线铁路客车、货车共线运营，必须在采取措施保证运输安全的前提下进行。需对现行运营及养护维修规章制度进行梳理，确保动车与货物列车共线运营情况下车站值守等各项运营安全职责不落空，加强散堆装货物装卸源头控制,加强小曲线段线路检测及养护维修工作,确保线路设备安全可靠。结合已开通少量动车的 200 km/h 客货共线铁路运营现状,适当提升货物列车上线频次,调整货物列车与动车开行方案,进行 200 km/h 客货共线铁路动车与货物列车共线运营实验,积累运营管理经验,为 200 km/h 客货共线铁路货物列车全面上线做好准备。

6. 建议制修订 200 km/h 客货共线铁路运营维护规章制度。

现行《铁路技术管理规程》没有针对 200 km/h 客货共线铁路的具体规定,各运营单位自行制定。为确保运输安全,统一规章制度,提高运行效率,建议单独制定详细的规章制度。建议将 200 km/h 客货共线铁路纳入普速铁路范畴,执行《铁路线路修理规则》。

7. 建议修订现行客货共线铁路设计规范。

200 km/h 客货共线铁路货车最高速度按 90 km/h 匹配时,为减少钢轨磨耗,推荐 200 km/h 客货共线铁路最小曲线半径由现行一般 3 500 m 修改为一般 3 800 m,对于困难情况下的最小曲线半径则根据货物列车运行速度现状按 80 km/h 进行检算,推荐采用 2 900 m。

四、集装箱铁海联运需求及内陆港场站设计标准研究课题

(一)研究背景

2017 年以来,国家持续出台推动多式联运发展政策。按照《国家铁路局 2017 年铁路工程建设标准编制计划》(国铁科法函〔2017〕185 号)要求,开展集装箱铁海联运需求及内陆港场站设计标准课题研究,为铁路参与多式联运,交通物流融合发展打好基础。该课题由中国铁路经济规划研究院有限公司和中国铁路设计集团有限公司共同承担。

铁路集装箱运输是发展多式联运重要的一环,集装箱铁海联运是多式联运的重要形式。多式联运是依托两种及以上运输方式有效衔接,提供全程一体化组织的货物运输服务,具有产业链条长、资源利用率高、综合效益好等特点。铁路是国民经济中战略性、引领性、基础性产业和服务性行业,在综合运输中占主导地位,起骨干作用,具有大运量、安全环保等特点,在中长距离运输中优势突出。集装箱铁海联运有利于形成便捷的国际物流通道,提高内陆城市的对外开放水平,有助于内陆城市发展外向型经济,是架起内陆和沿海港口之间沟通的重要桥梁。集装箱铁海联运形成“强强联合”效应,符合建设资源节约型、环境友好型社会的总体

要求。加快发展集装箱铁海联运是助力东部地区产业转移的有效途径,是服务国家战略的现实需要(图 4-1)。

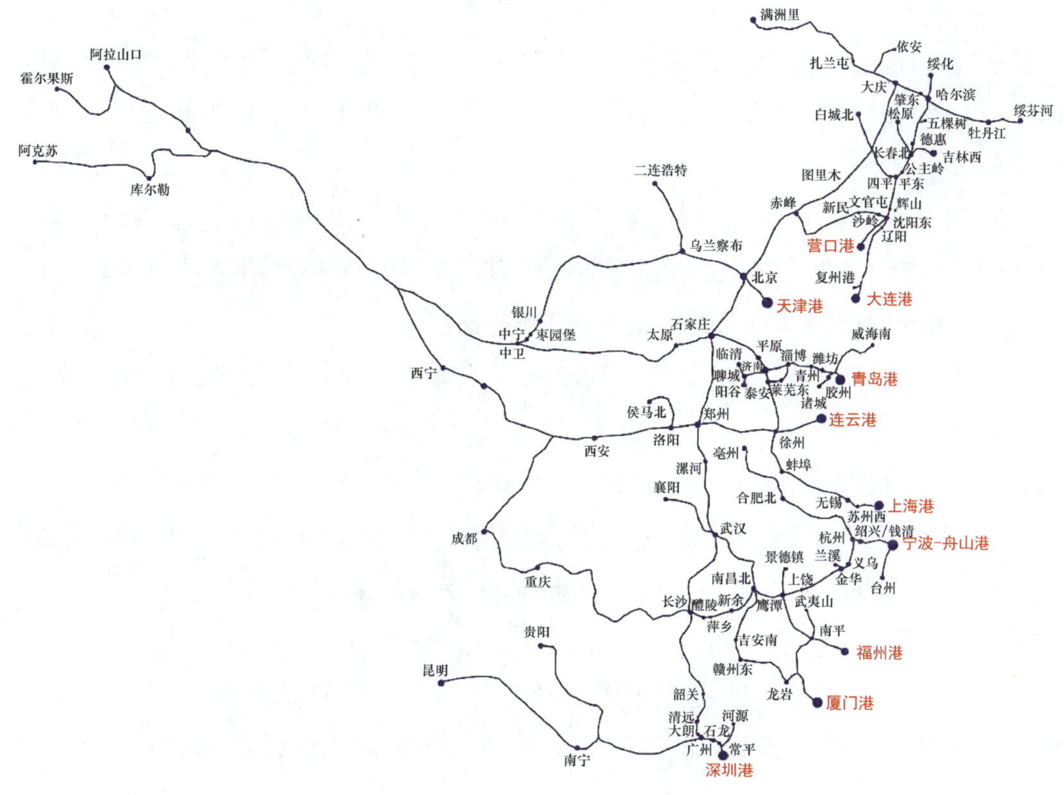

图 4-1 沿海港口铁海联运集装箱班列线路

欧美地区铁海联运成功运营可为中国发展集装箱铁海联运提供经验。欧美地区已形成了成熟的多式联运全程网络,且随着经济环保等问题的日益凸显,欧美国家尽可能减少对汽车货运的依赖,更加注重发挥铁路和水运的优势。

铁路集装箱运输需求增加。随着国家区域发展战略的实施,内陆地区承接沿海东部地区产业转移以及新兴产业高附加值的工业制成品运输需求将持续增加,潜在运输需求为铁路集装箱运输增长带来了良好的机遇。同时,中国经济进入新常态和产业结构转型升级引致货源结构发生重大变化。以电子电器、服装、医药、汽配、仪器仪表等为代表的高附加值白货需求仍然是全社会集装箱运量持续增长的内在动力。

铁路集装箱运输装备技术提升为铁路集装箱铁海联运提供保证。集装箱技术装备进一步提升,箱型多样化以及特种箱的开发,适箱货物种类增加。车辆和装卸机械技术水平提升为加快适箱货物入箱创造了条件。双层集装箱运输、驮背式公铁联运等技术的不断推进，使集装箱运输发展上升到一个新的高度。

（二）研究内容

1. 收集国外集装箱多式联运、铁海联运及内陆港发展资料。梳理美国洛杉矶港、荷兰鹿特丹港、德国汉堡港等港口铁海联运资料和中国沿海港口集装箱铁海联运发展现状及存在问题。

2. 分析国外集装箱多式联运、铁海联运及内陆港发展现况。总结美国洛杉矶港、荷兰鹿特丹港、德国汉堡港等港口铁海联运成功经验，分析中国沿海港口集装箱铁海联运现状的形成条件和存在问题的原因。

3. 总结沿海港口集装箱货源货流特征、外贸集装箱相关因素及生成规律，分析铁海联运优劣势、市场定位、发展趋势，预测沿海港口铁海联运总需求并提出沿海港口外贸集装箱铁海联运产品创新的建议。

4. 总结中国内陆港发展演变历程，分析发展态势，提出构建公共内陆港建设的必要性。重点研究内陆港宏观空间布局，包括内陆港数量、规模、等级等与区域的适应性问题。

5. 综合国外集装箱铁海联运成功经验和中国集装箱铁海联运现状，提出沿海港口集装箱铁海联运及内陆港发展对策建议和铁路内陆港场站设计标准框架建议。

（三）研究方法

1. 文献研究法。检索国内外集装箱多式联运、铁海联运及内陆港发展现状资料，总结美国洛杉矶港、荷兰鹿特丹港、德国汉堡港等港口铁海联运成功经验，分析中国沿海港口集装箱铁海联运发展存在问题的原因。

2. 回归分析法。集装箱运输是经济发展的产物，决定沿海港口集装箱吞吐量发展的主要因素是经济发展水平。以 GDP 指数为自变量，相应年度沿海港口集装箱吞吐量为因变量，构建线性回归方程，预测沿海港口集装箱吞吐量。

3. 多因素动态生成系数法。通过建立集装箱生成量预测模型，把经济、外贸和运输等影响集装箱生成量的众多因素加以量化，通过计算公式预测沿海港口集装箱吞吐量。

4. 系统聚类法。选择全国 84 个城市单位面积的公路货运量、高速公路网密度、单位面积的铁路货运量、铁路网密度、GDP 总量、工业增加值、外贸进出口总额、交通区位系数等8项指标，进行系统聚类，对内陆港进行分类。

（四）研究成果

总结国内外铁海联运和内陆港发展经验，分析中国集装箱铁海联运存在问题，研究内陆港宏观空间布局和沿海港口集装箱货源货流特征、市场定位、发展趋势，预测沿海港口铁海联运需求，提出沿海港口集装箱铁海联运及内陆港发展对策建议和内陆港场站设计标准框架建议。

1. 沿海港口集装箱铁海联运总需求预测及相关建议

（1）沿海港口集装箱铁海联运总需求预测

随着中国多式联运环境逐步改善，集装箱铁海联运市场环境发生较大变化，东部沿海及中西部地区集装箱铁路集疏港比例均将有所提高，预测2025年、2030年、2035年中国沿海港口集装箱铁海联运量为1 800万TEU、3 600万TEU和6 200万TEU。根据港口集装箱货源分布特点，将全国划分为东部及沿海地区、中部地区、东北地区、西南地区和西北地区五大区域进行分析。考虑研究年度市场环境发生较大变化，各区域铁路集疏港集装箱比例有所不同，但均逐年提高。预测2025年、2030年、2035年长距离（大致测算800 km以上）集装箱铁海联运市场需求分别为506万TEU、726万TEU、1193万TEU，中短距离集装箱铁海联运市场需求分别为1 381万TEU、2 911万TEU、5 028万TEU。

（2）沿海港口外贸集装箱铁海联运产品创新的建议

1）现有产品存在的主要问题

虽然在国家和各相关部门的积极推进下，铁路推出了多种集装箱铁海联运产品，逐渐贴近市场，但是从铁路在多式联运供应链中的地位和作用看，仍存在产品服务质量不高、产品体系不够完善、产品结构不够精细化的问题。

2）集装箱铁海联运产品优化

内陆港的集装箱班列是新时代运输供给侧改革、促进国家与地区经贸发展的一项重要创新服务产品。打造内陆无水港带来的“一对一”服务局面，形成“一个内陆港面向多个沿海港口、多个内陆港为某一沿海港口集疏货源”的服务体系，并结合铁路集装箱班列，形成全覆盖、多渠道、点线配套的完整服务网络。组织短编组快速班列、双层集装箱列车、客车化集装箱班列扩大铁路运输范围，缓解繁忙铁路干线运能紧张。为了更好地组织铁海联运班列、提升集装箱铁海联运的市场竞争力，可以采用市场化经营模式，如承租班列，主要包括整列承租和部分承租两种形式。

2. 铁路内陆港布局规划研究

（1）构建公共内陆港建设的必要性。港口在中国对外贸易中作用突出，中国90%以上的国际贸易都是通过港口海运完成的。随着经济全球化和运输一体化步伐的加快，中国经济和对外贸易迅速发展，沿海港口的数量和规模大幅增长，港口之间对货源的竞争也逐步升级。港口为进一步开发货源，逐步将眼光转向内陆腹地，陆港随着港口拓展经济腹地应运而生，港口传统的“海向”思维，开始向“陆向”思维转变。世界各国主要港口都将陆港作为扩张港口经济腹地和扩展港口货源的主要策略和重要手段。大力发展国际陆港、拓展陆港功能、建设国际物流贸易系统公共平台十分重要。

（2）分析影响内陆港布局的主要因素。

1）经济发展水平。城市的经济发展水平代表着市场需求的高低，直接影响货物的生成量，是影响内陆港布局最重要的因素。区域经济发展情况可从多个角度进行衡量，如国民经济水平、工商业发展情况、对外经贸情况等。

2）多式联运能力。内陆港是多种运输方式的汇合点，是多式联运的中心，各种运输方式的能力及衔接水平将直接影响其运营效率。具体可以从铁路公路基础设施、相关人力资源等方面衡量。

3）政策情况。国家的政策导向将直接影响地区经济及交通运输业的发展。除此之外，是否是直辖市或者省会、是否有国家层面的经济政策扶持、是否是全国性或区域性的物流节点，都将对内陆港的布局决策产生影响。

4）发展空间持续性。在绿色物流的理念下，城市的生态环境是影响内陆港发展潜力的重要因素之一。从宏观的角度看，内陆港的建设可以有效减少道路拥挤，由公路为主向铁路为主的运输方式的转变，又可以明显减少二氧化碳等气体的排放，是一种环境友好型运输发展方式的产物。在生态环境良好、可持续发展程度高的城市建设内陆港，可以为内陆港提供良好的环境，更有利于发挥其改善环境的作用。

（3）内陆港宏观空间布局和分级。采用系统聚类法，选择全国84个城市单位面积的公路货运量、高速公路网密度、单位面积的铁路货运量、铁路网密度、GDP总量、工业增加值、外贸进出口总额、交通区位系数八项指标，进行系统聚类，初步筛选摸清内陆港空间特征，系统聚类结果为：北京、苏州、广州为第一类，东莞、重庆、郑州、武汉、成都、贵阳、佛山为第二类，其他城市为第三类。考虑当前内陆港中欧班列、中亚班列开行现状，以及铁路物流基地、铁路集装箱中心站运作实际,同时参考《陆港设施设备配置和运营技术规范》JT/T 1213—2018,对铁路内陆港进行层级划分。一级内陆港:远期铁路年吞吐量达 100 万标箱以上,如成都、重庆、郑州、西安、武汉、长沙等。二级内陆港:远期铁路年吞吐量达 60 万标箱以上,如石家庄、沈阳、长春、哈尔滨、南京、杭州、金华、苏州、贵阳、济南、合肥、南昌、赣州、昆明、兰州、乌鲁木齐、太原、南宁、呼和浩特等。三级内陆港:远期铁路年吞吐量达 30 万标箱以上。

3. 沿海港口集装箱铁海联运及内陆港发展对策建议

在健全铁海联运机制与体系、创新完善运营组织模式、加强基础设施建设、积极开拓内陆货源、加强标准化体系建设、推动信息开放共享、加大政策支持力度、积极争取纳入多式联运监管中心、因地制宜发展内陆港等九个方面提出了较为具体可行的对策建议。如从国家层面、行业层面以及企业层面健全体制机制;创新运输组织模式,开展铁海铁运输、班列承租、长短编组结合、客车化运营等;为简化作业,建议铁路集装箱中心站以及依托其上的内陆港纳入多式联运海关监管中心范围;针对中国东、中、西部地区内陆港提出了不同的发展策略。

4. 铁路内陆港场站设计标准框架建议

(1)功能定位

内陆港的功能定位为:具有多式联运、通关服务、保税物流等多种功能,配套服务完善的物流集结点,是内陆港附近地区货物的区域集散中心和中转站,同时也是沿海港口在内陆地区的货物集散和喂给港。

(2)功能设置

必备功能:是内陆港应具备的基本功能,主要包括通关服务、集装箱多式联运、电子数据传输(EDI)及视频监控、仓储配送等功能。

拓展功能:是内陆港业务发展到某一阶段后自然生成的增值或拓展功能,主要包括保税物流、保税加工、电子商务、金融服务、商贸、展示展览、货运代理、流通加工、维修保养、信息服务、商务配套服务、公共管理服务、生活配套服务、物流咨询培训服务等。

(3)业务流程

外贸货物可以在内陆港内进行签发提单等一站式操作,实现“一次审报、一次查验、一次放行”,大大提高通关效率。

(4)选址因素

内陆港选址应统筹考虑内外部影响因素。外部影响因素主要包含当地市场需求条件、宏观政治经济因素、自然条件及配套设施、区位交通条件等；内部影响因素主要包含企业经营策略、服务特性水平、物流成本等。

（5）功能区划分及平面布局

内陆港一般包括铁路运转车场、物流功能区和其他物流服务配套设施。内陆港平面布置应以物流功能区为核心，合理设置运转车场其他物流服务配套设施。根据内陆港定义及功能定位的分析，内陆港一般可设置以下几个物流功能区：集装箱多式联运区、海关监管及查验区、仓储配送区、综合服务区等，另外根据地方产业特点及市场需求也可设置综合保税区。

（6）场站设计标准

内陆港铁路集装箱场站及仓储配送等物流功能区设计可参照《铁路物流中心设计规范》Q/CR 9133—2016 相关规定执行；内陆港海关监管作业场所有关标准应符合《海关监管作业场所（场地）设置规范》（海关总署公告 2019 年第 68 号）有关规定；内陆港有关查验设施建设标准由于内陆港分级标准与口岸不统一，建议海关部门针对内陆港单独制定查验设施相关建设标准。

（7）出入口设置

内陆港一般宜设置 2 ~ 3 个出入口，具体可根据交通量、出入口通行能力、内陆港功能布局及周边衔接道路通行能力等综合分析确定。海关查验区、综合保税区宜单独设置对外出入口。

（8）交通组织

交通组织是内陆港高效运行的基本条件，交通组织不畅将会严重影响内陆港作业安全及效率。内陆港功能区平面布局应充分考虑作业流程和交通流线，从功能布局上缩短作业径路，避免作业交叉、重复或迂回运输现象，货流与人流应分开，从根本上减少交叉发生的概率。

（9）运输组织模式

本次研究对内陆港运输组织模式进行了初步探讨：中欧班列可采用“点对点”的直达运输组织模式或内陆港中欧班列集结中心（编组站）集结运输组织模式；铁海联运可采用“铁—海”直达运输模式或内陆港铁海联运集结中心（编组站）进行集结的“铁—铁—海”集结运输模式。

（10）设施设备配置

内陆港集装箱多式联运、仓储配送、综合配套服务设施设备的配置可参照《铁路物流中心设计规范》Q/CR 9133—2016 相关规定执行；海关监管作业场所查验、检验检疫及海关人员办公等有关设施设备配置应遵照海关部门相关规定执行。

五、客货共线铁路分级标准研究课题

（一）研究背景

为适应铁路建设和经济发展需要，科学合理地划分客货铁路等级，按照《国家铁路局2017年铁路工程建设标准编制计划》（国铁科法函〔2017〕185号）文号的安排，开展《客货共线铁路分级标准》课题研究。该课题由中铁二院工程集团有限公司组织相关单位共同承担。

客货共线铁路是世界及中国铁路运输模式中最主要的类型。铁路等级是铁路的基本标准，也是确定铁路技术标准、技术装备水平、运输管理的依据。科学合理地划分客货铁路等级的重要性在于体现国家（或建设单位）对铁路运输需求、行车安全、运输质量等不同要求，便于从规划、设计、建设到运营全过程明确管理职责，充分发挥建设与经营主体的积极性，最大限度地发挥投资效益。随着国民经济及铁路自身发展，现行分级标准暴露出等级划分运量界值不适合、考虑的影响因素少、量化指标单一、先分级再确定客货运列车行车速度等问题，难以体现中国当代铁路运输发展特点，需要进一步探索寻求构建基于中国国情的客货共线铁路分级标准升级版，为客货共线铁路规划、设计、建设、运营管理提供更精细合理的依据。

世界主要国家对客货共线铁路也进行分级，每个国家根据自身客货运输需求、机车车辆工业发展及运营维护需要制定适应各自铁路运输特点的分级标准。铁路长期以来对客货共线铁路的运量预测、运量变化、主要技术标准、运输能力、线路养护维修、机车车辆性能等因素有比较深入的研究，积累了翔实的数据。自1949年到2017年，中国客货共线铁路分级标准经历了8次变更，历次规范的更新在客货运量、线路意义等方面研究积累了丰富成果。

（二）研究内容

1. 收集中国客货共线铁路分级沿革和世界主要国家客货共线铁路等级划分标准的情况，梳理中国历次铁路分级标准制定依据、技术参数、运营管理的差异和国外客货共线铁路的不同方法。

2. 分析中国客货共线铁路划分标准依据、主要技术参数、运营管理的差异和存在的不足，总结现行客货共线铁路分级标准适应性，归纳世界各国客货共线铁路等级划分的准则，研判后借鉴参考。

3. 分析中国现行客货共线分级标准的特点、发展趋势和适应性及世界各国客货共线铁路分级标准的特点,提出中国客货共线铁路分级原则和主要影响因素。

4. 统筹考虑中国客货共线铁路分级原则和主要影响因素,提出基于多目标规划模型指标体系、客货共线铁路量化分级标准的建议。

(三)研究方法

1. 调查研究法。调查研究现行客货共线铁路建设运营情况已运营客货共线铁路货车上线存在的问题包括运营安全、养护维修成本、线路能力、规章制度等,了解相关规章制度包括维修规则、技术管理规程、行车组织规则实际应用情况。

2. 文献研究法。检索国外客货共线铁路资料,收集国内六次大提速及客货共线铁路建设及运营资料、历次设计规范相关规章制度相关内容,为研究提供重要的基础资料。

3. 对比分析法。梳理国铁集团下属铁路局调研情况和检索收集的资料,对比现行客货共线各级铁路主要技术参数和管理的差异,总结主要国家、区域干线客货共线铁路分级标准的特点和差异,分析影响客货共线铁路分级的主要因素。

4. 综合分析法。从定性与定量相结合的角度选取影响客货共线分级主要因素,针对主要的影响因素,建立多目标规划模型体系。从年换算客货运营费和综合效益两方面选取 9 个指标,参照层次分析法,建立三层递阶指标体系,寻求多重因素划分等级的合理标准。

(四)研究成果

通过对国内外客货铁路分级标准影响因素的分析与研究,在《铁路线路设计规范》TB 10098—2017 的四级划分构架的基础上,按新建线路在铁路网中的作用、客货运量及最高设计速度需求(功能定位)等因素,提出客货共线铁路分级标准研究结题报告,给出了客货共线铁路量化分级标准的建议。

1. 中国客货共线铁路分级标准的特点

(1)现行铁路分级依据铁路在铁路网中的作用、性质和预测的近期年客货运量值来划分,划分标准简单明了,规划与设计过程中较易确定,但划分的结果受决策者的主观影响大。

(2)用预测的近期年客货运量与临界运量值确定铁路分级,因预测客货运量存在不确定性,客、货运量的预测值(可信度)可能会受决策者主观影响,从而可能影响分级。

(3)现行划分方法,是先确定客货共线铁路分级,后选择旅客列车最高设计行车速度,但不需给出货运列车最高设计行车速度(对特定线路如川藏铁路,因与既有铁路联网,需研究可上线货运列车为保证安全应具有的性能)。

(4)铁路等级划分的客货运量界值仍然采用参照铁道科学研究院铁建所完成的《铁路等级划分研究》的结论,只作适当修正,各级铁路的划分界值仍为20 Mt、10 Mt和5 Mt。但对于近期客货运量达到或超过20 Mt的部分工矿企业专用线的铁路等级,如仅考虑客货运量指标来确定为Ⅰ级铁路,容易造成混乱,这显然是不合适的,存在造成不必要的工程浪费的可能。

(5)对应Ⅰ级铁路,其旅客列车最高设计行车速度从120 km/h到200 km/h,选择跨度大,铁路的主要设计参数、投资、运营维修量及成本、行车组织等方面受客运列车最高设计行车速度影响大,需通过速度目标值方案论证在投资决策阶段进行选择;行车组织与运营管理在旅客列车最高设计行车速度小于等于160 km/h的线路上和大于160 km/h的线路上有很大差异。

(6)客货共线铁路设计只规定使用一种列车荷载图式(已包含轴重;Ⅰ级和Ⅱ级铁路采用ZKH,Ⅲ级和Ⅳ级铁路,包括地方铁路,采用中—活载图式)。

(7)客货共线铁路级别的不同,既体现了客货运输速度、负荷的差异,又反映了铁路建设标准、技术装备水平、养护维修与安全管理职责的不同。中国现行的客货共线铁路分级标准比较充分地考虑和强调了线路修建意义和在路网中的作用,最大程度适应了中国日益增长的铁路运输需求,为中国铁路的建设、运营和铁路的技术发展作出了巨大贡献,同时也存在着一些不足之处亟待改进。

2. 中国客货共线铁路分级的影响因素

客货共线铁路作为一个复杂庞大的运输系统,影响其分级的因素众多。从坚持科学研究方法与可操作性的角度出发,把握主要因素,忽略次要因素,以总结规律,探寻客货共线铁路分级的依据。

从定性与定量相结合的角度选取主要影响因素,深入分析中国客货共线铁路分级的影响因素,探究其对铁路分级的影响规律,是进行客货共线铁路合理分级的基础。为提出科学合理的分级建议,针对客货共线主要的分级影响因素,即在铁路网中的作用、预测客货运量、最高设计行车速度(旅客/货运列车最高设计行车速度)、荷载与轴重,展开系统研究,探究各因素对客货共线铁路分级的具体影响情况。

(1)线路在铁路网的作用与性质

铁路作为内陆运输系统的重要组成部分,对提升国防力量,促进民族团结,加强中外文化交流,推进精准扶贫以及加快经济建设等有重要作用。为了发展经济，在部分待开发、但客货运量不很大的地区修建一定等级的铁路必将带动本地经济的快速发展，诱发社会客货运量的持续增长，进而提高铁路运输的经济效益。因此，应将线路意义和路网作用也作为划分铁路等级的一项重要因素。

铁路按线路意义分级受人为因素干扰较大。过去不少铁路忽视线路意义，过分强调运量确定铁路等级，造成了大量投资的浪费，这需要引起的高度重视。将线路意义作为中国铁路等级划分的一项重要因素是符合中国国情的。可结合经济发展规划，铁路在路网中的作用，以及对连接城市、发展地方经济、繁荣区域文化的影响等情况加以描述线路意义。

（2）预测客货运量

修建铁路的主要目的首先是满足运输要求，更好地为运输服务。而且，列车—线路相互作用力的大小、位移、变形乃至设备的寿命主要决定于年客货运量。年客货运量是设计铁路能力的主要依据，对设计线的工程投资、运输成本和运输收入有很大影响。因此，在保证同样使用寿命的条件下，大运量就要采用高标准的技术装备。

（3）最高设计行车速度（旅客/货运列车最高设计行车速度）

最高设计行车速度是铁路综合技术指标，是体现铁路技术装备、技术标准、运营管理水平的重要标志，直接影响到工程投资、运输成本、经济效益和运输质量。

关于客、货列车最高设计速度的选择与匹配，应注意以下几个方面：

1）客运列车最高设计行车速度较高时（大于 120 km/h）应考虑缩小客货列车之间的速差值。

2）货运速度应适应中国社会经济发展需求。

3）应适应中国货运机车车辆装备发展水平现状及规划。

（4）货运速度应适应社会经济发展需求

目前中国快运速递产业发展迅速，已经形成以东部沿海大城市群为中心的4大区域性快运速递圈，并以滚动式、递进式辐射，带动中部和西部地区的发展，也需要铁路提供快运速递通道。国内铁路货车的最高运行速度普遍在 80 km/h 及以下，20 世纪 90 年代的平均货运速度在 30 km/h 左右，2017 年的货物运输平均速度约为 35 km/h，虽逐年提升，但仍然较低。鉴于货运量构成发生了较大变化，故需要提高货车速度以适应市场的需求。

（5）荷载与轴重

荷载与轴重对铁路工程中的桥梁、路基、轨道设计、投资、运营维修影响较大，且轴重是确定设计荷载标准的主要依据。中国在历次铁路等级划分中均未采用机车车辆的轴重,其主要原因是中国目前的货车(除厂矿自备车外)是在全路周转运行的,并非限定在某一区段线路上使用,轴重大小对各级铁路的影响是相同的,轴重一般为21 t~23 t,25 t轴重的大型低动力货车正处在研制阶段,预计将来会有所发展。因此,轴重作为划分铁路等级的依据意义不大。但随着货运往物流化、轻快化,客运往高速化方向发展,动货列车也将逐渐登上历史舞台,故客货运列车轴重在一定程度上需要有所限制,在制定分级标准时可作为参考依据。

3. 客货共线铁路分级的主要原则

客货共线铁路等级划分应着眼于当代社会铁路发展战略的需要,顺应资源节约型社会的发展规律,紧跟以旅客运输高速化、货物运输物流化、装备水平现代化、运输通道全球化为标志的新一轮铁路建设浪潮。除此之外,还应遵循以下几方面原则:

(1)首先考虑设计线的政治经济意义及在铁路网中的地位和作用。

(2)重点把握设计线的客货运量。

(3)兼顾设计线的旅客列车设计行车速度。

(4)基于中国的国情路况兼顾世界铁路的发展需求和趋势。

(5)适当兼顾设计线的列车轴重。

(6)兼顾其他影响因素(如自然条件、技术标准的协调配套等)。

4. 基于多目标规划模型的指标体系

该报告建立了以追求年换算客货运营费最小、综合效益最大为目标,从两个主要的维度选取9个具体指标进行计算分析(图4-2)。

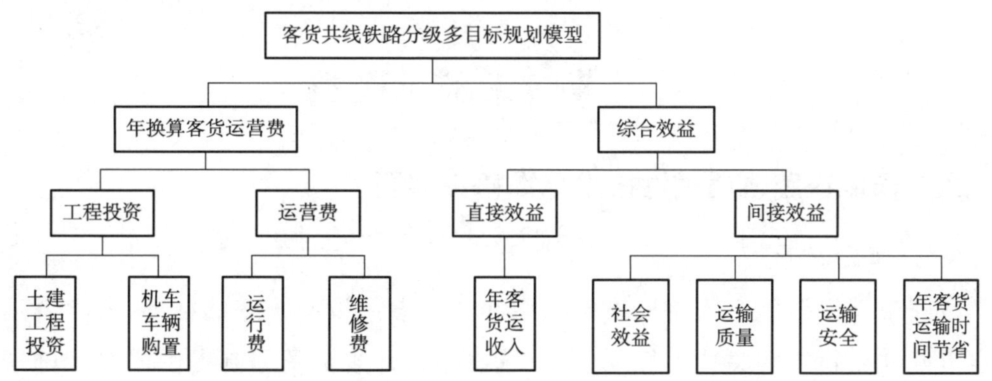

图4-2　基于多目标规划模型的指标体系

综上所述,得到多目标规划模型见式(4-1)、式(4-2)。

$$\max f(C,B_S)=\alpha\cdot C+\beta\cdot B_S \tag{4-1}$$

$$\text{s.t.}\begin{cases}(v_k,v_h)\in\left\{\begin{matrix}(250,120),(250,140),(250,160),\\(200,120),(200,140),(200,160),\\(160,100),(160,120),(160,140)\end{matrix}\right\}\\A_k\in[500,1\ 500]\\A_h\in[2,10]\end{cases} \tag{4-2}$$

式中 C——换算客货运营费(万元);

B_S——综合效益(万元);

α、β——相关效益系数;

v_k——客车速度(km/h);

v_h——货车速度(km/h);

A_k——客车运量(万人/年);

A_h——货车运量(Mt/年)。

5. 客货共线铁路分级标准的建议

优化后客货共线铁路分为4级,分别为客货高速线、Ⅰ级、Ⅱ级、Ⅲ级,其中Ⅰ级分为2个子集。优化后的分级指标在现有的客货共线铁路分级标准分级基础上,综合考虑设计线路的政治经济意义及在路网中的作用、客货运量、设计线的旅客列车设计行车速度、基于中国国情兼顾世界铁路的发展趋势、设计线的列车轴重等因素,分级标准解决了等级划分运量界值不适合、考虑的影响因素少、量化指标单一、先分级再确定客货运列车行车速度等问题,基本与《铁路线路设计规范》TB 10098—2017保持良好的衔接。

第二节 工务工程类

六、市域铁路轨道关键技术标准研究课题

(一)研究背景

目前市域铁路的主要轨道设备选型和技术参数没有统一的标准,科学合理地确定市域铁路轨道相关技术标准,为市域铁路设计规范的编制提供依据,根据《国家铁路局2017年铁路工程建设标准编制计划》(国铁科法函〔2017〕185号)的要

求，开展《市域铁路轨道关键技术标准》课题研究。该课题由中铁第四勘察设计院集团有限公司组织相关单位共同承担。

市域铁路服务于中心城市近远郊区或辐射行政区划，具有同城化、通勤化特征。市域铁路轨道设计既不能套用高速铁路设计标准，也不能套用城市轨道交通设计标准，应满足市域铁路运营条件和实际情况。虽然已有多个团体、地方、企业推出市域铁路设计规范，但是这些设计规范之间也存在较大的差异性和局限性，在设计实践中，设计人员选用设计标准具有随意性，需认真研究总结市域铁路设计经验，提高设计水平。

国内已建成一批市域铁路示范线，积累了丰富的设计经验，对总结市域铁路建设成果起到了积极作用，开展轨道关键技术研究，提出行业设计标准制定建议，满足市域铁路建设发展的需求。

（二）研究内容

1. 调研国内外市域铁路工程实践和研究成果，收集轨底坡、曲线超高、钢轨及配件、轨道安全设备及附属设备的关键技术标准。梳理土木学会和铁道学会等市域铁路标准或标准中相关轨道章节内容。明确课题研究的主要内容为市域铁路轨道结构选型、轨道减振方案和道岔选型。

2. 开展市域铁路轨道结构选型及设计专项研究。进行有砟与无砟轨道比选分析，对路基、桥梁、隧道地段无砟轨道结构进行设计和检算，提出轨道结构形式建议。

3. 开展市域铁路减振设计技术标准及关键技术专项研究。研究市域铁路应用不同减振形式的适应性及减振型无砟轨道的设计参数分析，在市域铁路减振轨道效果评测及评估中，通过试验研究双层非线性减振扣件轨道和橡胶垫减振轨道结构的减振效果。

4. 开展市域铁路道岔选型及设计标准专项研究。根据国内调研结果，对使用较多的9号、12号道岔应用情况进行研究，并进行道岔平面线型方面的研究，最终确定市域铁路道岔选型。

（三）研究方法

1. 调查研究法。对国内市域铁路建设及运营情况进行调研，收集国内外市域铁路相关规范，分析、总结和提炼市域铁路轨道技术，提出安全可靠、先进成熟、经济适用的轨道技术标准架构，为建立具有自主知识产权的中国市域铁路技术标准体系奠定基础。

2. 文献研究法。检索国外铁路发达国家（法国、日本、英国、美国等）市域铁路建设、运营情况，分析国外市域铁路发展现状及特点，为市域铁路研究提供借鉴参考。收集国内市域铁路发展情况信息，收集相关市域铁路标准，为研究提供重要的基础资料。

3. 对比分析法。根据调研情况和收集的资料，对比分析国内外无砟轨道结构形式和有砟轨道结构应用现状，以及市域铁路轨道结构选型研究，对比分析国内外地铁、干线铁路轨道减振方案研究与应用情况。

4. 实验研究法。在温州市域铁路 S1 线开展减振效果评估测试，验证双块式无砟轨道结构设计的经济性和可施工性，为市域铁路采用安全平稳的结构形式提供依据。

（四）研究成果

结合国内外市域铁路轨道设计经验，对参数取值研究，掌握参数取值对轨道结构设计的影响规律，开展市域铁路轨道结构选型、轨道减振方案、道岔选型等关键技术标准研究，提出市域铁路轨道相关标准的结论和建议。

1. 对既有规范和市域铁路设计标准进行汇总和对比，有如下建议：

（1）正线钢轨采用 25 m 或 100 m 定尺长、60 kg/m 钢轨，建议按照曲线半径分地段合理选用耐磨性好的 U75V 材质或疲劳韧性高的 U71Mn 材质。

（2）轨道可采用有砟轨道和无砟轨道。

（3）区间超高最大值不超过 150 mm。未被平衡欠、过超高一般不大于 70 mm，困难条件下不大于 90 mm。

2. 市域铁路轨道选型及结构设计研究，有如下结论和建议：

（1）市域铁路以经济性为主，故建议有砟轨道为首选轨道结构形式，并建议采用应用广泛且更为经济的Ⅲ型轨枕。

（2）对于利用既有线改造为市域铁路的线路，沿线地质条件较差、工程造价有一定要求的市域铁路地段，仍可选用有砟轨道结构。

（3）对于设计时速为 100 km 的市域铁路，可考虑采用城市轨道交通现有成熟的轨道结构形式。

（4）市域铁路采用无砟轨道时，建议优先采用双块式无砟轨道结构，也可选用 CRTSⅢ型板式无砟轨道或 CFT 枕式无砟轨道等其他类型轨道结构形式。

（5）建议市域铁路路基地段双块式无砟轨道采用单元分块式设计；桥梁地段双块式无砟轨道取消底座结构，采用单层道床设计，降低轨道结构高度，减小二期恒载；隧道地段双块式无砟轨道维持干线铁路道床板连续结构。经检算，不同地段轨道结构形式满足各项设计指标要求。

3. 市域铁路减振设计及关键技术研究，有如下结论和建议：

（1）目前在建和通车的市域铁路线路多采用分级减振措施，较多采用减振扣件和隔振垫道床，部分特殊减振设计采用了钢弹簧浮置板减振道床。减振措施较多与声屏障配合使用进行降噪。

（2）通过对轨道结构形式和轨道减振措施的对比研究，提出市域铁路减振轨道关键评价指标，给出市域铁路轨道减振形式的建议方案（高等减振采用橡胶隔振垫，特殊减振推荐采用钢弹簧浮置板），并对减振方案的适应性进行检算，检算结果显示推荐方案满足结构强度和减振要求。

（3）利用建立的有限元模型进行减振方案对列车速度为 120 km/h 和 160 km/h 的适应性分析。计算分析结果表明，列车速度为 120 km/h 和 160 km/h 时橡胶隔振垫道床的行车安全性、平稳性指标和减振效果均满足要求。

（4）从行车安全性、舒适性及减振性能等角度分析，基于现有的轨道结构形式建议市域铁路高等减振地段的橡胶隔振垫刚度采用 0.019 N/mm^3，实际设计过程中应根据轨道结构形式、设计时速和减振要求等输入条件具体确定。

（5）针对温州市域铁路 S1 线进行中等减振和高等减振轨道后评估现场测试，获取了减振地段（中等减振扣件、高等减振橡胶隔振垫道床）和非减振地段钢轨、道床板、桥梁、地面等位置的振动加速度和动态位移，以及敏感位置处的声压等数据，从减振效果、行车安全性指标，以及减振地段高架桥梁二次结构噪声等方面对减振轨道结构进行评估。测试结果表明，市域铁路两种减振轨道结构形式基本能够满足相关规范要求及中等减振和高等减振的要求。

4. 市域铁路道岔选型调研及设计标准研究，有如下结论和建议：

（1）设计时速 100 km、120 km 的线路，正线可采用 9 号道岔；其他情况市域铁路正线采用 12 号道岔。

（2）考虑到列车通过固定辙叉噪声较大以及地下线道岔全长对工程投资造价影响大的因素，推荐市域铁路正线的地下线地段采用 12 号固定辙叉单开道岔，非地下线地段采用 12 号可动心轨单开道岔；在辅助线等非正线地段，地下线可采用 9 号固定辙叉单开道岔，非地下线可采用 9 号可动心轨辙叉单开道岔。

（3）市域铁路 9 号单开道岔直向允许过岔速度为 120 km/h，侧向允许过岔速度为 35 km/h，且在岔区都设有轨底坡或轨顶坡，直向具有进一步提速的能力，滑床板采用弹片与销钉组合方式；其中 9 号固定辙叉单开道岔全长为 29. 569 m，辙叉采用楔形结构合金钢拼装辙叉，满足无缝化的要求，9 号可动心轨辙叉单开道岔全长为 35. 184 m，辙叉的翼轨采用特种断面钢轨，心轨采用单肢弹性可弯结构。

（4）市域铁路 12 号单开道岔直向允许过岔速度为 160 km/h，侧向允许过岔速度为 50 km/h，滑床板采用性价比更高的无销钉式滑床板结构；其中 12 号固定辙叉单开道岔全长为 37. 800 m，辙叉采用楔形结构合金钢拼装辙叉，满足无缝化的要求，12 号可动心轨辙叉单开道岔全长为 43. 200 m，辙叉的翼轨采用特种断面钢轨，心轨采用单肢弹性可弯结构。

七、铁路路基复合地基承载特性及相关标准研究课题

（一）研究背景

为适应中国高速铁路建设新需求，完善自主创新高速铁路路基沉降控制技术，构建具有中国自主知识产权、达到世界先进水平的高速铁路技术体系，为《铁路工程地基处理技术规程》《铁路路基设计规范》等标准修订提供技术支撑，根据《国家铁路局 2017 年铁路工程建设标准编制计划》（国铁科法函〔2017〕185 号）要求，开展《铁路路基复合地基承载特性及相关标准》课题研究。该课题由中铁二院工程集团有限公司组织相关单位共同承担。

随着中国铁路工程建设发展、铁路等级和设计速度提高，复合地基被广泛应用于铁路路基地基处理中，为控制路基工后沉降、保障路基稳定、满足地基承载等要求提供了有效的解决途径。同时，《铁路工程地基处理技术规程》《铁路路基设计规范》等标准对复合地基设计起到了重要指导作用。但在长期的工程实践中也发现了部分问题：一是在柔性基础承载力理论方面，目前常用的承载力计算理论是基于刚性基础得来，作为柔性土工结构的路基，其承载力与变形性状和刚性基础有所不同，因此基于刚性基础的承载力理论并不完全适用于柔性基础；二是在柔性桩复合地基承载力方面，基于承载力和稳定性关系以及工程质量控制的考虑，复合地基设计除沉降、稳定性检算外，还需进行复合地基承载力检算，《铁路工程地基处理技术规程》TB 10106—2010 等标准采用复合地基承载力修正系数对复合地基承载力进行修正，工程实践表明上述修正系数偏保守，有待进一步优化；三是在刚性桩复合地基稳定性方面，刚性桩复合地基稳定性对铁路路基安全至关重要，目前包括铁路工程在内的相关行业标准尚无明确的刚性桩复合地基稳定检算方法，因此提出合理反映刚性桩抗滑机理和破坏形式的路堤

下刚性桩复合地基稳定分析方法十分必要。

自20世纪七八十年代以来，逐步开展了以挤密砂土桩、碎石桩为主的低强度散体桩和以干湿搅拌桩、高压旋喷桩为主的中低强度半刚性桩复合地基处理方法研究和应用，取得了良好的工程效果。2002年为配合某高速铁路建设，开展以CFG桩为主的中高强度刚性桩复合地基加固处理深厚层软土地基的关键技术研究。2004年，为满足无砟轨道在路基上铺设的技术条件，又开展以钢筋混凝土桩为主的高强度钢筋桩的地基处理技术研究，已在中国第一条成段铺设无砟轨道的试验线进行工程试验，取得了十分理想的沉降控制效果。铁路有关设计院结合项目建设，对刚性质复合地基处理技术进行较为全面的研究，取得了丰硕的成果，为铁路路基复合地基承载特性及相关标准研究提供技术支撑。

（二）研究内容

1. 收集梳理国内外复合地基关于柔性桩复合地基承载设计理论及刚性桩复合地基失稳破坏特性的数值分析、实验研究、设计理论及工程应用等技术资料。

2. 分析比较英、德、日等国和北欧地区技术规程及国内建工、公路等行业标准中柔性桩承载设计方法和刚性桩失稳破坏的影响因素之间的一致性和差异性。

3. 开展在柔性路堤荷载作用下刚性桩复合地基稳定性的系统分析工作，探究与刚性桩复合地基典型破坏模式相互匹配的稳定分析方法。

4. 提出影响刚性桩复合地基稳定性的关键桩位置和提高稳定性的分区强化、桩帽地梁加固技术对策以及地基加固处理优化措施建议。

（三）研究方法

1. 文献研究法。检索国内外复合地基承载特性资料，收集汇总国内外复合地基承载技术的数值分析、试验研究、设计理论、计算方法等书籍和技术资料，更客观、全面的了解复合地基承载特性研究现状。

2. 调查研究法。调查研究多条铁路代表性工程复合地基标准应用情况，了解不同工程计算地基容许承载力与地基压力数据及国内外刚性桩复合地基分析方法，总结工程实践。

3. 对比分析法。通过与国内外复合地基承载技术的数值分析、试验研究、设计理论及工程应用等技术资料比对，参照现行铁路地基处理主要技术参数，总结一致性和差异性，获取有效因素。

4. 实验研究法。通过离心模型试验，得出不同位置桩体以及桩体不同部分的受力情况，了解路堤失稳的破坏顺序、破坏原因、破坏形式、破坏深度、安全系数和滑动面位置及极限荷载，提出合理的控制条件和验算方式；通过刚性桩复合地基承载变形特征现场原位试验，了解桩身应力应变分布状态。

5. 分类统计法。通过对大量的事实分类，找出影响复合地基承载力的一般规律和本质问题，以定性与定量相结合的方式总结选取影响复合地基承载力的主要因素，得出相应结论。如统计上海地区土体物理力学参数资料，得出该地区淤泥质粉质黏土抗剪强度指标分布范围。

（四）研究成果

通过离心模型试验、数值模拟、现场原型试验和理论综合分析等手段，开展铁路路基复合地基承载特性及稳定分析的研究工作，形成铁路路基复合地基承载特性及相关标准研究结题报告，给出铁路复合地基破坏模式、刚性桩稳定性分析方法、路堤下地基分区强化设计及加固措施优化对策等建议，为修订《铁路路基设计规范》《铁路工程地基处理技术规程》等相关标准提供依据。

1. 复合地基破坏模式分析及判别控制条件

（1）基于路堤下复合地基可能破坏模式，按桩间土体破坏、桩体构件破坏和地基结构破坏进行破坏模式分类，即桩体构件破坏包括桩顶刺入、桩端刺入、桩体鼓胀、桩体压溃，地基结构破坏模式有桩端滑移、桩体弯折和桩体倾斜。

（2）提出基于承载破坏模式的复合地基承载力检算及基于滑移破坏模式的复合地基稳定性验算思路。

（3）基于全埋式抗滑桩抗滑机理，根据滑动面上桩后土体提供的滑动力矩与滑动面下桩前土体提供的抗滑力矩，建立复合地基滑移破坏模式的桩端滑移、桩体弯折、桩体倾斜判别及控制条件。

2. 柔性桩复合地基承载力与稳定性关系

（1）通过对既有资料的调研发现，柔性基础下地基有更大的承载能力，且相应的沉降也增加，地基破坏时滑弧深度、范围都要比刚性基础下地基小，模型试验、数值计算显示柔性基础地基的承载力是刚性基础地基承载力的1.2~1.5倍。

（2）柔性基础地基承载力直接采用刚性基础地基承载力评价方法是偏于保守的，通过对现场工程案例的调研和对典型工点的检算后，显示柔性基础地基的承载力是刚性基础地基承载力的1.2~1.98倍。综合考虑基底应力修正和基础刚度修正，路堤基础地基承载力若仍沿用现有的评价手段，则路基底面处压力值允许超过地基容许承载力，给出需小于1.2~1.8倍的容许值的建议。

3. 刚性桩复合地基稳定分析的综合等效抗剪强度法

(1)基于桩体弯折破坏模式,通过引入表征地基截面不同位置桩身抗弯能力发挥程度的系数,形成反映复合地基中 CFG 桩非均匀弯折破坏的桩体抗滑力确定方法;根据桩体阻止地基滑动的力矩等效原则,导出基于圆弧滑面位置的桩体等效抗剪强度表达式,建立考虑桩体渐进破坏以及轴力、筋带拉力多因素影响的高强度桩复合地基稳定分析的综合等效抗剪强度法。

(2)采用考虑渐进破坏、桩身轴力及筋带拉力等因素影响的桩体综合等效抗剪强度法得到的 $F=1.155\sim1.478$,其中瑞典法 $Fs=1.155\sim1.263$,Bishop 法 $Fs=1.340\sim1.478$,达到《铁路工程地基处理技术规范》TB 10106—2010 中列车运行速度 120 km/h$\leqslant v \leqslant$200 km/h 下施工期 1.10、运营期 1.25 设计要求,表明提出的桩体综合等效抗剪强度法具有较高的可靠性。

(3)采用桩体综合等效抗剪强度法计算的路堤稳定安全系数对桩土荷载分担变化差异不敏感,相对偏差约为 0.6%,由此得到的路堤稳定安全系数具有较高的准确度。

4. 路堤下高强度桩复合地基分区强化设计及加固措施优化对策

(1)基于地基截面不同位置桩体受力模式及抗滑机制的差异,建立以桩体拉弯、弯剪、压弯、承压破坏模式为特征的复合地基截面 4 区域划分简单实用方法。

(2)在拉弯区、弯剪区、压弯区、承压区桩顶分别设置地梁,可提高复合地基稳定安全系数 10%~15%,且弯剪区加地梁效果最好,拉弯区和压弯区分别次之,承压区效果最差;在“拉弯区+弯剪区”和“弯剪区+压弯区”桩顶设置地梁,对提高复合地基稳定性效应基本一致,地基稳定安全系数提高了 25% 左右;而在“拉弯区+弯剪区+压弯区”桩顶同时设置地梁,能获得较高的地基稳定性,地基稳定安全系数可提高 35%。

(3)桩顶设置地梁,具有均化减小弯矩效应,可以显著提高复合地基稳定性。在保证复合地基稳定性前提下,基于经济性考虑,提出了可在“拉弯区+弯剪区”或“弯剪区+压弯区”优先设置地梁的建议。

八、铁路隧道净空面积及断面布置标准研究报告课题

(一)研究背景

为科学合理地优化铁路隧道设计标准,满足经济社会发展需求,根据国家铁

路局构建铁路工程建设标准体系的要求，开展《铁路隧道净空面积及断面布置标准》课题研究。该课题由中国铁路经济规划研究院有限公司组织相关单位共同承担。

具有世界先进水平的高速铁路运行验证了中国铁路技术标准的安全性和先进性，其中铁路隧道工程建造技术为铁路高标准、快速建设提供了有力的技术支撑。列车通过隧道运营速度较快时，隧道建筑限界和机车车辆限界等因素会诱发空气动力学效应，包括瞬变压力、微气压波、空气阻力、列车风、气动荷载等。其中，车内瞬变压力会对乘员和旅客耳膜健康和舒适度产生较大影响，以上效应都是隧道净空面积设计中需要着重考虑的问题。铁路隧道断面净空有效面积和建筑限界决定了隧道断面的基本尺寸，还需要充分协调隧道排水方式、轨道结构、设备空间、维修养护和疏散救援等因素。通过本课题研究，将进一步优化铁路隧道设计标准。课题研究成果将为铁路隧道相关标准、规范的修订，以及通用图的编制提供依据；将有利于提升铁路隧道的质量水平，改善隧道养护条件，优化隧道的排水状况和防灾救援设施，并为降低工程造价提供参考；为推进铁路国际化战略提供有力支持。

随着各等级铁路的大量建设和运营实践，在科研、设计施工、运营管理等方面都取得了丰富的成果和大量实践经验，同时由于动车组制造水平的大幅提升，为铁路隧道净空面积及断面布置标准优化奠定了基础，开展这项工作的条件已经成熟。在确保运营安全、满足舒适性和耐久性要求的前提下，本课题全面梳理现行标准存在的问题，结合科研成果，充分吸收已建铁路隧道的运营实践经验，提出完善和优化隧道断面的布置方式。

（二）研究内容

1. 收集国外铁路隧道主要技术标准，隧道气动效应、断面布置及净空面积研究现状；整理国内铁路隧道主要技术标准及断面布置现状、隧道净空面积优化研究成果；梳理国内高速铁路历年来联调联试和综合试验隧道气动效应测试数据。

2. 综合分析国内外及国际铁路联盟、欧盟等标准组织的铁路隧道技术标准及隧道净空面积和断面布置的技术参数，对比国内现有铁路隧道主要技术标准及断面布置参数。分别按照不同速度、车型、隧道净空面积、隧道长度进行数据整理和分析，确定铁路隧道的断面布置优化原则。

3. 通过研究不同时速动车组通过隧道时气动效应的适应性、优化余量，总结隧道气动效应随净空面积的变化规律，提出相应的隧道净空断面积优化目标值和对应的列车动态密封指数要求。

4. 搭建模型计算不同时速下列车内外瞬变压力，提出各时速铁路隧道净空面积建议值对应的车体强度要求和隧道内设备设施气动荷载要求。

调研国内运营列车动态密封性能，通过优化铁路隧道断面布置、断面结构受力分析、高速铁路隧道断面现场试验研究，为有关部门结合国内列车实际情况进行铁路隧道净空面积决策提供参考。

（三）研究方法

1. 调查研究法。对国内外和国际标准组织铁路隧道气动效应及净空面积研究现状进行调研，收集包括运行速度、隧道断面积、线间距、车体宽度、车间距等与隧道相关的基本参数，收集包括隧道限界、轮廓及断面布置、隧道标准断面图、防排水结构设置、防灾救援设计原则等方面与铁路隧道主要技术标准及断面布置现状相关的资料，分析各国铁路隧道主要技术标准要求及隧道设计特点，提出铁路隧道的断面布置优化原则。

2. 文献研究法。检索国内外铁路，特别是高速铁路隧道技术标准和设计资料，并进行研究分析，了解各国铁路隧道设计要求、建设及运营情况，为国内铁路隧道净空面积及断面布置研究提供借鉴参考。收集国内不同线路对于铁路隧净空面积和断面布置要求的设计规范、规章制度等相关内容，为研究提供重要的基础资料。

3. 对比分析法。通过对比不同国家铁路隧道基本参数、铁路隧道净空面积、断面布置、舒适度等要求，了解各国铁路隧道主要技术标准的差异。分析不同速度等级、线路性质等影响隧道净空面积及断面的确定因素；对比国内外铁路隧道规范及标准为铁路隧道净空面积及断面布置优化研究提供的参考。

4. 数学研究法。通过相应数学模型计算列车通过不同长度隧道时的车外瞬变压力，同时根据不同列车动态密封指数计算车内瞬变压力并找出最不利隧道长度，然后同舒适度标准进行比较，提出考虑车内瞬变压力指标的高速铁路单、双线隧道需满足的净空面积建议值。

（四）研究成果

通过检索国内外铁路隧道建设运营情况和技术现行标准，对比不同地区隧道基本参数和隧道净空面积及断面布置情况，建立相应数学模型经大量科学计算完成《铁路隧道净空面积及断面布置标准》结题报告，提出各速度目标值各类型铁路隧道净空面积值及铁路隧道断面布置及隧道排水系统等优化方案，为现行铁路工程隧道设计以及标准修订提供参考。

1. 隧道净空面积优化研究

（1）铁路隧道净空面积优化建议值

通过对现有高速铁路隧道气动效应测试成果的总结与系统分析，以及对不同速度目标值、净空面积、长度的隧道气动效应的数值计算分析，在满足一定的车辆密封性能的情况下，隧道净空面积优化技术上是可行的。通过对实测数据的分析及动车组仿真计算结果，提出各速度目标值单、双线隧道净空面积优化建议。

（2）隧道气动效应计算分析结论

采用单线单车、双线交会的舒适度标准，根据高速铁路隧道一般采用双线隧道长度在 20 km 以上时可能采用分修的单线隧道的实际情况，考虑其他气动效应指标，如车体内外压差、微气压波、空气阻力、列车风、气动荷载等的影响，同时考虑与现行隧道净空面积的匹配及一定富余量，提出高速铁路隧道净空面积建议值及列车动态密封指数要求。

2. 隧道断面布置标准研究

（1）不同速度目标值铁路隧道断面布置优化

系统总结国内各速度目标值铁路隧道标准的现状，在确保运营安全、满足舒适性和耐久性要求的前提下，全面梳理现行标准存在的问题，结合科研成果，充分吸收已建铁路隧道的运营经验与教训，完善和优化隧道断面的布置。

铁路隧道断面净空有效面积和建筑限界决定了隧道断面的基本尺寸，在这个基础上，需要充分协调隧道排水方式、轨道结构、设备空间、维修养护和疏散救援等因素，对隧道轮廓及断面布置进行研究，提出合理的断面布置方式。

（2）隧道断面主要优化内容

1）线间距

确定设计速度 250 km/h 以上双线铁路隧道线间距优化取值，设计速度 200 km/h 以下双线隧道线间距需研究后确定。

2）救援通道

最小宽度满足《铁路隧道防灾疏散救援工程设计规范》TB 10020—2017 相关要求，分别优化时速 120 km、200 km、250 km、300 km、350 km 隧道实际疏散救援通道宽度；优化救援通道边线至线路中线的距离；优化疏散救援通道与轨面距离。

3)养护及工程技术作业空间

不设置专门的养护及工程技术作业空间。

4)排水系统优化

双线隧道由“双侧沟 + 中心排水沟”形式优化为仅设置中心水沟。并优化隧道墙脚设置的纵向盲管直径、检查井设置、检查井与洞内中心排水沟(管)间横向设置泄水管直径,无仰拱地段设置纵向排水盲管距离等参数。

单线隧道采用双侧水沟方案,隧道墙脚设置纵向盲管,分段排入侧沟,但需进一步优化水沟的设置位置、过水断面、与仰拱填充面(底板)高度关系,保证地下水顺利排放。

3. 建议

(1)所提出的净空面积与所需要的列车动态密封指数、车内外压差及当量荷载等相对应,相关参数需要车辆制造方面确认。

(2)铁路隧道防排水问题较为突出,对运营安全影响大,建议选取适宜工点,对隧道排水优化方案进行现场试验研究。

九、铁路轨道结构荷载标准研究课题

(一)研究背景

为深化研究轨道结构相关荷载参数取值,进一步优化轨道结构、合理匹配参数提供技术支撑,形成适应中国轨道结构设计荷载体系,按照《国家铁路局2017年铁路工程建设标准编制计划》(国铁科法〔2017〕185号)的安排,开展《铁路轨道结构荷载标准》课题研究。该课题由中铁第四勘察设计院集团有限公司组织相关单位共同承担。

铁路轨道是铁路工程结构的主要组成部分,它直接承受列车的反复作用,轨道结构部件及结构类型较多,材料特性复杂。科学合理的选用荷载参数取值,保证轨道结构具有足够的可靠度和列车运行的平稳性和舒适性,关系到铁路工程安全性和经济性。

铁路事业快速发展,不同等级铁路投入运营,因其速度等级、车型和运营条件标准不同,轨道结构动力作用存在差异,迫切需要对不同等级铁路轨道结构的动荷载特性进行深入研究。相关轨道设计标准编制时间较短,部分无砟轨道设计参数缺乏试验数据验证。在总结调研现行设计规范荷载取值规定的基础上,进一步深化研究相关荷载参数取值，提高铁路设计标准的科学性，为完善相关设计标准提供数据支撑，对于推进中国铁路轨道设计方法的转型具有重大意义。

为提高铁路设计标准的科学性，便于技术标准的对外交流，相关铁路企业相继组织开展铁路轨道极限状态法设计的相关研究，并开展一系列科研课题。在充分吸纳科研成果基础上，编制《铁路轨道极限状态法设计暂行规范》，完成铁路轨道极限状态法试设计课题，通过选取典型轨道工点的试设计，研究提出明确的纳规条文建议。

（二）研究内容

1. 温度场区域划分及分区荷载取值

分析国内外无砟轨道温度场和温度变形相关资料，结合温度监测数据和中国各地气候规律，系统分析不同环境区域无砟轨道温度场特征，根据中国无砟轨道温度场区域划分方案，提出不同温度场区域轨道结构的温度荷载设计取值。

2. 严寒地区路基冻胀作用取值

研究严寒地区高速铁路无砟轨道路基冻胀特点，建立路基冻胀分析模型，分析路基冻胀对轨道平顺性和无砟轨道结构的影响规律，结合无砟轨道结构养护维修标准，提出严寒地区无砟轨道结构设计路基冻胀控制标准。

3. 无缝线路简支梁及常规连续梁墩台刚度

对不同等级铁路常用桥式的常见跨度的桥墩线刚度对无缝线路的影响进行研究。分析明确桥墩纵向水平线刚度对桥上无缝线路的影响，提出对高速铁路常用桥式的桥墩纵向水平线刚度较为合理的限值，为桥上无缝线路设计、桥梁墩台和基础设计提供参考。

4. 无砟轨道结构动载系数研究

在前期研究成果和测试数据基础上，建立多种工况下的车辆—轨道耦合动力学模型，分析不同轨道类型，行车速度，扣件刚度，簧下、簧上质量以及线路轨道质量状态指数等参数对轮轨力的影响，提出高速铁路、城际铁路及客货共线铁路运营条件下无砟轨道结构设计列车动载系数取值。

5. 无砟轨道结构与下部基础摩擦系数

调研无砟轨道领域及其他行业领域关于混凝土与混凝土或级配碎石之间的结合作用或摩擦系数的测试和研究，测试现浇混凝土与凿毛混凝土层间结合作用和静摩擦力，分析摩擦系数取值对 CRTS Ⅰ、CRTS Ⅲ 型板式无砟轨道底座板配筋结果的影响，对无砟轨道结构与下部基础摩擦系数进行深化研究，为完善极限状态法设计标准提供数据支撑，推进中国铁路轨道设计方法的转型。

（三）研究方法

1. 实测分析法。根据国内无砟轨道板温度和温度梯度实测数据统计分析，提出整体温度荷载根据不同区域的环境条件、轨道结构温度与气温差等因素确定，明确不同区域无砟轨道整体温度和温度梯度荷载建议取值。

2. 模型分析法。通过建立路基冻胀分析模型，研究路基冻胀对轨道平顺性和无砟轨道结构的影响规律，结合无砟轨道结构养护维修标准与方式，提出严寒地区无砟轨道结构设计时路基冻胀控制标准。

3. 计算分析法。根据温度场的区划方案，对客货共线铁路、客运专线铁路和城际铁路加以区分，对有砟轨道和无砟轨道提出较为符合实际、安全可靠、经济合理的桥墩纵向水平线刚度的限值。

4. 对比分析法。通过多条线路实测数据对比分析，提出不同高速铁路无砟轨道线路、高速铁路有砟轨道线路与有砟无砟过渡段的轮轨垂直力最大值范围，提出城际铁路、客货共线铁路最大动力系数取值。

5. 试验研究法。根据无砟轨道领域及其他行业领域关于混凝土与混凝土或级配碎石之间的结合作用或摩擦系数的测试和研究，对现浇混凝土与凿毛混凝土层间结合作用和静摩擦力进行测试，提出不同情况不同地段摩擦系数取值。

（四）研究成果

通过对国内外铁路轨道结构荷载标准的分析与研究，按轨道结构设计中的不同环境区域、列车动载取值等因素，提出铁路轨道结构荷载标准研究结题报告，给出铁路轨道结构荷载标准的建议。

1. 无砟轨道结构温度荷载取值

在汇总分析国内外无砟轨道温度场和温度变形相关资料的基础上，结合温度监测数据和中国各地气候规律，系统分析不同环境区域无砟轨道温度场特征，根据国内无砟轨道温度场区域划分方案，提出不同温度场区域轨道结构的温度荷载设计取值建议。

（1）整体温度

建议整体温度荷载根据不同区域的环境条件、轨道结构温度与气温差等因素确定，无砟轨道最高板温可按最高气温 +15 ℃取值，最低板温可按最低气温

-5 ℃取值。混凝土施工温度 10 ℃ ~25 ℃，且不宜高于当地 60 年统计内最低平均气温加 40 ℃。隧道内整体温度变化取值暂取为 15 ℃。

(2)温度梯度荷载

建议不同区域无砟轨道最大正温度梯度按表 4-1 取值，最大负温度梯度可按照最大正温度梯度的一半取值。对于非标准厚度无砟轨道，温度梯度采用修正系数修正。不同厚度无砟轨道温度梯度修正系数见表 4-2。

表 4-1 无砟轨道温度梯度建议值

温度场区域	最大正温度梯度(℃/m)
严寒地区	95
寒冷地区	85
温暖地区	80

注：标准板厚 200 mm。

表 4-2 不同厚度无砟轨道温度梯度修正系数

轨道结构厚度(mm)	160	180	220	240	260	280	300
修正系数	1.11	1.06	0.95	0.90	0.85	0.80	0.75

2. 无缝线路简支梁及常规连续梁墩台刚度

根据对温度场的区划方案：严寒、寒冷及温暖区域，并对客货共线铁路、客运专线铁路和城际铁路加以区分，有砟轨道以钢轨附加应力允许值、梁轨相对位移及钢轨断缝值为判定依据，无砟轨道以钢轨附加应力允许值及钢轨断缝值为判定依据，提出了较为符合实际、安全可靠、经济合理的桥墩纵向水平线刚度的限值。

(1)不同跨度简支梁在不同温度区划下，合理刚度建议值见表 4-3。

表 4-3 简支梁墩顶纵向水平线刚度建议值(kN/cm/线)

区域	严寒				寒冷				温暖			
跨度(m)	20	24	32	40	20	24	32	40	20	24	32	40
客货共线	120	170	200	300	110	150	170	240	100	100	150	200
客运专线	120	160	200	300	100	140	150	240	100	100	150	180
城际铁路	—	150	300	—	—	120	150	—	—	120	150	—

注：表中“—”为城际铁路不常用梁型，未进行计算。

(2)当简支梁桥墩线刚度(双线)取 1 000 kN/cm,连续梁及两端各两跨简支梁铺设小阻力扣件时,研究表明,连续梁合理刚度限值主要受制动时梁轨快速相对位移及钢轨断缝值控制,与不同温度区划关系较小,但严寒地区对客货共线铁路影响较大,严寒地区大跨连续梁建议铺设钢轨伸缩调节器。不同连续梁跨长合理刚度建议值见表 4-4。

表 4-4 连续梁固定墩纵向水平线刚度(双线)限值(kN/cm)

铁路等级 \ 连续梁长	(32+48+32)m	(40+64+40)m	(48+80+48)m	(60+100+60)m
客运专线	600	800	1 500	3 000
城际铁路	500	500	700	900
客货共运	1 200	2 000	2 500	3 500

(3)实际桥梁施工中,应结合现场情况合理选用桥梁墩台线刚度。

3. 铁路轨道结构列车荷载动载系数

基于部分高铁联调联试实测轮轨力数据分析,考虑线路实际运营中车轮扁疤和车轮不圆顺的发展规律,模拟车轮扁疤和车轮不圆顺最不利工况对轨面轮轨力特征值进行了计算,轮轨力乘 0.75 的折减系数,建议设计速度为 300 km/h ~ 350 km/h 的高速铁路,列车竖向动荷载取为静轮重的 2.5 倍。对于无砟轨道结构列车竖向设计荷载式,动载系数取值见表 4-5。

表 4-5 速度系数取值建议

<table>
<tr><th>铁路等级</th><th>设计速度(km/h)</th><th>设计轴重(t)</th><th>动载系数</th></tr>
<tr><td rowspan="2">高速铁路</td><td>300、350</td><td rowspan="2">17</td><td>2.5</td></tr>
<tr><td>250</td><td>2.5</td></tr>
<tr><td rowspan="2">城际铁路</td><td>200</td><td rowspan="2">17</td><td>2.5</td></tr>
<tr><td>120、160</td><td>2.0</td></tr>
<tr><td>客货共线铁路</td><td>$v \leqslant 200$</td><td>23、25</td><td>2.5</td></tr>
</table>

4. 无砟轨道结构与下部基础摩擦系数取值

建议分段结构的整体温度、混凝土收缩作用效应轴向力计算公式中的摩擦系数取值:路基地段摩擦系数取为 1.2,隧道地段摩擦系数取为 0.8。

第三节　四电工程类

十、高速铁路牵引供电系统继电保护设计标准研究课题

(一)研究背景

为解决国内高速铁路车速高、编组大,负荷电流大,需要的电能量较大,停电造成的经济损失和社会影响较大,而不合理的继电保护方案可能扩大故障停电范围,给故障处理和恢复运营造成更大压力的问题,根据《国家铁路局 2017 年铁路工程技术标准编制计划》(国铁科法函〔2017〕185 号)的要求,开展《高速铁路牵引供电系统继电保护设计标准》课题研究。该课题由中铁第六勘察设计院集团有限公司牵头组织有关单位共同承担。

国内高速铁路牵引供电设计,在系统继电保护中存在个别现有技术手段难以解决的问题,例如牵引网继电保护的选择性不足问题。传统的继电保护配合关系是通过远后备方式,即通过设置保护动作时间的级差来实现保护的选择性,通过减少保护动作时间的级差来实现保护的速动性。高速铁路短路水平很高,在变电所27.5 kV母线短路水平一般为10 000 A 左右,在整个供电臂的最大阻抗处短路点电流也在 5 000 A 左右,比普速的要高许多,对保护的速动性要求很高。而高速铁路 AT 所的上、下行并联,若要保证保护的选择性,则需要变电所的第一段保护缩短,从而造成 AT 所附近区域保护的速动性不足。因此,传统的保护配合的方式无法解决保护选择性与速动性之间的矛盾。研究提高牵引网继电保护速动性,减少小停电范围十分必要。

在国内高速铁路网“四纵四横”已完美收官且还在进一步建设的情况下,牵引供电系统继电保护的重要性越来越突出,行业内亟需一套针对性的设计标准,用于指导高速铁路牵引供电系统继电保护的设计及运行管理。

通过调研牵引供电系统继电保护的现场运行情况,总结现有设计、运营经验,开展高速铁路牵引供电系统仿真计算和继电保护原理研究,可以为高速铁路牵引供电系统继电保护设计标准制定或修订提供技术支撑;为国内高速铁路牵引供电系统继电保护的设计、制造和运行维护工作提供建议,促进继电保护和自动装置的设计、运行管理规范化。

（二）研究内容

1. 研究高速铁路牵引网及高速动车组等继电保护对象的主要特性。

通过仿真计算、调研等方式，研究高速铁路 AT 全并联牵引网、高速动车组的电气特性，找出有利于提高保护选择性的关键特征。

2. 研究动车组继电保护配置和整定值及其与牵引供电系统继电保护的配合关系。

通过对高速动车组的继电保护配置和整定值进行调研、分析，研究牵引供电系统各继电保护与动车组继电保护的配合关系。

3. 研究针对高速铁路牵引供电系统特点的继电保护原理。

高速铁路外电源采用更高电压等级带来的短路电流大、速动性要求高等特点，针对高速铁路的特点，研究适用于高速铁路牵引供电系统的继电保护原理和整定原则。

4. 研究针对高速铁路牵引供电系统特点的继电保护解决方案。

引入 IEC61850 标准中的 GOOSE 通信机制等新技术，研究解决高速铁路牵引供电系统全并联供电方式的速动性与选择性矛盾、高阻接地保护误动作等存在的问题，对牵引供电系统各部分的继电保护设计逐一确定，并对全系统的保护配合关系进行梳理，以确定合理、完善的继电保护解决方案。

（三）研究方法

1. 调查研究法。针对传统微机继电保护存在的问题及解决思路，从已运营高铁的传统微机保护问题、动车组现状、既有电流保护方案、京沈和京张线广域保护方案等方面进行调查研究分析。

2. 仿真计算分析法。通过对高速铁路典型应用的全并联 AT 供电臂进行仿真计算，并通过计算结果总结全并联 AT 供电臂的电流和阻抗特征，研究制定新的网络化保护解决方案。

3. 实证研究法。通过针对高速铁路牵引供电系统特点的继电保护原理的研究，分析采用电流增量保护的基本原理和逻辑对于高速动车组的适用性问题，研究电流增量保护整定原则。

4. 对比分析法。基于传统微机保护的高速铁路牵引网继电保护建议方案，总结研究成果，对比现有保护方案的改进问题和对保护系统整体可靠性和选择性有一定提高的问题进行分析。

5. 个案研究法。以提高牵引网保护选择性为目标，基于 GOOSE 机制的全并联 AT 牵引网的网络化保护方案，研究网络化保护的判据、保护逻辑、保护整定原则、网络构成等保护方案。

（四）研究成果

通过对高速铁路牵引供电系统的继电保护的完整和配合、与动车组的保护配合等的分析与研究，在《高速铁路设计规范》TB 10621—2014、《铁路电力牵引供电设计规范》TB 10009—2016 等有关标准对牵引供电系统继电保护配置规定的基础上，结合高速铁路保护对象的特殊性，研究解决高速铁路牵引供电系统全并联供电方式的速动性与选择性矛盾、高阻接地保护误动作等存在的问题，给出高速铁路牵引供电系统保护设计标准课题研究解决方案和建议。

1. 归纳现有高速铁路牵引网的继电保护方案及存在的问题

通过调研和归纳总结，对于国内应用最广泛的高速铁路全并联 AT 牵引网接线，国内自主设计的、基于传统微机保护装置的继电保护方案有一个明显的特点，就是无论故障发生在接触网的哪一点，最终的结果都造成上下行断路器全部跳闸，只能通过重合闸对选择性不足进行弥补，因此在保护跳闸的第一时刻已经扩大了停电范围。基于传统微机保护装置无法从根本上解决高速铁路对继电保护速动性和选择性要求。

电流增量保护的整定原则不一致，其电流定值存在两种整定方式，一种方式整定值不低于单列车的额定电流，另一种整定方式整定值考虑躲过负荷电流的变化量，低于单列车的额定电流。

2. 阐明高速铁路全并联 AT 牵引网的电气特性

本课题针对高速铁路全并联 AT 牵引网进行了仿真计算，对高速铁路 AT 全并联牵引网的阻抗特性进行了研究，总结了高速铁路全并联 AT 牵引网的以下电气特性：

（1）故障点在变电所与 AT 所之间时，故障点靠近变电所时，非故障行的变电所馈线阻抗值趋于无穷大。所以，因上下行并联的存在，变电所非故障行馈线的距离保护在变电所附近存在死区。而故障行的变电所馈线阻抗值在本行范围内的测量阻抗值均能正常测量，无保护死区。

（2）故障点接近变电所时，AT 所馈线处的测量阻抗趋于无穷大。所以，AT 所馈线的距离保护在变电所附近存在死区。

(3)故障点在变电所与 AT 所之间时,分区所馈线测量不到阻抗。因此分区所的距离保护保护不到该区域。

(4)故障点在 AT 所与分区所之间且靠近 AT 所时,分区所馈线处的测量阻抗趋于无穷大。所以,分区所馈线的距离保护在 AT 所附近存在死区。

(5)在变电所、AT 所、分区所附近一个 AT 段的 85% 长度范围内,所有馈线的测量阻抗均不是很大。因此如果设置距离保护,每一处馈线的距离保护均能保护到邻近的 85% AT 段范围,相互之间有较大的重叠范围。

(6)短路情况下变电所、AT 所、分区所各馈线处电流的方向具有如下特点:变电所两条馈线的电流方向相同,而分区所、AT 所各所内两条馈线的电流方向相反。

上述分析结果是研究基于 GOOSE 机制的全并联 AT 牵引网的网络化保护的基础。

3. 提出电流增量保护整定建议

通过调研,目前广泛使用的电流增量保护的电流增量 ΔI 值均是电流基波有效值的差值,计算电流有效值的时间窗口为 1 个周波,计算 ΔI 的两个电流有效值之间相差 2 个周波。

既有线电流增量保护的整定原则不一致的问题,反映出牵引供电专业对动车组的电流特性掌握不够。本次研究通过对动车组进行调研,基本确定了动车组在各种正常运行工况时的电流增量都不大,与短路情况下的电流增量之间差距明显,由此判断现有的电流增量保护原理适用于目前的高速铁路。

通过对保护原理的研究和调研结果的分析,建议电流增量保护的电流增量 ΔI 值按照躲开动车组在 2 周波内的电流增量进行整定。

4. 明确牵引供电系统继电保护与动车组内部保护的配合

本课题调研了动车组车载保护方案和车载断路器的固有分闸时间,对牵引网馈线中的电流速断保护、距离Ⅰ段保护、电流增量保护与车载保护的配合问题进行了研究,建议其进行如下配合:

(1)当动车组采用 CRH1E/CRH2/CRH380/CRH5 等车载断路器固有分闸时间较短的车型时,牵引网电流速断保护、距离Ⅰ段保护采用 0.1 s 延时能与动车组保护配合。

(2)当动车组采用 CRH1A/CRH1B 和 CRH380D 等车载断路器固有分闸时间

较长的车型时，牵引网电流速断保护、距离Ⅰ段保护采用0.1 s延时不能与动车组保护配合，此时应根据车载断路器的具体固有分闸时间适当延长电流速断保护、距离Ⅰ段保护的动作时限。

（3）牵引网电流增量保护应与动车组内部过电流保护进行延时配合，根据调研情况，动车组内部的过电流保护一般在0.5 s，建议牵引网电流增量保护的延时不小于0.7 s。

5. 提出基于传统微机保护的高速铁路继电保护建议方案

对本课题研究成果进行总结，提供较为完善的基于传统微机保护的高速铁路牵引供电系统继电保护建议方案。该方案的保护配置方案包含在《牵引供电系统继电保护配置及整定计算技术导则》中，但通过本课题的研究，在保护定值整定方面对其有以下两点主要改进：

（1）完善与动车组车载保护的配合

本课题研究了传统微机保护装置中电流速断、距离Ⅰ段、电流增量保护的动作延时与动车组保护的时间配合，能避免动车组内部故障造成的无选择性跳闸。

（2）提高电流增量保护的灵敏度

本课题研究了动车组的电流变化特性，对电流增量保护的电流整定原则提出了建议，可以明显降低电流增量保护的整定值，提高其灵敏度，改善了其对高阻接地、异相短路、远端短路的保护效果。对于负荷电流接近于短路电流的线路，以及越区供电运行工况来说，电流增量保护在极端情况下可以替代过电流保护的后备保护作用，起到更好的保护效果。

6. 提出基于GOOSE机制的全并联AT牵引网的网络化保护方案

本课题基于对高速铁路常用的全并联AT牵引网仿真计算结果，研究了全并联AT牵引网在阻抗特性方面的特性，为研究网络化保护方案提供了理论基础。

通过对牵引网各种保护功能的特点分析，选取距离保护和电流增量保护（带功率方向元件）作为网络化保护的基础保护功能，为牵引网各所间保护信息共享和逻辑判断提供判断条件。

通过对全并联AT牵引网中变电所、AT所、分区所处距离保护和电流增量保护（带功率方向元件）的保护范围和动作行为分析，归纳总结出了可行的保护判断逻辑，并进一步提出了保护整定原则和建议的网络构成方案，基本形成了较为完善的网络化保护方案。

十一、电力电缆与信号电缆间距设计标准研究课题

（一）研究背景

电力电缆与信号电缆间距设计标准研究，可为铁路电力设计规范提供技术支撑，为城际铁路、市域铁路相关设计提供指导，根据《国家铁路局2017年铁路工程建设标准编制计划》（国铁科法函〔2017〕185号）要求，开展《电力电缆与信号电缆间距设计标准》课题研究。该课题由中铁第四勘察设计院集团有限公司组织相关单位共同承担。

随着中国社会经济和新型城镇化水平的提升，城际铁路和市域铁路得以快速发展，由于空间走廊和建设成本的制约，其通常将电力电缆和信号电缆平行沿槽敷设。电力电缆与信号电缆长距离平行邻近敷设时，较强的电磁场可能危及信号系统的安全运行，研究电力电缆和信号电缆平行间距可为铁路电力设计相关规范的编制提供技术支撑，为城际铁路、市域铁路电力电缆和信号电缆平行敷设设计提供指导。

电力供电电缆和信号电缆都是平行铁路沿槽敷设，所以供电电缆和信号电缆的间距，直接影响到铁路路基、桥梁、隧道的断面宽度并且在站内还会影响到综合管线的排布和土建结构，而铁路路基、桥梁、隧道断面宽度及车站土建结构是影响铁路投资的重要因素，因此合理确定电力电缆和信号电缆的最优间距具有重要意义。

《高速铁路设计规范》TB 10621—2014和《城际铁路设计规范》TB 10623—2014中对10 kV电力贯通电缆与信号电缆间距的设计标准作出了明确规定。而《市域铁路设计规范》T/CR S0101—2017中由于电力供电环网电压等级的不同没有对电力电缆与信号电缆间距作出明确说明，为保持规范之间的协调性，亟需研究确定不同电压等级电力电缆与信号电缆间距的设计标准，为《城际铁路设计规范》和《市域铁路设计规范》等标准的制修订提供技术储备。

伴随高速铁路、城际铁路、重载铁路、客货共线铁路、市域铁路的建设，在四电集成领域有较多的研究成果，积累了翔实的数据，为研究工作提供了实例支撑。

（二）研究内容

1. 收集《电信线路遭受强电线路危险影响的容许值》《额定电压 35 kV 及以下铜芯、铝芯塑料绝缘电力电缆》等相关标准电力电缆、信号电缆技术内容；梳理相关教材和科技论文中优化电力电缆与信号电缆平行间距技术成果；调研现有 10 kV 电力电缆与信号电缆平行间距现状及运营情况。

2. 分析电力电缆与信号电缆沿预制电缆槽敷设时，影响平行间距的因素包括电力电缆静电感应分量、电磁感应分量、短路电流水平、电力电缆与信号电缆平行敷设距离等因素。

3. 分析电力电缆与信号电缆沿预制电缆槽敷设时，影响平行间距的因素，包括电力电缆运行工况、信号电缆运行工况、贯通地线设置、带回流线的直接供电方式等因素。

4. 分析影响非电气化铁路电力电缆对信号电缆感应电压的因素，包括运行工况、电压等级、铝护套信号电缆、综合护套信号电缆、有贯通地线电力电缆等因素。

5. 分析影响电气化铁路电力电缆对信号电缆感应电压的因素，包括带回流线的直线供电方式、AF 牵引供电系统、牵引供电系统等因素。

6. 分析影响电力电缆对信号电缆感应电压因素，包括信号电缆接地方式、信号电缆护套类型、电力电缆线芯敷设方式、电力系统短路故障及接地故障电流、信号电缆绝缘水平、贯通地线位置、贯通地线接地电阻等因素。

7. 基于理论分析和仿真计算，对铁路电力电缆对信号电缆的各影响因素及作用规律进行深入探究，提出电力电缆和信号电缆平行间距最优值。

（三）研究方法

1. 调查研究法。调研现有 10 kV 电力电缆与信号电缆平行间距的现状及运营情况，分析研究相关资料。

2. 文献研究法。检索国内外优化电力电缆和信号电缆平行间距技术资料，检索相关电力、电缆、信号等标准，为研究提供重要的基础资料。

3. 理论分析法。结合非电气化和电气化铁路实际运行的典型工况，合理确定理论研究的前置条件，利用电力电缆对信号电缆电磁感应的基本原理和公式，定量分析铁路电缆对信号电缆感应电压值。

4. 仿真计算法。运用仿真软件对铁路电力电缆对信号电缆各影响因素及作用机理建模，进行仿真探究，按实际情况更改控制参数，直接观测到各种结果及各类参数曲线。

5. 试验验证法。进行电力电缆对信号电缆感应电压值测试试验，无贯通地线电力电缆对信号电缆感应电压值测试试验，对计算结果进行验证，通过实验验证仿真结果的精确性。

（四）研究成果

通过理论分析及仿真计算，进行现场试验验证，取得以下研究成果。

1. 明确电力电缆对信号电缆的影响主要为电磁感应影响，而电磁感应的大小与电力电缆中流过的电流、电力电缆与信号电缆的间距、信号电缆的屏蔽系数等相关，与电压等级无关。

2. 规定电力电缆系统采用小电阻接地，限制电力电缆工作电流、单相接地电流相同时，10 kV、20 kV、35 kV 电力电缆与信号电缆的平行间距相同。

3. 明确信号电缆芯线上的纵向电动势大于 60 V 时，应将信号电缆金属层分段接地。提出 0. 38/0. 22 kV 电力电缆在其供电半径范围内，电力电缆与信号电缆之间的平行间距为 0 mm，但电力电缆与信号电缆之间应设防火隔板。

4. 提出非电气化铁路、无贯通地线时，电力电缆与铝护套信号电缆最小平行间距；规定 10 kV、20 kV、35 kV 电力电缆与综合护套信号电缆最小平行间距。

5. 对于非电气化铁路、有贯通地线时；确定电力系统采用小电阻接地，信号电缆采用单端接地时，10 kV、20 kV、35 kV 电力电缆与信号电缆最小平行间距；确定当电力系统采用不接地系统，信号电缆采用单端接地时，电力电缆与信号电缆最小平行间距。

6. 提出在电气化铁路工况下，电力电缆与信号电缆的平行间距除考虑电力电缆对信号电缆的电磁影响外，还应考虑牵引供电系统对信号电缆的电磁影响。

7. 明确牵引供电系统对信号电缆的感应电压与机车功率、列车追踪间隔有关，牵引供电系统对信号电缆的最大感应电压可达 30 V/km。

8. 规定电气化铁路、无贯通地线时，电力电缆与信号电缆最小平行间距。确定电气化铁路、有贯通地线时，考虑牵引供电系统对信号电缆感应电压的影响，不同工况下电力电缆与信号电缆最小平行间距。

9. 规定电力电缆与信号电缆长距离平行敷设时，减少电力电缆对信号电缆干扰的主要措施包括：单芯电力电缆宜采用品字形敷设；宜限制电力电缆的接地故障电流，10 kV 电力电缆中性点宜采用小电阻接地，20 kV、35 kV 电力电缆应采用小电阻接地；电气化铁路贯通地线宜沿电力电缆敷设；非电气化铁路铝护套信号电缆采用双端接地，接地电阻尽量小，不宜超过 4 Ω。

第五章　展　望

内容导读

展望未来，面对中华民族伟大复兴的战略全局和世界百年未有之大变局，面对建设交通强国的奋斗目标和保障社会主义现代化强国建设的艰巨任务，面对人民群众对铁路发展的热切期盼和日益增长的美好生活需要，铁路工程建设标准工作坚持以习近平新时代中国特色社会主义思想为指导，坚决落实党中央、国务院各项决策部署，聚焦铁路改革发展、聚焦重大工程建设、聚焦关键技术攻关，加快重点领域标准制修订，深化基础性、前瞻性技术标准研究，推进标准外文版翻译工作，不断为铁路高质量发展作出新的更大贡献。

第一节 形势要求

2020年是全面建成小康社会决胜之年，是"十三五"规划收官之年，是加快建设交通强国的紧要之年。党的十九届四中全会提出推进国家治理体系和治理能力现代化明确要求，这是今后推进铁路现代化建设的重要内容和建设法治政府的根本要求。加快"新基建"进度，建设智能交通基础设施，对铁路建设标准提出了更高要求。加快建设交通强国、增强有效投资、调整运输结构、新科技革命和产业变革等为铁路事业发展带来了历史性机遇，建设投资持续保持高位、路网规模迅速扩大、运输工作量快速增长、沿线外部环境复杂等对铁路运营安全和管理提出了严峻挑战。新的形势要求下，铁路高质量发展需要全力做好铁路标准化工作。

一、服务国家重大战略实施

作为国民经济大动脉、关键基础设施和重大民生工程，作为国家对外交流合作的新名片和共建“一带一路”的重要领域，中国铁路在支撑国家统筹推进“五位一体”总体布局、协调推进“四个全面”战略布局、实现中华民族伟大复兴中国梦的伟大征程中发挥重要作用。结合川藏铁路等重大工程的推进实施，健全现有标准体系，完善标准覆盖范围，增加标准有效供给，将标准化工作融入服务国家治理体系和治理能力现代化建设中。

二、建设综合立体交通网络

《交通强国建设纲要》提出建设现代化高质量综合立体交通网络，统筹铁路、公路、水运、民航、管道、邮政等基础设施规划建设，需要做好标准间协调衔接，满足现代化综合交通运输体系建设要求，健全覆盖多种运输方式的标准规范，引导完善多层次网络布局，努力实现立体互联。

三、推进治理体系和治理能力现代化

标准是国家治理体系和治理能力现代化的基础性制度。标准化工作正在从重标准制定向标准制定、实施及实施监督全过程管理转变。加强铁路标准化工作，特别是加强铁路工程建设标准化工作，将为深入推进铁路工作依法行政、严格规范建设环境、明确工程各方权责畅通实施路径，为推进铁路领域治理体系和治理能力现代化提供基础支撑。

四、加强基础设施网络建设

铁路基础设施网络建设在实现区域联通、服务人民出行、活跃市场经济等方面发挥着重要作用。构建布局合理、覆盖广泛、层次分明、安全高效的铁路网络，实现高速铁路扩展成网，干线路网优化完善，城际、市域（郊）铁路有序建设，综合枢纽配套衔接的目标，就要不断深化铁路工程建设标准化工作。

五、推动科技创新成果转化

铁路正在由高速发展阶段向高质量发展阶段转换，推动质量变革、效率变革、动力变革的任务十分繁重。面向世界铁路科技前沿、面向铁路建设主战场、面向铁路高质量发展重大需求，围绕铁路工程建设发展需要，引导产学研用等方面加大投入，加强基础理论和前瞻技术研究，组织关键技术攻关，推动相关成果向标准全面转化。

六、提升铁路国际竞争能力

全球贸易摩擦升级与政策不确定性增加,中国标准化在融入经济全球化的进程中任重道远。新时代标准国际化工作不是单纯地采用国际标准,而是要逐步深度参与乃至主导国际标准制定,全方位融入国际标准化治理之中。瞄准国际标准提高自身水平,统筹铁路技术标准“引进来”与“走出去”,提升中国铁路标准国际话语权和影响力。

第二节 需 求 分 析

贯彻落实《交通强国建设纲要》部署,全面推进《铁路标准化“十三五”发展规划》实施,坚持新发展理念,坚持推动高质量发展,坚持以铁路供给侧结构性改革为主线,广泛开展国内外工程建设标准动态和标准需求研究(图 5-1),深入分析推进国家重大工程规划建设、综合交通运输体系融合发展、铁路基础设施互联互通等标准化发展需要,不断完善铁路工程建设标准质量水平。

图 5-1 国内外工程建设标准动态和标准需求研究成果

一、加快川藏铁路相关标准研制

攻克川藏铁路等艰险复杂、极端条件铁路工程建造、生态保护等重大工程成套技术难题,做好工程技术标准支撑,应积极开展高海拔、高地应力、高地温等复杂地质条件下技术标准研究,围绕川藏铁路地质勘察、施工安全等编制专项标准。

二、开展市域铁路设计标准编制

发挥铁路在现代综合交通运输体系中的骨干作用,促进铁路与其他交通运输方式实现深度融合、优势互补,满足特大城市中心城区与郊区、周边城镇组团间发展快速市域(郊)铁路建设需要,服务公交化便捷通勤出行需求,应开展市域铁路建设专项课题研究,编制相关设计标准。

三、提升铁路安全生产保障水平

树牢安全发展理念,强化红线底线意识,健全完善人防、物防、技防“三位一体”安全保障体系,提升关键设施全生命周期安全性、可靠性、耐久性及安全防护、快速修复能力,加强智能检测监测安全保障技术应用,应持续丰富优化铁路基础设施安全质量验收技术标准。

四、深化“四新”技术融合应用

面向铁路建设主战场,深化铁路桥涵、隧道、电力电牵、通信信号等重点领域关键技术创新和产业化应用,全面及时总结“四新技术”应用经验和科研成果,应开展转体施工技术、危岩落石防护等研究,编制智能监控系统技术相关标准。

五、推进铁路标准国际化进程

服务“一带一路”建设,加强铁路标准国际交流互鉴和对外宣传,满足中老铁路、雅万高铁等海外铁路工程项目标准需要,应积极推进铁路工程建设标准翻译,适应中国铁路标准国际化需求,提升中国铁路品牌的国际影响力。

六、加强行业重点标准宣贯培训

发挥标准作为工程建设质量最根本保障的突出作用,加深技术人员对标准的主要内容和关键技术要点的正确理解,提升铁道行业标准影响力,应利用集中宣贯、网络宣贯、专家解读等多种方式,加大桥涵、房建、四电等专业重要标准的宣贯力度,促进标准正确贯彻实施。

第三节 项 目 建 议

在交通强国建设有序推进的新形势下，国家重大工程规划建设有序推进，铁路各领域新技术日益进步，技术标准需求愈发迫切，为有效衔接“十四五”标准化发展，铁路工程建设标准需要做好谋划工作。

2020 年铁路工程建设标准工作坚持需求引领、问题导向，以适应铁路发展和安全监管需要、持续完善铁路行业标准体系为目标，以服务川藏铁路建设、开展复杂地质条件下技术标准研究编制为重点，全面总结“四新技术”应用和梳理勘察、设计、试验、检验等工程实践经验及科研成果，建议开展 32 项标准编制工作，包括标准制修订 9 项、基础研究 6 项、标准管理 1 项、标准翻译 16 项。

一、全面开展勘察测量标准修订

服务川藏铁路建设，针对高地温、高地应力特殊地质和气象灾害，开展复杂艰险山区新型工程地质遥感解译技术标准研究，实施勘察设计施工标准适应性对比分析，全面修订铁路工程物理勘探、铁路工程摄影测量、铁路工程卫星定位测量、铁路天然建筑材料工程地质勘察等标准。

二、加快推进市域铁路标准编制

推进干线铁路、城际铁路、市域(郊)铁路、客货共线铁路、城市轨道交通融合发展，解决当前市域(郊)铁路建设交通一体化水平不高、分工协作不够、项目功能定位把握不准、建设标准不统一、车辆装备不统型等问题，加快制定市域(郊)铁路设计规范。

三、丰富完善验收检测系列标准

高度重视铁路建设安全质量，进一步扩大铁路工程施工质量验收检验标准覆盖，满足铁路行业监管需要，提高铁路工程建设质量，制定隧道施工安全专项监测技术标准，全面修订铁路声屏障工程施工质量验收标准、铁路隧道衬砌质量无损检测规程等。

四、着力推动新技术标准化应用

密切关注铁路建设“四新”技术应用，全面梳理勘察设计、试验、检验等工程实践经验及科研成果，加快提升铁路标准信息化智能化水平，制定铁路工程信息模型统一标准、客站健康监测技术标准、机电设备监控系统设计规范等，全面修订混凝土结构耐久性设计规范。

五、持续深化技术标准基础研究

紧盯核心关键技术，加强铁路标准基础理论和技术储备，分析对比设计指标要求，进一步提升标准经济性和技术先进性，开展铁路地下车站设计、桥梁转体技术、桥梁灌注桩后压浆技术、道岔融雪装置工程设计、变电所与信号设备房屋之间安全净距等技术标准研究。

六、全力开展标准外文翻译工作

积极推动标准国际化，助力“一带一路”建设，满足海外铁路工程建设需要，广泛推介中国铁路标准，提升标准国际影响力，着力开展磁浮铁路技术、高速铁路安全防护设计、声屏障工程设计、房屋建筑设计、站场工程施工质量验收等新版标准外文版翻译工作。

七、积极组织重要标准宣传培训

不断夯实铁路工程建设标准化工作基础，创造标准实施良好条件，组织针对高速铁路安全防护设计规范、铁路工程系列施工安全技术规程、铁路专用线设计规范、铁路照明设计规范等标准，广泛开展宣传和培训工作。

现行铁路工程建设标准目录(截至2019年底)

序号	标准名称	标准编号	主编单位	参编单位
1	Ⅲ、Ⅳ级铁路设计规范	GB 50012—2012	中铁第四勘察设计院集团有限公司	—
2	铁路工程抗震设计规范(2009版)	GB 50111—2006	中铁第一勘察设计院集团有限公司	国家地震局工程力学研究所,中国铁道科学研究院集团有限公司,中铁二院工程集团有限责任公司,中国铁路设计集团有限公司,中铁第四勘察设计院集团有限公司,北京交通大学,兰州交通大学
3	铁路工程结构可靠性设计统一标准	GB 50216—2019	中国铁道科学研究院集团有限公司	中国铁路经济规划研究院有限公司,中铁第一勘察设计院集团有限公司,中铁二院工程集团有限责任公司,中国铁路设计集团有限公司,中铁第四勘察设计院集团有限公司,中铁工程设计咨询集团有限公司
4	铁路工程基本术语标准	GB/T 50262—2013	中国铁路设计集团有限公司	—
5	铁路路基设计规范	TB 10001—2016	中铁第一勘察设计院集团有限公司	中国铁道科学研究院集团有限公司,中铁二院工程集团有限责任公司,中国铁路设计集团有限公司,中铁第四勘察设计院集团有限公司
6	铁路桥涵设计规范	TB 10002—2017	中国铁路设计集团有限公司	—
7	铁路隧道设计规范	TB 10003—2016	中铁二院工程集团有限责任公司	中国铁路经济规划研究院有限公司,西南交通大学
8	铁路机务设备设计规范	TB 10004—2018	中铁第四勘察设计院集团有限公司	中国铁路设计集团有限公司
9	铁路混凝土结构耐久性设计规范	TB 10005—2010	中国铁道科学研究院集团有限公司	清华大学,中铁第一勘察设计院集团有限公司,中铁二院工程集团有限责任公司,中国铁路设计集团有限公司,中铁第四勘察设计院集团有限公司,中铁十二局集团有限公司

续上表

序号	标准名称	标准编号	主编单位	参编单位
10	铁路通信设计规范	TB 10006—2016	中铁二院工程集团有限责任公司	北京全路通信信号研究设计院集团有限公司
11	铁路信号设计规范	TB 10007—2017	北京全路通信信号研究设计院集团有限公司	—
12	铁路电力设计规范	TB 10008—2015	中国铁路设计集团有限公司	中铁第四勘察设计院集团有限公司，中铁第五勘察设计院集团有限公司，中铁上海设计院集团有限公司，中铁电气化勘测设计研究院有限公司
13	铁路电力牵引供电设计规范	TB 10009—2016	中铁电气化勘测设计研究院有限公司，中铁电气化局集团有限公司	—
14	铁路给水排水设计规范	TB 10010—2016	中铁第四勘察设计院集团有限公司，中国铁路设计集团有限公司	—
15	铁路工程地质勘察规范	TB 10012—2019	中铁第一勘察设计院集团有限公司	中铁二院工程集团有限责任公司，中国铁路设计集团有限公司，中铁第四勘察设计院集团有限公司，西南交通大学
16	铁路工程物理勘探规范	TB 10013—2010	中铁第四勘察设计院集团有限公司	中铁第一勘察设计院集团有限公司，中铁二院工程集团有限责任公司，中国铁路设计集团有限公司，中铁资源集团有限公司
17	铁路工程地质钻探规程	TB 10014—2012	中铁二院工程集团有限责任公司	中铁第一勘察设计院集团有限公司，中国铁路设计集团有限公司，中铁第四勘察设计院集团有限公司
18	铁路无缝线路设计规范	TB 10015—2012	中铁第四勘察设计院集团有限公司	中国铁道科学研究院集团有限公司，中铁二院工程集团有限责任公司
19	铁路工程节能设计规范	TB 10016—2016	中国铁路设计集团有限公司	—
20	铁路工程水文勘测设计规范	TB 10017—1999	中国铁路设计集团有限公司	—

续上表

序号	标准名称	标准编号	主编单位	参编单位
21	铁路工程地质原位测试规程	TB 10018—2018	中铁第四勘察设计院集团有限公司	中国铁路设计集团有限公司，中铁二院工程集团有限责任公司，中铁西北科学研究院有限公司，中铁第一勘察设计院集团有限公司，中国铁道科学研究院集团有限公司，中铁工程设计咨询集团有限公司，西南交通大学，中南大学
22	铁路隧道防灾疏散救援工程设计规范	TB 10020—2017	中国铁路经济规划研究院有限公司	西南交通大学，中铁第一勘察设计院集团有限公司，中铁二院工程集团有限责任公司，中国铁路设计集团有限公司，中铁第四勘察设计院集团有限公司
23	铁路路基支挡结构设计规范	TB 10025—2019	中铁二院工程集团有限责任公司	中铁第一勘察设计院集团有限公司，中国铁路设计集团有限公司，中铁第四勘察设计院集团有限公司，中国铁道科学研究院集团有限公司
24	铁路工程不良地质勘察规程	TB 10027—2012	中铁二院工程集团有限责任公司	中铁第一勘察设计院集团有限公司，中国铁路设计集团有限公司，中铁第四勘察设计院集团有限公司
25	铁路动车组设备设计规范	TB 10028—2016	中铁第四勘察设计院集团有限公司	—
26	铁路客车车辆设备设计规范	TB 10029—2009	中铁二院工程集团有限责任公司	中国铁路设计集团有限公司
27	铁路货车车辆设备设计规范	TB 10031—2009	中铁第四勘察设计院集团有限公司	—
28	铁路特殊路基设计规范	TB 10035—2018	中铁第四勘察设计院集团有限公司	中铁第一勘察设计院集团有限公司，中铁二院工程集团有限责任公司，中国铁路设计集团有限公司，中铁西北科学研究院有限公司
29	铁路工程特殊岩土勘察规程	TB 10038—2012	中铁第一勘察设计院集团有限公司	中铁二院工程集团有限责任公司，中国铁路设计集团有限公司，中铁第四勘察设计院集团有限公司
30	铁路工程地质遥感技术规程	TB 10041—2018	中铁工程设计咨询集团有限公司	中国铁路设计集团有限公司，中铁第四勘察设计院集团有限公司

续上表

序号	标准名称	标准编号	主编单位	参编单位
31	铁路工程水文地质勘察规范	TB 10049—2014	中铁第一勘察设计院集团有限公司	—
32	铁路工程摄影测量规范	TB 10050—2010	中铁工程设计咨询集团有限公司	中铁第一勘察设计院集团有限公司，中铁二院工程集团有限责任公司，中国铁路设计集团有限公司，西南交通大学
33	铁路工程卫星定位测量规范	TB 10054—2010	中铁第一勘察设计院集团有限公司	中铁工程设计咨询集团有限公司
34	铁路房屋供暖通风与空气调节设计规范	TB 10056—2019	中国铁路设计集团有限公司	—
35	铁路车辆运行安全监控系统设计规范	TB 10057—2010	中铁二院工程集团有限责任公司	—
36	铁路工程劳动安全与卫生设计规范	TB 10061—2019	中国铁路设计集团有限公司	中国铁道科学研究院集团有限公司
37	铁路驼峰及调车场设计规范	TB 10062—2018	中国铁路设计集团有限公司	中国铁道科学研究院集团有限公司，中国铁路经济规划研究院有限公司，北京全路通信信号研究设计院集团有限公司
38	铁路工程设计防火规范	TB 10063—2016	中国铁路设计集团有限公司	广州铁路公安局，中铁上海设计院集团有限公司
39	铁路工程混凝土配筋设计规范	TB 10064—2019	中铁二院工程集团有限责任公司	中铁第一勘察设计院集团有限公司，中国铁路设计集团有限公司，中铁第四勘察设计院集团有限公司，中铁工程设计咨询集团有限公司
40	铁路隧道运营通风设计规范	TB 10068—2010	中铁二院工程集团有限责任公司	西南交通大学
41	铁路驼峰信号及编组站自动化系统设计规范	TB 10069—2017	中铁第一勘察设计院集团有限公司	北京全路通信信号研究设计院集团有限公司，中国铁道科学研究院集团有限公司，中国铁路信息技术中心，中铁二院工程集团有限责任公司

续上表

序号	标准名称	标准编号	主编单位	参编单位
42	铁路客运服务信息系统设计规范	TB 10074—2016	中国铁路设计集团有限公司	中铁第一勘察设计院集团有限公司,中铁第四勘察设计院集团有限公司
43	铁路工程岩土分类标准	TB 10077—2019	中铁第一勘察设计院集团有限公司	中铁第六勘察设计院集团有限公司,西南交通大学,中国铁道科学研究院集团有限公司
44	铁路轨道设计规范	TB 10082—2017	中铁第四勘察设计院集团有限公司	中国铁路经济规划研究院有限公司
45	铁路天然建筑材料工程地质勘察规程	TB 10084—2007	中铁第一勘察设计院集团有限公司	中国铁路设计集团有限公司,中国铁道科学研究院集团有限公司
46	铁路数字移动通信系统(GSM-R)设计规范	TB 10088—2015	北京全路通信信号研究设计院集团有限公司	中国铁路经济规划研究院有限公司,中国铁道科学研究院集团有限公司
47	铁路照明设计规范	TB 10089—2015	中国铁路经济规划研究院有限公司	中铁第四勘察设计院集团有限公司,中国铁路设计集团有限公司
48	铁路军运设施设计规范	TB 10090—2018	驻济南铁路水路军事代表办事处,中铁工程设计咨询集团有限公司	中国铁路经济规划研究院有限公司,中铁第四勘察设计院集团有限公司
49	铁路桥梁钢结构设计规范	TB 10091—2017	中铁大桥勘测设计院集团有限公司	中国铁道科学研究院集团有限公司,中铁工程设计咨询集团有限公司
50	铁路桥涵混凝土结构设计规范	TB 10092—2017	中铁工程设计咨询集团有限公司	中国铁路设计集团有限公司,中铁二院工程集团有限责任公司
51	铁路桥涵地基和基础设计规范	TB 10093—2017	中国铁路设计集团有限公司	—
52	铁路房屋建筑设计标准	TB 10097—2019	中国铁路设计集团有限公司	中国铁路经济规划研究院有限公司
53	铁路线路设计规范	TB 10098—2017	中铁第一勘察设计院集团有限公司	中铁二院工程集团有限责任公司,中国铁路设计集团有限公司,中铁第四勘察设计院集团有限公司,中国铁道科学研究院集团有限公司,西南交通大学

续上表

序号	标准名称	标准编号	主编单位	参编单位
54	铁路车站及枢纽设计规范	TB 10099—2017	中铁第四勘察设计院集团有限公司	中铁第一勘察设计院集团有限公司,中铁二院工程集团有限责任公司,中国铁路设计集团有限公司,中铁工程设计咨询集团有限公司,北京全路通信信号研究设计院集团有限公司
55	铁路旅客车站设计规范	TB 10100—2018	中国铁路设计集团有限公司	—
56	铁路工程测量规范	TB 10101—2018	中铁二院工程集团有限责任公司	中铁第一勘察设计院集团有限公司,中铁十二局集团有限公司,中铁大桥勘测设计院集团有限公司,中国铁路经济规划研究院有限公司,西南交通大学
57	铁路工程土工试验规程	TB 10102—2010	中铁第一勘察设计院集团有限公司	中国铁路设计集团有限公司,中铁第五勘察设计院集团有限公司,中铁工程设计咨询集团有限公司,中铁十二局集团有限公司,中铁六局集团有限公司
58	铁路工程岩土化学分析规程	TB 10103—2008	中铁二院工程集团有限责任公司	中铁第一勘察设计院集团有限公司
59	铁路工程水质分析规程	TB 10104—2003	中铁二院工程集团有限责任公司	—
60	改建铁路工程测量规范	TB 10105—2009	中铁第四勘察设计院集团有限公司	中国铁路设计集团有限公司,中铁工程设计咨询集团有限公司
61	铁路工程地基处理技术规程	TB 10106—2010	中铁二院工程集团有限责任公司	中铁第四勘察设计院集团有限公司,西南交通大学,中国地质大学
62	铁路工程岩石试验规程	TB 10115—2014	中铁第一勘察设计院集团有限公司	中铁二院工程集团有限责任公司,中铁第四勘察设计院集团有限公司
63	铁路瓦斯隧道技术规范	TB 10120—2019	中铁二院工程集团有限责任公司	中国铁路经济规划研究院有限公司,成贵铁路有限公司,中铁五局集团有限公司,中铁一局集团有限公司,中铁十二局集团有限公司,中铁十九局集团有限公司

续上表

序号	标准名称	标准编号	主编单位	参编单位
64	铁路防雷及接地工程技术规范	TB 10180—2016	中铁二院工程集团有限责任公司	中铁第一勘察设计院集团有限公司,中铁第四勘察设计院集团有限公司
65	铁路隧道盾构法技术规程	TB 10181—2017	中国中铁股份有限公司	中铁隧道集团有限公司,中铁二院工程集团有限责任公司,中铁科学研究院有限公司,中铁一局集团有限公司,盾构及掘进技术国家重点实验室
66	公路与市政工程下穿高速铁路技术规程	TB 10182—2017	同济大学,中国铁路经济规划研究院有限公司	中铁上海设计院集团有限公司,中铁第四勘察设计院集团有限公司,中铁工程设计咨询集团有限公司,上海市政工程设计研究总院集团有限公司,中国中铁隧道集团有限公司,中铁十九局集团有限公司
67	铁路工程基桩检测技术规程	TB 10218—2019	中国铁道科学研究院集团有限公司	中铁西北科学研究院有限公司,中铁四局集团有限公司
68	铁路隧道衬砌质量无损检测规程	TB 10223—2004	中国铁路工程总公司	中铁地质物探试验研究中心,中铁西南科学研究院
69	铁路工程基本作业施工安全技术规程	TB 10301—2009	中铁九局集团有限公司	中铁二局集团有限公司,中铁建工集团有限公司
70	铁路路基工程施工安全技术规程	TB 10302—2009	中铁二十一局集团有限公司	中铁四局集团有限公司
71	铁路桥涵工程施工安全技术规程	TB 10303—2009	中铁十局集团有限公司	中铁三局集团有限公司
72	铁路隧道工程施工安全技术规程	TB 10304—2009	中铁二局集团有限公司	—
73	铁路轨道工程施工安全技术规程	TB 10305—2009	中铁一局集团有限公司	中铁二局集团有限公司,中铁二十三局集团有限公司
74	铁路通信、信号、电力、电力牵引供电工程施工安全技术规程	TB 10306—2009	中国中铁电气化局集团公司,中铁六局集团有限公司	—

续上表

序号	标准名称	标准编号	主编单位	参编单位
75	铁路工程爆破振动安全技术规程	TB 10313—2019	中国铁道科学研究院集团有限公司	—
76	铁路建设工程监理规范	TB 10402—2019	西南交通大学，石家庄铁道大学	中国铁道工程建设协会，中国铁道科学研究院集团有限公司（北京）工程咨询有限公司，中铁第一勘察设计院集团有限公司，四川铁科建设监理公司
77	铁路轨道工程施工质量验收标准	TB 10413—2018	中铁一局集团有限公司，中铁八局集团有限公司	—
78	铁路路基工程施工质量验收标准	TB 10414—2018	中铁二局集团有限公司	中铁第五勘察设计院集团有限公司
79	铁路桥涵工程施工质量验收标准	TB 10415—2018	中铁三局集团有限公司	中铁六局集团有限公司，中铁大桥局集团有限公司
80	铁路隧道工程施工质量验收标准	TB 10417—2018	中铁二局集团有限公司	中铁一局集团有限公司
81	铁路通信工程施工质量验收标准	TB 10418—2018	中国铁路通信信号上海工程局集团有限公司	中铁四局集团有限公司
82	铁路信号工程施工质量验收标准	TB 10419—2018	通号工程局集团有限公司	中国铁路通信信号上海工程局集团有限公司，中铁二局集团有限公司
83	铁路电力工程施工质量验收标准	TB 10420—2018	中铁十一局集团有限公司	中铁六局集团有限公司
84	铁路电力牵引供电工程施工质量验收标准	TB 10421—2018	中铁电气化局集团有限公司	—
85	铁路给水排水工程施工质量验收标准	TB 10422—2011	中铁四局集团有限公司，中铁二十二局集团有限公司	中铁上海工程局有限公司，中国铁路经济规划研究院有限公司

续上表

序号	标准名称	标准编号	主编单位	参编单位
86	铁路站场工程施工质量验收标准	TB 10423—2014	中铁五局集团有限公司	中铁六局集团有限公司
87	铁路混凝土工程施工质量验收标准	TB 10424—2018	中铁三局集团有限公司	中国铁道科学研究院集团有限公司，中铁七局集团有限公司，中铁十二局集团有限公司，中铁北京工程局集团有限公司，北京交通大学
88	铁路混凝土强度检验评定标准	TB 10425—2019	中国铁道科学研究院集团有限公司	北京交通大学，兰州交通大学，中铁十二局集团有限公司，中铁三局集团有限公司，中铁十七局集团有限公司
89	铁路工程结构混凝土强度检测规程	TB 10426—2019	中铁二十局集团有限公司	中铁四局集团有限公司，中铁十二局集团有限公司
90	铁路旅客车站客运服务信息系统工程施工质量验收标准	TB 10427—2011	中国铁道科学研究院集团有限公司	—
91	铁路声屏障工程施工质量验收标准	TB 10428—2012	中铁二院工程集团有限责任公司	中国铁路设计集团有限公司，中铁二局集团有限公司，中国铁路经济规划研究院有限公司
92	铁路数字移动通信系统（GSM-R）工程检测规程	TB 10430—2014	中国铁路通信信号上海工程局集团有限公司	中国铁路通信信号上海电信测试中心，中铁电化集团北京电信研究试验中心有限公司，中铁第四勘察设计院集团有限公司，通号工程局集团北京研究设计实验中心有限公司
93	铁路建设项目资料管理规程	TB 10443—2010	中国铁路经济规划研究院有限公司	中国铁道科学研究院集团有限公司，中铁三局集团有限公司
94	客货共线铁路工程动态验收技术规范	TB 10461—2019	中国铁道科学研究院集团有限公司	—
95	铁路工程环境保护设计规范	TB 10501—2016	中铁第四勘察设计院集团有限公司	—

续上表

序号	标准名称	标准编号	主编单位	参编单位
96	铁路建设项目预可行性研究、可行性研究和设计文件编制办法	TB 10504—2018	中铁第一勘察设计院集团有限公司	中国铁路设计集团有限公司，中铁二院工程集团有限责任公司，中铁第四勘察设计院集团有限公司，中铁大桥勘测设计院集团有限公司，中铁工程设计咨询集团有限公司
97	铁路声屏障工程设计规范	TB 10505—2019	中铁第四勘察设计院集团有限公司，中铁二院工程集团有限责任公司	—
98	高速铁路工程测量规范	TB 10601—2009	中铁二院工程集团有限责任公司	中铁第一勘察设计院集团有限公司，中国铁路设计集团有限公司，中铁第四勘察设计院集团有限公司，中铁工程设计咨询集团有限公司，中铁大桥勘测设计院有限公司，中铁二局集团有限公司，西南交通大学
99	高速铁路设计规范	TB 10621—2014	中国铁路设计集团有限公司，中铁第四勘察设计院集团有限公司	中铁第一勘察设计院集团有限公司，中铁二院工程集团有限责任公司
100	城际铁路设计规范	TB 10623—2014	中国铁路设计集团有限公司，中铁第四勘察设计院集团有限公司	—
101	重载铁路设计规范	TB 10625—2017	中国铁路设计集团有限公司，中国铁道科学研究院集团有限公司	中国铁路太原局集团有限公司
102	磁浮铁路技术标准（试行）	TB 10630—2019	中国铁路设计集团有限公司，中铁第四勘察设计院集团有限公司，中车工业研究院有限公司	中铁二院工程集团有限责任公司，中铁第五勘察设计院集团有限公司，西南交通大学，中铁磁浮交通投资建设有限公司，湖南磁浮技术研究中心有限公司
103	铁路专用线设计规范（试行）	TB 10638—2019	中国铁路设计集团有限公司	—

续上表

序号	标准名称	标准编号	主编单位	参编单位
104	高速铁路安全防护设计规范	TB 10671—2019	中国铁路经济规划研究院有限公司	中国铁路设计集团有限公司，中铁第一勘察设计院集团有限公司，中国铁道科学研究院集团有限公司
105	高速铁路路基工程施工质量验收标准	TB 10751—2018	中铁十二局集团有限公司，中铁城建集团有限公司	中铁二局集团有限公司，中铁四局集团有限公司，中铁八局集团有限公司，中铁十八局集团有限公司，中铁第五勘察设计院集团有限公司
106	高速铁路桥涵工程施工质量验收标准	TB 10752—2018	中铁三局集团有限公司，中铁大桥局集团有限公司	中铁七局集团有限公司，中铁十六局集团有限公司，中铁二十局集团有限公司
107	高速铁路隧道工程施工质量验收标准	TB 10753—2018	中铁隧道局集团有限公司，中铁十九局集团有限公司	中铁一局集团有限公司，中铁二局集团有限公司，中铁二十局集团有限公司，中铁二十一局集团有限公司
108	高速铁路轨道工程施工质量验收标准	TB 10754—2018	中铁八局集团有限公司，中铁一局集团有限公司	中铁四局集团有限公司，中铁十九局集团有限公司
109	高速铁路通信工程施工质量验收标准	TB 10755—2018	中国铁路通信信号上海工程局集团有限公司	中铁电化集团北京电信研究试验中心有限公司，通号工程局集团有限公司，北京铁路通信技术中心
110	高速铁路信号工程施工质量验收标准	TB 10756—2018	中国铁路通信信号上海工程局集团有限公司	通号工程局集团有限公司，中铁十一局集团有限公司
111	高速铁路电力工程施工质量验收标准	TB 10757—2018	中国铁建电气化局集团有限公司，中铁电气化局集团有限公司	中铁十一局集团有限公司
112	高速铁路电力牵引供电工程施工质量验收标准	TB 10758—2018	中国铁建电气化局集团有限公司，中铁电气化局集团公司	—
113	高速铁路工程静态验收技术规范	TB 10760—2013	中铁电气化局集团有限公司	中国铁路经济规划研究院有限公司，中铁第五勘察设计院集团有限公司
114	高速铁路工程动态验收技术规范	TB 10761—2013	中国铁道科学研究院集团有限公司	中国铁路经济规划研究院有限公司

续上表

序号	标准名称	标准编号	主编单位	参编单位
115	铁路结合梁设计规定	TBJ 24—89	铁道部专业设计院	—
116	铁路工程制图标准	TB/T 10058—2015	中铁第一勘察设计院集团有限公司	中国铁路经济规划研究院有限公司
117	铁路工程图形符号标准	TB/T 10059—2015	中铁第一勘察设计院集团有限公司	京沪高速铁路股份有限公司
118	铁路工程地质勘察监理规程	TB/T 10403—2004	中铁第一勘察设计院集团有限公司	—
119	绿色铁路客站评价标准	TB/T 10429—2014	中国铁路经济规划研究院有限公司，清华大学	中国铁路设计集团有限公司，中铁第四勘察设计院集团有限公司，依柯尔绿色建筑研究中心（北京）有限公司，中国城市科学研究会绿色建筑研究中心，北京清华同衡规划设计研究院有限公司，中南建筑设计院股份有限公司，中铁建设集团
120	铁路图像通信工程检测规程	TB/T 10431—2019	中国铁路通信信号上海工程局集团有限公司	—
121	新建铁路工程项目用地指标	建标〔2008〕232 号	住房和城乡建设部，国土资源部，铁道部	—
122	油气输送管道与铁路交汇工程技术及管理规定	国能油气〔2015〕392 号	中国石油管道局设计院，中国铁路经济规划研究院有限公司	中铁第四勘察设计院集团有限公司

现行铁路工程建设标准外文版目录(截至2019年底)

序号	标准名称(中文)	标准编号	标准名称(外文)	翻译语言
1	铁路工程抗震设计规范(2009版)	GB 50111—2006	Code for Seismic Design of Railway Engineering	英文
2	铁路工程基本术语标准	GB/T 50262—2013	Standard for Basic Terms of Railway Engineering	英文
3	铁路路基设计规范	TB 10001—2016	Code for Design on Subgrade of Railway	英文
4	铁路桥涵设计规范	TB 10002—2017	Fundamental Code for Design on Railway Bridge and Culvert	英文
5	铁路隧道设计规范	TB 10003—2016	Code for Design on Tunnel of Railway	英文
6	铁路混凝土结构耐久性设计规范	TB 10005—2010	Code for Durability Design of Concrete Structures of Railway	英文
7	铁路通信设计规范	TB 10006—2016	Specification for Geological Drilling of Railway Engineering	英文
8	铁路信号设计规范	TB 10007—2017	Code for Design of Railway Signaling	英文
9	铁路电力设计规范	TB 10008—2015	Code for Design of Railway Electric Power	英文
10	铁路电力牵引供电设计规范	TB 10009—2016	Code for Design of Railway Traction Power Supply	英文
11	铁路给水排水设计规范	TB 10010—2016	Code for Design of Water Supply and Sewerage of Railway	英文
12	铁路工程物理勘探规范	TB 10013—2010	Code for Geophysical Prospecting of Railway Engineering	英文
13	铁路工程地质钻探规程	TB 10014—2012	Specification for Geological Drilling of Railway Engineering	英文
14	铁路无缝线路设计规范	TB 10015—2012	Code for Design of Railway Continuously Welded Rail	英文

续上表

序号	标准名称(中文)	标准编号	标准名称(外文)	翻译语言
15	铁路工程节能设计规范	TB 10016—2016	Code for Design of Energy Conservation of Railway	英文
16	铁路工程水文勘测设计规范	TB 10017—1999	Code for Design on Hydrology Investigation of Railway Engineering	英文
17	铁路隧道防灾疏散救援工程设计规范	TB 10020—2017	Code for Design on Rescue Engineering for Disaster Prevention and Evacuation of Railway Tunnel	英文
18	铁路工程不良地质勘察规程	TB 10027—2012	Specification for Unfavorable Geological Condition Investigation of Railway Engineering	英文
19	铁路动车组设备设计规范	TB 10028—2016	Code for Design of Multiple Unit Equipment for Railways	英文
20	铁路客车车辆设备设计规范	TB 10029—2009	Code for Design of Railway Passenger Car Facilities	英文
21	铁路货车车辆设备设计规范	TB 10031—2009	Code for Design of Railway Freight Car Facilities	英文
22	铁路工程特殊岩土勘察规程	TB 10038—2012	Specification for Investigation of Special Rock and Soil for Railway Engineering	英文
23	铁路工程水文地质勘察规范	TB 10049—2014	Code for Hydrogeological Investigation of Railway Engineering	英文
24	铁路工程摄影测量规范	TB 10050—2010	Code for Railway Engineering Photogrammetry	英文
25	铁路工程卫星定位测量规范	TB 10054—2010	Code for Satellite Positioning Survey of Railway Engineering	英文
26	铁路车辆运行安全监控系统设计规范	TB 10057—2010	Code for Design of Running Safety Monitoring System of Rolling Stock	英文
27	铁路工程制图标准	TB/T 10058—2015	Drawing Standards of Railway Engineering	英文
28	铁路工程制图图形符号标准	TB/T 10059—2015	Standard for Graphical Symbol of Railway Engineering	英文
29	铁路工程设计防火规范	TB 10063—2016	Code for Design of Fire Prevention for Railway	英文
30	铁路隧道运营通风设计规范	TB 10068—2010	Code for Design of Operation Ventilation of Railway Tunnel	英文
31	铁路驼峰信号及编组站自动化系统设计规范	TB 10069—2017	Code for design of railway hump signaling and Automation system of marshalling Station	英文

续上表

序号	标准名称(中文)	标准编号	标准名称(外文)	翻译语言
32	铁路客运服务信息系统设计规范	TB 10074—2016	Code for design of railway passenger service information system	英文
33	铁路轨道设计规范	TB 10082—2017	Code for design of railway Track	英文
34	铁路天然建筑材料工程地质勘察规程	TB 10084—2007	Specification for Engineering Geological Survey of Natural Building Materials of Railway	英文
35	铁路数字移动通信系统(GSM-R)设计规范	TB 10088—2015	Code for Design of railway digital mobile communication system(GSM-R)	英文
36	铁路照明设计规范	TB 10089—2015	Code for design of railway Lighting	英文
37	铁路桥梁钢结构设计规范	TB 10091—2017	Code for Design on Steel Structure of Railway Bridge	英文
38	铁路桥涵混凝土结构设计规范	TB 10092—2017	Code for Design on Reinforced and Prestressed Concrete Structure of Railway Bridge and Culvert	英文
39	铁路桥涵地基和基础设计规范	TB 10093—2017	Code for Design on Subsoil and Foundation of Railway Bridge and Culvert	英文
40	铁路线路设计规范	TB 10098—2017	Code for design of railway line	英文
41	铁路车站及枢纽设计规范	TB 10099—2017	Code for design of railway Station and Terminal	英文
42	铁路旅客车站设计规范	TB 10100—2018	Code for Design of Railway Passenger Station Buildings	英文
43	铁路工程土工试验规程	TB 10102—2010	Specification for Soil Tests of Railway Engineering	英文
44	铁路工程岩土化学分析规程	TB 10103—2008	Specification for Chemical Analysis on Rock and Soil of Railway Engineering	英文
45	铁路工程水质分析规程	TB 10104—2003	Specification for Water Analysis of Railway Engineering	英文
46	改建铁路工程测量规范	TB 10105—2009	Code for Engineering Survey of Railway Reconstruction Project	英文
47	铁路工程地基处理技术规程	TB 10106—2010	Technical Specification for Ground Treatment of Railway Engineering	英文
48	铁路工程岩石试验规程	TB 10115—2014	Specification for Rock Test of Railway Engineering	英文

续上表

序号	标准名称（中文）	标准编号	标准名称（外文）	翻译语言
49	铁路防雷及接地工程技术规范	TB 10180—2016	Technical Code for Lightning Protection and Earthing of Railway	英文
50	铁路隧道盾构法技术规程	TB 10181—2017	Technical Specification for Shield Method of Railway Tunne	英文
51	铁路隧道衬砌质量无损检测规程	TB 10223—2004	Code for Undestructive Detecting of Railway Tunnel Lining	英文
52	铁路工程基本作业施工安全技术规程	TB 10301—2009	Technical Specification for Basic Operation Safety of Railway Engineering	英文
53	铁路路基工程施工安全技术规程	TB 10302—2009	Technical Specification for Construction Safety of Railway Subgrade	英文
54	铁路桥涵工程施工安全技术规程	TB 10303—2009	Technical Specification for Construction Safety of Railway Bridge and Culvert	英文
55	铁路隧道工程施工安全技术规程	TB 10304—2009	Technical Specification for Construction Safety of Railway Tunnel	英文
56	铁路轨道工程施工安全技术规程	TB 10305—2009	Technical Specification for Construction Safety of Railway Track	英文
57	铁路通信、信号、电力、电力牵引供电工程施工安全技术规程	TB 10306—2009	Technical Specification for Construction Safety of Railway Communication, Signaling, Power Supply and Traction Power Supply Engineering	英文
58	铁路轨道工程施工质量验收标准	TB 10413—2018	Standard for Constructional Quality Acceptance of Railway Track Engineering	英文
59	铁路路基工程施工质量验收标准	TB 10414—2018	Standard for Constructional Quality Acceptance of Railway Subgrade Engineering	英文
60	铁路桥涵工程施工质量验收标准	TB 10415—2018	Standard for Constructional Quality Acceptance of Railway Bridge and Culvert Engineering	英文
61	铁路隧道工程施工质量验收标准	TB 10417—2018	Standard for Constructional Quality Acceptance of Railway Tunnel Engineering	英文
62	铁路通信工程施工质量验收标准	TB 10418—2018	Interim Standard for Construction Quality Acceptance of GSM-R Digital Mobile Communication Project	英文
63	铁路信号工程施工质量验收标准	TB 10419—2018	Standard for Quality Acceptance of Railway Signaling Engineering	英文
64	铁路电力工程施工质量验收标准	TB 10420—2018	Standard for Quality Acceptance of Railway Electric Power Engineering	英文

续上表

序号	标准名称（中文）	标准编号	标准名称（外文）	翻译语言
65	铁路电力牵引供电工程施工质量验收标准	TB 10421—2018	Standard for Quality Acceptance of Railway Electric Traction Feeding Engineering	英文
66	铁路给水排水工程施工质量验收标准	TB 10422—2011	Standard for Construction Quality Acceptance of Railway Water Supply and Sewerage Works	英文
67	铁路站场工程施工质量验收标准	TB 10423—2014	Standard for Construction Quality Acceptance of Railway Station and Yard Engineering	英文
68	铁路混凝土工程施工质量验收标准	TB 10424—2018	Standard for Construction Quality Acceptance of Railway Concrete and Masonry Engineering	英文
69	铁路旅客车站客运服务信息系统工程施工质量验收标准	TB 10427—2011	Standard for Construction Quality Acceptance of Passenger Service Information System of Railway Passenger Station	英文
70	铁路声屏障工程施工质量验收标准	TB 10428—2012	Standard for Construction Quality Acceptance of Railway Sound Barriers	英文
71	绿色铁路客站评价标准	TB/T 10429—2014	Evaluation Standard for Green Railway Passenger Stations	英文
72	铁路数字移动通信系统（GSM—R）工程检测规程	TB 10430—2014	Specification for Engineering Test of Railway Digital Mobile Communication System(GSM-R)	英文
73	铁路建设项目资料管理规程	TB 10443—2010	Specification for Documents Management of Railway Construction Projects	英文
74	铁路工程环境保护设计规范	TB 10501—2016	Code for Environmental Protection Design of Railway Engineering	英文
75	高速铁路工程测量规范	TB 10601—2009	Code for Engineering Survey of High-speed Railway	英文
76	高速铁路设计规范	TB 10621—2014	Code for Design of High Speed Railway	英文
77	高速铁路设计规范	TB 10621—2014	Нормы проектирования высокоскоростных железных дорог	俄语
78	高速铁路设计规范	TB 10621—2014	Standar Desain Jalur Kereta Cepat	印尼语
79	城际铁路设计规范	TB 10623—2014	Code for Design of Intercity Railway	英文
80	重载铁路设计规范	TB 10625—2017	Code for design of heavy Haul Railway	英文
81	高速铁路路基工程施工质量验收标准	TB 10751—2018	Standard for Acceptance of Earthworks in High-speed Railway	英文
82	高速铁路桥涵工程施工质量验收标准	TB 10752—2018	Standard for Acceptance of Bridge and Culvert Works in High-speed Railway	英文

续上表

序号	标准名称(中文)	标准编号	标准名称(外文)	翻译语言
83	高速铁路隧道工程施工质量验收标准	TB 10753—2018	Standard for Acceptance of Tunnel Works in High-speed Railway	英文
84	高速铁路轨道工程施工质量验收标准	TB 10754—2018	Standard for Acceptance of Track Works in High-speed Railway	英文
85	高速铁路通信工程施工质量验收标准	TB 10755—2018	Standard for Acceptance of Communication System in High-speed Railway	英文
86	高速铁路信号工程施工质量验收标准	TB 10756—2018	Standard for Acceptance of Signaling System in High-speed Railway	英文
87	高速铁路电力工程施工质量验收标准	TB 10757—2018	Standard for Acceptance of Electric Power System in High-speed Railway	英文
88	高速铁路电力牵引供电工程施工质量验收标准	TB 10758—2018	Standard for Acceptance of Traction Power Supply System in High-speed Railway	英文
89	高速铁路工程静态验收技术规范	TB 10760—2013	Technical Code for Static Acceptance of High-speed Railway Project	英文
90	高速铁路工程动态验收技术规范	TB 10761—2013	Technical Code for Dynamic Acceptance of High-speed Railway Project	英文
91	铁路工程建设标准英文版翻译词典	词典	A Dictionary for English Translation of Raliway Technical Stadard	英文

国家铁路局有关负责人就发布“铁路工程施工质量系列验收标准”答记者问

（2018 年 11 月 12 日）

国家铁路局发布新版《铁路轨道工程施工质量验收标准》TB 10413—2018 等 17 项铁路工程施工质量验收标准，自 2019 年 2 月 1 日起实施。国家铁路局有关负责人就相关问题回答了记者提问。

一、请介绍一下发布验收标准的时代背景，为何说验收标准与人民群众生活息息相关？

党的十八大以来，在党中央国务院坚强领导下，我国铁路发展取得重大成就，基础设施网络规模稳居世界前列。截至 2017 年底，全国铁路营业总里程达到 12.7 万 km，高铁里程达到 2.5 万 km，“四纵四横”高铁网已经形成，高速铁路、重载铁路、高原铁路等建造技术达到世界先进水平，京沪高铁、青藏铁路等一批超级工程震撼世界。主跨达 630 m 跨越长江的公铁两用斜拉桥铜陵长江大桥、全长 32.645 km 的世界上最长高原铁路隧道新关角隧道等标志性工程建成通车。铁路发展取得的巨大成就，生动展现了中国建造和中国制造的能力。在此基础上形成的世界先进完备的铁路工程勘察、设计、施工、验收标准体系，使铁路工程质量基础更加坚实。

党的十九大提出建设交通强国的宏伟目标，是以习近平同志为核心的党中央站在新的历史方位作出的重大战略部署，是党和人民赋予铁路交通行业的新使命。2016 年国家批复新的《中长期铁路网规划》，明确到 2025 年铁路网规模达到 17.5 万 km 左右，其中高速铁路 3.8 万 km 左右。2018 年 10 月 10 日，中央决定正式启动川藏铁路规划建设。铁路依然面临着光荣而繁重艰巨的建设任务。站在新的历史起点，科学总结过去铁路建设质量管理的经验，适时编制发布新验收标准，是加强铁路工程质量管理、推进高质量发展的重要举措。

铁路交通运输与人民的生产生活紧密相连、息息相关。2017 年铁路旅客发送量突破 30 亿人次，17 亿人次享受了高铁便捷出行。近年来，电商快递、上班通勤、订制旅游选择铁路方式也越来越多。安全运输、准点到家，建立在优良的工程质量基础上。全面修订、发布新验收标准，又快又好地建设铁路工程，更好地满足人民群众日益增长的美好生活需要，恰逢其时，意义重大。

二、请介绍一下验收标准的主要内容，他们的突出特点是什么？

本次发布的验收标准共 17 项，包括了路基、桥梁、隧道、轨道、混凝土、通信、信号、电力、电力牵引供电等铁路主要工程施工质量验收内容。

国家法规明确规定，建设工程经验收合格的，方可交付使用。自 1980 年原铁道部发布工程质量评定验交标准以来，验收标准历经 1988 年、1998 年、2003 年、2005 年、2010 年多轮修订和编制，形式与内容不断完善，从客货共线铁路到城际铁路、高速铁路，支撑铁路改革发展，满足铁路运输需要。

新验收标准是在 2003 年发布实施的时速 160 km 客货共线铁路工程系列验收标准，以及 2010 年发布实施的高速铁路工程系列验收标准的基础上，按照新时代新的发展理念要求修订而成的。验收标准从验收单元划分、验收程序和组织、验收内容和要求等方面进行了全面的修改完善，明确了施工过程质量和实体质量控制要求。修订后的新验收标准具有如下特点：

一是验收标准覆盖了各类型铁路、铁路工程各专业以及工程施工全过程。

二是验收标准吸纳了最新科技手段，淘汰了落后工艺和验收项目，科学性更显著。

三是验收标准分清了建设各方验收工作要求，包括验收项目和技术要求等，职责清晰明确，针对性和操作性更强。

三、请介绍一下验收标准的现实意义，特别是可以有针对性地解决哪些实际问题？

验收标准是衡量铁路工程建设质量的标尺，是保障铁路运输安全的重要基础标准。他们既是建设各方质量控制工作中对标检查的镜子，也是政府质量监督执法工作的依据和准绳，对于推动铁路工程质量全面提升，努力打造精品工程，具有非常重要的作用，特别是在当前建设任务十分繁重、建设条件更加复杂的情况下，具有重要的现实的意义。

验收标准修订经过广泛调查，深入研究，提出了具体的措施。

一是解决原材料品质控制问题。加强原材料进场检验，将原材料、构配件和半成品的检验集中实施，部分重点原材料、设备有针对性地增加了抽样检验项目，避免不合格原材料流入铁路工程现场。

二是解决全过程质量控制难题。按工程部位、施工阶段和工艺流程，细化了实体工程质量控制，做实了关键工序检查，避免了过去单位工程验收才发现质量缺陷的弊端。

三是解决责任追溯管理需求。明确了质量保证资料齐全、真实、系统、完整要求，根据各专业特点对隐蔽工程进行了梳理，规定了留存影像资料要求。

四是解决标准操作性问题。根据工程建设现场实际情况，合理确定验收内容，精简优化验收程序，在保证验收质量的前提下便利现场工作。

这些措施的实施可以有效地保证工程质量，防止出现以次充好、偷工减料、“豆腐渣”等劣质工程。

四、验收标准是如何贯彻“创新、协调、绿色、开放、共享”新发展理念的，有哪些具体措施？

验收标准修订贯彻了创新、协调、绿色、开放、共享的新发展理念，具体表现在以下方面：

一是积极采用新设备、新材料、新工艺、新方法，引入了信息化等最新科技手段进行质量控制，删减了一些不适应铁路发展的验收项目和质量检测方法。

二是修订工作坚持技术传承与创新的协调，系列验收标准注意铁路工程不同专业之间的协调，专业验收标准中注重补短板、强弱项，增强了验收标准整体性。

三是着力于污染防治，明确了铁路工程施工不得污染环境和饮用水源等要求，细化了绿色防护验收规定，铁路通道建完就是绿色通道。

四是修订工作借鉴了国内外有关工程质量验收的有益经验，对于专业验收标准没有规定的验收项目也明确了建设单位组织有关单位制定专项验收要求，开放式的标准更适合千变万化的实际情况和中国铁路标准走出去需要。

五是明确了铁路工程涉及的环境保护、水土保持等工程应与主体工程同时设计、同时施工和同时验收要求，规定了弃渣场绿化或复垦要求，确保铁路建设造福地方，人民共享铁路发展成果。

五、如何实现验收标准执行到位?

从法律责任来看,国家关于工程质量的法律法规中规定了建设各方质量责任和义务。验收标准贯彻落实了法律法规相关要求,明确了责任人签字确认制度,是建设各方落实质量责任终身制、确保验收标准执行到位的基本依据。

从制度保障看,验收标准规定建设各方应建立健全质量保证体系,现场质量管理应建立质量检验制度,加强标准化管理。

从主控项目看,验收标准抓住了对质量安全影响较大的项目,明确了检验内容、检验数量、检验方法,验收要求尽量量化,便于执行时考核评定。

新验收标准发布后,我们还会组织宣贯培训,加强执法监督检查,从组织措施上保障验收标准执行到位。

六、作为行业标准的铁路工程施工质量验收标准，为什么说是强制性标准?

铁路工程施工质量验收标准是强制性标准。虽然新修订的《标准化法》的确是在第二条中规定了“行业标准、地方标准是推荐性标准”。但同时在第十条中也规定“法律、行政法规和国务院决定对强制性标准的制定另有规定的,从其规定”。

国务院发布的《深化标准化工作改革方案》(国发〔2015〕13 号)明确规定“环境保护、工程建设、医药卫生强制性国家标准、强制性行业标准和强制性地方标准,按现有模式管理”。铁路建设质量影响到广大人民群众生命财产安全,所以,工程建设领域的铁路行业标准是强制性标准。

本次发布的铁路工程施工质量验收标准,规定了工程实体质量和系统功能的最基本要求,是为保证人民生命财产安全、生态环境安全和其他公众利益等,划出的质量红线,是建设各方均必须遵守的质量底线,要作为强制性标准予以全面贯彻执行。

七、中国高铁舒适性比世界其他国家要好，这与验收标准有关系吗?

不少网友都喜欢在京沪高铁时速 350 km 行驶的复兴号列车窗台上竖立硬币、搭积木,亲测中国高铁的稳定性。一些长时间不倒的视频,还在国内外网络上引起了轰动。这些例子形象地说明了中国高铁较好的稳定性和舒适性。

验收标准为中国高铁舒适性提供了坚实的基础保障。高铁舒适性主要取决于动车组性能、线路平纵断面、下部基础提供的稳定支撑，以及轨道提供的高平顺性等因素。路基、桥涵、隧道等验收标准对下部基础设施完工后的沉降均有明确规定，轨道验收标准中对轨距、轨向、高低、水平、扭曲等轨道几何形位做了严格的要求。概括来讲，坚实的下部基础和高精度的轨道几何形位控制，保障了列车运行的安全性、平稳性，确保了我国高铁具有更好的舒适性。

八、中国承建的国外铁路项目是否也要使用这套标准？

这套验收标准是在我国具有世界先进水平的高速铁路、城际铁路、重载铁路以及丰富的客货共线铁路建设运营实践经验的基础上总结修订而成的，代表了当前中国铁路建设的最高水平，中国承建的国外铁路项目，完全可以使用这套标准。

打铁还需自身硬。中国铁路技术类型齐全，技术标准体系完整，工程建设和运营经验丰富，复杂地形地质环境和气象条件适应性强，高铁、重载、高原、高寒等铁路建设方面已经跻身世界前列。京沪高铁“复兴号”中国标准动车组达速350 km/h安全平稳运行；哈大高铁穿行在东北极寒地区，在白山黑水间经受了冬夏温差 80 ℃气候考验；兰新高铁途径广袤无垠的戈壁荒滩，穿越最大风速高达60 m/s沙漠风区。无数世界领先的铁路建设成就充分说明了我国铁路工程建设标准的技术优势和适应性。

中国企业承建的安哥拉本格拉铁路、肯尼亚蒙内铁路、中老铁路等工程均已使用了我国验收标准。采用中国标准不仅成功修建了铁路，还宣传推广了中国铁路建设管理的经验，得到了所在国的好评。中国铁路标准国际化步伐不断加快，已经成为践行“一带一路”的靓丽名片。采用中国标准设计施工的国外铁路项目应采用本套验收标准，更好地保证“走出去”工程经得起时间和历史的考验。

国家铁路局有关负责人就发布《铁路建设项目预可行性研究、可行性研究和设计文件编制办法》答记者问

（2018 年 12 月 10 日）

国家铁路局发布新版《铁路建设项目预可行性研究、可行性研究和设计文件编制办法》（TB 10504—2018），自 2019 年 1 月 1 日正式实施。国家铁路局有关负责人就相关问题回答了记者提问。

一、为什么现在修订发布《铁路建设项目预可行性研究、可行性研究和设计文件编制办法》？

党的十八大以来，在党中央国务院坚强领导下，我国铁路发展取得重大成就，铁路网规模和质量达到世界领先，铁路成套技术标准体系更加先进成熟，高速铁路、重载铁路、高原铁路等建造技术达到世界先进水平。

党的十九大作出了建设交通强国的重大决策部署，是党和人民赋予铁路交通行业的新使命。2016 年国家批复的《中长期铁路网规划》，明确了新时期铁路发展的新目标。2018 年 10 月 10 日，中央决定正式启动川藏铁路规划建设。铁路依然面临着光荣而艰巨的建设任务。

《铁路建设项目预可行性研究、可行性研究和设计文件编制办法》作为规范铁路建设项目各阶段设计文件组成与内容、统一设计文件编制深度的标准，包含了铁路勘察设计的基础要求和基本准则，是我国铁路大规模建设的重要标准支撑。站在新的历史起点，科学总结铁路工程建设和运营经验，切实贯彻创新、协调、绿色、开放、共享发展理念，适应铁路建设快速发展新要求，修订发布新编制办法恰逢其时，意义重大。

二、新修订的编制办法何时实施，主要有哪些技术特征？

新版《铁路建设项目预可行性研究、可行性研究和设计文件编制办法》（TB

10504—2018)自2019年1月1日起实施。

编制办法规定了铁路大中型建设项目在项目决策、实施阶段必须开展的工作内容和深度要求,包括新建(改建)铁路、铁路枢纽(单独立项或单独编制文件)、铁路及公铁合建特大桥(单独立项或单独编制文件)的预可行性研究、可行性研究、初步设计、施工图;大型站房(单独立项或单独编制文件)的概念方案设计、方案设计、初步设计、施工图设计。适用于新建(改建)的高速铁路、城际铁路、客货共线铁路、重载铁路、铁路枢纽、铁路及公铁合建特大桥、大型站房等大中型建设项目。主要技术特征如下:

一是明确了预可行性研究、可行性研究应重点落实各研究年度的客货运量,确定铁路主要技术标准,稳定建设方案,满足项目立项及决策的需要;初步设计应重点确定各项工程设计原则,落实设计方案和工程措施,突出了质量安全有关要求,是项目建设的基本依据;施工图阶段重点细化设计方案和工程措施,为施工提供需要的图表和必要的设计说明,是工程实施和验收的依据。标准突出了各阶段文件组成与内容的特点和差异性,有效提高了设计文件编制质量和水平。

二是规定了铁路工程地质勘察工作内容和深度要求,对于影响线路走向、控制线路方案的地质条件复杂地区或复杂地质地段等情况,分类别提出勘察文件的基本要求,为后序设计工作提供翔实资料。

三是提出了铁路勘察设计应高度重视基本农田保护、环境保护和水土保持工作,强化了环境敏感区段线路方案的确定分析,突出了绿色通道建设内容。

四是总结了近年来大型站房工程建设成功经验,增加大型站房文件编制与组成内容,体现了新时代铁路客站建设发展的新特点。

五是根据国家对铁路基本建设的最新要求,增加了环境保护、社会稳定风险分析、职业病防护等文件组成内容。

三、新修订的编制办法是如何贯彻“创新、协调、绿色、开放、共享”新发展理念的,有哪些具体措施?

新修订的编制办法贯彻了创新、协调、绿色、开放、共享的新发展理念,具体表现在以下方面:

一是注重吸纳近年来铁路新技术、新工艺、新材料、新设备应用的相关内容,充分体现近年来铁路科技创新发展的新成果,取消电报、站间行车电话等落后淘汰技术,引入综合视频监控、时钟和时间同步、综合网管等系统。

二是加强预可行性研究、可行性研究、初步设计、施工图等各阶段目标要求的协调，突出了各阶段文件组成与内容的特点和差异性。

三是体现绿色发展新理念，可研阶段增加绿色通道设计原则，初设和施工图阶段增加绿色通道，说明绿化工程内容和要求。

四是修订工作总结了近年来我国铁路特别是高速铁路建设实践经验和设计文件编制有益经验，增加铁路线路安全保护、大型站房等内容，突出了新时代铁路建设发展特点。

五是重视铁路发展成果人民共享，明确铁路建设实施土地综合开发相关内容，促进新型城镇化发展和节约集约用地，推动同一区域内各类土地功能互补，实现土地资源效益、效率最大化，做到铁路建设造福地方。

四、新修订的编制办法对提高铁路工程建设质量有什么作用和意义？

《铁路建设项目预可行性研究、可行性研究和设计文件编制办法》是铁路工程建设项目设计文件编制的基础性文件，规范了铁路工程建设项目各阶段文件编制深度及要求。根据编制办法编制的设计文件是铁路建设项目立项、决策、建设、实施和验收的主要依据，也是建设规模、投资和工程建设质量控制的关键环节。

新修订的编制办法前期研究强化了客货运量预测分析和落实，重点突出了确定铁路主要技术标准和稳定建设方案的内容和深度要求；后期强化了涉及铁路工程质量安全和技术进步等关键设计方案和工程措施，突出了施工组织设计、施工安全风险防范，细化了对投资影响较大的工程设计内容，强调了运营维护措施及注意事项相关内容，为保证铁路工程建设质量，实现铁路全生命周期健康运营提供重要支撑。

五、对于人民群众关心的高铁安全，新修订的编制办法采取了哪些针对性措施？

铁路建设始终坚持生命至上、安全第一，强化设施设备质量基础。作为当今十分流行的大众公共交通工具，高铁安全与人民生命财产安全有着十分紧密的联系。为保证高铁安全，新修订的编制办法在普通铁路质量安全设计技术措施的基础上，增加了以下措施：

一是从设计源头防范运营安全风险，增加铁路线路安全保护要求，规定了安全保护区内外可能危及铁路运输安全的既有建筑物、构筑物统计调查和采取的安全防护措施。

二是加强高速铁路长大坡道运输安全和能力保障,增加了区间闭塞分区划分及检算,对高速铁路通过20‰及以上长大坡道区段时运输能力进行检算,深化了运输组织设计文件相关内容。

三是做好高速铁路长大隧道防灾疏散救援,保障人民安全,进一步要求提出隧道防灾疏散救援工程设计及运营通风设施专项设计,提高防灾救援疏散工程设计的系统性和完整性。

六、铁路车站与城市发展、人民出行息息相关,请问新修订的编制办法对此有哪些考虑?

铁路客站是大量人流聚集的公共建筑,铁路客站站房环境的优劣直接关系到广大群众的切身利益。新修订的编制办法总结了近年来大型站房工程建设成功经验,新增大型站房文件编制与组成内容,充分体现了新时代铁路客站建设发展的新特点。

一是贯彻现代化综合交通枢纽的建设理念,强调了铁路客站规划与城市总体规划、综合交通体系规划相协调的文件组成与内容。

二是注重与城市发展的深度融合,站房建筑方案创意等方面的文件组成与内容,与所在地域文化相适应,具有鲜明的时代特点。

三是充分考虑提升旅客出行的体验感和满意度,优化旅客流线、安检、实名制验票、自动售检票、候车环境、无障碍设施等方面建筑设计文件组成与内容。

四是强化铁路客站安全设计要求,规定了安全疏散、结构安全、材料构造、检修维护等方面文件组成与内容。

五是落实绿色客站设计理念,明确了绿色建筑设计目标及采用的主要绿色建筑技术和措施的文件组成与内容。